INTEGRAL YOGA

スワミ・サッチダーナンダ 著

伊藤久子 訳

新版

インテグラル・ヨーガ

パタンジャリのヨーガ・スートラ

ओम्

योगसूत्र

めるくまーる

The Yoga Sūtras of Patañjali
by Sri Swami Satchidananda

ISBN-13 : 978-1-938477-07-2
Original title "Integral Yoga : The Yoga Sūtras of Patañjali"
Japanese translation rights arranged with Integral Yoga Publications
through Japan UNI Agency, Inc., Tokyo

この書を、わが最愛のヨーガの尊師、聖シヴァーナンダ大師と、
輝かしいヨーガ科学を通じて自らの心に対する理解と修得を求めるすべての人々に、
謹んで献げる。

序

最愛の、学ぶ者たちへ――

この書物の刊行を見ることは、私の大きな喜びである。『ヨーガ・スートラ』は、長い間私にとって『聖書《バイブル》』にも似たものであった。それは、私自身のヨーガの道の非常に多くの場面で私を助け、至るところで測り知れない導きを与えてくれた。パタンジャリ・マハリシは、非常に簡潔明瞭に、しかも完璧に、ヨーガの全容を示してみせた。彼はヨーガを、最初歩からきわめて高度な段階に至るまでのあらゆる支脈を網羅した、精密で十全な科学として、見事に描き出したのだ。私にはそれが、われわれの精神の道を照らし出す生きた聖典と感じられる。

『ヨーガ・スートラ』は、非常に凝縮度が高く簡潔である。急ぐことなく、細心の注意をこめてそれらを学び、それらに瞑想してほしい。その中の最も有益で重要と思われるものは、いくつか暗唱するのもよいだろう。これは、一般の小説のように、一度目を通しただけで投げ捨ててしまうような本ではない。また、大量の理論や哲学によって知性《マインド》を満たす学術書でもない。これは実用的なハンドブックなのだ。あなたはそれを手にするたびに、成長のための新しい何かを必ず吸収することができる。ゆっくりと、より深く理解することを試みよう。そしてわれわれの理解がいかに貧しかったかを知り、実践に取り組もう。ヨーガにおいては、実践は必須の要素である。

これらすべての思想と実践は、われわれが利己的な〝私〟を離れ、心を限りなく広げていくためにあるのだということを知ろう。私の師、スワミ・シヴァーナンダジが常に言われたように、「ただ善くあれ、善くせよ」。それは非常に単純である。善くあれ、そして善くせよ。そのとき、叡知は余すところなくあなたのものとなるだろう。

日々、進歩を点検しよう。常に成長するように、常に怠りなく。われわれは、日ごとに自らを高め、態度を広げ、利己性を減じて、自らの身体と心とに対するすぐれた支配者となるべきである。それが真にわれわれを助けるヨーガである。そして、パタンジャリのスートラが指し示すその最高の目標を、われわれ自身の目標としよう。いつか必ず、われわれのすべてがその至高のサマーディ、すなわち完全な解脱の境地に到達するように。この解脱は、遠い将来のもの、あるいは死の時のものではない。それは、この世の真っ只中にあって生きられるべきものである。

すべての賢人、ヨーガの確立者パタンジャリ・マハリシ、そしてすべての聖人が、清浄なる心と深い瞑想によってこの目的を遂げるための祝福を、われわれに与えてくださいますように。

われわれがそのような達人となって、われわれ自身の内に平安と喜びを見出し、それと同じものを全人類と分かち合うことができるよう、ヨーガの神聖な科学がわれわれを鼓舞してくれますように――

オーム・シャーンティ・シャーンティ・シャーンティ
あなたに神の祝福がありますように

スワミ・サッチダーナンダ

まえがき

〝ヨーガ〟ということばが使われると、ほとんどの人は即座に、身体をリラックスさせたり柔軟にしたりするための体操を想い浮かべる。だがそれはヨーガ科学の一つの側面にすぎず、実際には比較的近い過去に発達してきた非常に小さな部分である。身体のヨーガすなわちハタ・ヨーガはもともと、本来のヨーガすなわち心に対する理解とその完全な支配を容易にするためにあみ出されたものである。したがって、ヨーガの本当の意味は、心の科学である。

われわれは誰でも、自分自身の心についてより多くを知りたいと思っている。心はどのように機能するのか？　そして、それに対してわれわれはどのように働きかけていけばよいのか？　これこそがわれわれの人生において、他の何よりも身近な問題分野である。車の修理の仕方や料理の仕方、あるいは、原子はどのようにして分割されるのかというような問題も、興味深く有意義かもしれない。しかし、深く思惟する人々の関心を、もっと直接にもっと生き生きととらえるのは、他ならぬ自分自身の心である。心とは何だろう？　心はわれわれの行動や経験を決定するのだろうか？　その働きは、自分自身が創り出したり持続させたりしているのだろうか？　意識とは何だろう？　われわれは、自分自身の内に向かい、探り、理解し、あるいはもしや、心を制御するということができるのだろうか？　これが、古代の科学、ラージャ・ヨーガの主題である。

単にヨーガとだけ言われるとき、それは伝統的にはこの心の科学、ラージャ・ヨーガのことを指している。そして、意識の拡大や心の科学全般への関心が急激に高まりつつある現在、われわれの期待がこの古代の科学ラージャ・ヨーガへと向かうのも、自然なことである。心の探求や制御のためのアプローチは、もちろん西洋にもたくさんあり、そのそれぞれがさまざまな概念や方法を提出している。しかしそれらに比べて、古代のヨーガ科学は、大いなる歴史をもつ父祖である。ヨーギーたちは、何千年もの長きにわたって、心と意識の神秘に探り針を入れ続けてきたのである。そうした彼らの発見の中に、現代のわれわれが自らの探求に適用できるものを見出すのも、当然のことと言わねばならない。

ラージャ・ヨーガの原典は、『パタンジャリのヨーガ・スートラ』と呼ばれている（あるいは『パタンジャラ・ヨーガ・スートラ』、または『ヨーガ教義《ダルシャナ》』と呼ばれることもある）。〝スートラ〟の文字どおりの意味は〝糸〟である。一つ一つのスートラは必要最小限の意味の糸であり、師が弟子のために、それらに彼自身の経験や証例その他の〝ビーズ〟を付けて、幅を持たせて説明していく。

スートラは全部で二百近くあり、それらは伝統的に四つの部門に分けられている。第一に来るのは、ヨーガの理論と、実修の最高段階のサマーディという内的観照についての記述がなされるサマーディー・パダ〔三昧部門〕である。これはおそらく、修習を始める弟子を鼓舞するために最初に示されたのだろうと思われる。第二部はサーダナ・パダ〔実修部門〕である。この部門にも哲学はあるが、それは、より実際的な性格を帯び、ラージャ・ヨーガの伝統的な八支分のうちの基礎段階であるはじめの五支が説明されるとともに、その効験、遂行にあたっての障害、そしてそれらを克服する方法が述べられている。第三部はヴィブーティ・パダ〔成就部門〕と呼ばれ、ラージャ・ヨーガの最終的な三つの内的段階の論述に加えて、誠実な修習者に現われる力と成就のすべてについて述べている。最後の部門はカイヴァリヤ・パダ〔絶対部門〕と呼ばれ、より宇宙哲学的な視点からヨーガを論じている。

パタンジャリがどの時代の人物だったのかということ、あるいはさらに、それが同一の名前を用いた複数の人物ではなく、本当に一人の人物だったのかどうかということも、実ははっきりとは知られていない。『スートラ』の成立年代についての推定も、ＢＣ五〇〇〇年からＡＤ三〇〇年まで、いろいろある。だがいずれにしても、彼はけっしてラージャ・ヨーガを〝発明〟したのではなく、すでに存在していた思想と行法を系統づけ、編纂しただけである。しかし、以来彼は〝ヨーガの父〟とみなされるようになった。そして彼の『スートラ』は、現代に百花斉放しているさまざまなタイプの瞑想とヨーガすべての土台となっているのである。

＊　＊　＊

シュリー・スワミ・サッチダーナンダはおそらく、現存者の中では最も広くその名を知られ、かつ円熟した、ヨーガの代表者であるだろう。彼のヨーガに向けての全アプローチは、個々の人間のあらゆる側面、すなわち身体的、情緒的、精神的、知的そして社会的側面のすべてを考慮したものであるがゆえに、彼はそれを〝インテグラル・ヨーガ〟すなわち〝統合のヨーガ〟と呼んでいる。だが彼はしばしば、インテグラル・ヨーガはラージャ・ヨーガと少しも異なるものではないと述べている。

実を言えば、ラージャ・ヨーガ自体が、総合的なアプローチなのである。ラージャ・ヨーガは、瞑想を唱道するだけではなく、一個の人間の生のすべてを考慮する。またその哲学は科学的である。それは、学ぶ者による経験的実証を歓迎し、実は要求してもいる。ラージャ・ヨーガの最終的な目標は、それを誠実に修習する人間を完全に変貌せしめることである。その目指すところは、身体的、心的、情緒的限定を付されたものとして一見される一個の人間が、輝きにあふれ完全に調和のとれた全き存在へ、好悪、苦楽、得失を併せ持つ個が、永遠不変の平安と喜びの、すべての生きとし生けるものに私心なく献身する賢者へと、完全なる変貌を遂げること以外の何ものでもない。

われわれはこの科学の結実を、シュリー・スワミ・サッチダーナンダの中に見るのである。彼は、二十八歳まではごく普通の生活を送った。南インドの小さな村に育った彼は、農業・科学・工学を学び、さまざまな技術の分野、実務の世界で働いた。しかし彼は、そのいずれにも飽き足らず、はじめは書物の助けを借りながら、後には*ラーマクリシュナ教団のスワミ・チドバーヴァナンダ、*ラーマナ・マハリシ、*シュリー・オーロビンドゥ等のインドの偉大な聖賢のもとで修行して、その後のすべての時間をヨーガの探求のために献げていった。一九四九年、彼は*リシケシのシュリー・*スワミ・シヴァーナンダの*アシュラムを訪ね、師の中に自らのグル、すなわち霊的指導者を見出した。そして師シヴァーナンダから修道僧としてのイニシエーションを受け、数年間、シヴァーナンダ・アシュラムで生活と労働と指導を続けた。その後彼は、師シヴァーナンダから、ヨーガの教えをスリランカに伝えるよう要請された。その地から、さらに極東地域の諸国に招かれ、一九九六年には西洋にも招聘されている。

そのときより彼は、国際的指導者としての評価を受けるところとなり、多数の個人を指導するとともに、種々のヨーガ団体や*全宗教《エキュメニカル》平和組織に対して奉仕を続けている。彼はまた、全宗教的運動の先駆者として、あらゆる機会をとらえては、さまざまな伝統から出た人々の合流を促し、彼らのすべての霊的努力の中に〈一なるもの〉を見ていくようにと働きかけている。彼はいかなる宗教、団体、国家に対しても決して排他的ではなく、むしろ「真理は一つ、至る道はあまた」という原則に自らを捧げたのである。そのおおらかな視点から、彼は招かれればどこへでも赴き、あらゆる信条基盤や信仰をもつ人々の融和をはかった。彼が感じていたのは、ヨーガは、すべての探究の道を尊重するというメッセージを支持して、その範を垂れるべきだということ、また、すべての真摯な探求者は精神の共通性とゴールの普遍性に目覚めるべきだ、ということである。

　ヨーガの教えを普及する活動と、異教理解への生涯にわたる献身に加え、シュリー・スワミ・サッチダーナンダはある夢を持っていた。それは、あらゆる人々が集い、一つの屋根の下で祈りを捧げられる恒久的な場を設けることであった。その聖堂の中では、世界の偉大な伝統宗教と、すべての名称と形態の背後にある一なる真理――あるいは光――が、二つながら耀きわたるのである。一九八六年七月、「真理の光世界聖堂（ＲＯＴＵＳ）」が完成した。そこに命を注ぎ入れ、構想したのはサッチダーナンダ師である。聖堂は米国バージニア州のサッチダーナンダ・アシュラム・ヨーガヴィルの中に建っている。

数年後、シュリー・スワミ・サッチダーナンダはその公共奉仕により、「アルバート・シュヴァイツァー博愛賞」をはじめ、「ジュリエット・ホリスター賞」「ウ・タント平和賞」など、多くの栄誉を与えられた。しかし、彼を知っている人たちから見れば、それは彼の公共的活動のみならず、自然と同調し些末なしがらみを超越してみせた、彼の人生のあらゆる側面に対して与えられたものである。

彼は、ラージャ・ヨーガを学ぶわれわれを先導する美しい楽器である。彼がしばしば言っていたように、彼のことばの中に役立つものがあれば、それを取り上げて利用すればよいし、役立たないものであれば放置すればよい。願わくば、ラージャ・ヨーガの偉大なる科学の学習が、あなたの人生に大いなる健康と、平和、喜び、そして悟りをもたらしますように。

＊ラーマクリシュナ教団＝大聖ラーマクリシュナの使命を引き継ぐために、スワミ・ヴィヴェーカーナンダが一八九七年に設立した。
＊ラーマナ・マハリシ＝南インドの聖者。ジュニャーナ・ヨーギー。（一八七九―一九五〇）
＊オーロビンドゥ＝南インドのポンディシェリーに、ヨーガを核とする理想的な生活圏〝ヨーガ・ヴィル〟を建設したヨーギー。（一八七二―一九五〇）
＊リシケシ＝ヒマラヤの聖地。たくさんのアシュラムがあり、今も多くの霊的探究者たちが集まる。

＊スワミ・シヴァーナンダ＝ヒマラヤの聖者。スワミ・サッチダーナンダの師。ディヴァイン・ライフ・ソサエティの創立者。（一八八七―一九六三）
＊アシュラム＝〝修道場〟〝僧院〟の意味。霊的な探求者が師のもとで修行する共同体。
＊エキュメニズム＝世界中のさまざまな宗教を、「一つの根より発し、同じ目標をめざすもの」とみなす立場。インドは、近代以来このメッセージを世界に向けて発し続けている。

＊　＊　＊

パタンジャリは、あらゆるメソッドとアプローチに対する寛容の縮図であった。彼は自らの指導を、一つの技術に絞ったり、特定の宗旨や哲学の徒に限って施すということがなかったばかりか、その他いかなる意味においても限定を設けることがなかった。彼は、一般法則を提示し、詳細は例として使用するだけである。たとえば瞑想の対象について述べる際には、「主イエスのみが唯一の道である」とか、「主クリシュナが最高神である、クリシュナに瞑想せよ」とか、「音のヴァイブレーションすなわちマントラだけがヨーガの成果をもたらす」などとは言わず、ただ選択した対象がもたらす可能性を示すのみにとどめて、最終的には、「その人が選び、その人の心を高めるものであれば何でもよいから、それに瞑想することによって……」と言う。

パタンジャリの『ヨーガ・スートラ』がシュリー・スワミ・サッチダーナンダに親しいものとなっているのは、おそらくはこの寛大さによる。スワミジの理想と方法は――パタンジャリ同様――普遍的・全宗教的で、すべてを包含するものである。彼は何びとも否定したり改宗させたりすることなく、今その人の持つ哲学や宗教の経験、そして――とりわけ大切である――日々の生活の経験を広げてくれる、理解のための技術を推奨する。パタンジャリそしてラージャ・ヨーガは、古代のものであるにもかかわらず、すぐれて現代的である。それらは経験的・科学的であり、自主的探求心と、真摯な学びや分析や応用を促すのである。

本書は、シュリー・スワミ・サッチダーナンダ自身が行なった弟子への講話で、ヨーガ施設での打ち解けた調子のスートラ解説を基にしているという点で、『ヨーガ・スートラ』に関する数多くの書物の中でもユニークなものである。これは、出版を目的としたり、いかなる学術的・知的意図をもって書かれたものでもなく、生きたヨーガの師がその弟子に向けて行なう、真に伝統的なスートラ講釈の記録である。これは、その教えを生きる人によって、現代に学ぶ者の必要性に基づいて解説された、生きた教えである。各スートラの翻訳も、シュリー・スワミジの直接経験から引き出されたものであり、新鮮である。

真理を探し求める人々、そして特にヨーガを学ぶ人々が、現代の師、シュリー・スワミ・サッチダーナンダの啓発的ヴィジョンを通じて、パタンジャリの大いなるインスピレーションと実利ある手引きを得られること――それが本書を送り出すにあたってのわれわれの願いである。

シュリー・スワミ・サッチダーナンダは、個人の生活にとって特に有意義と想われる「スートラ」はノートに取り、それを記憶することを読者に勧めている。そのことばは日々の活動の間にも何度も心に蘇り、あらゆる環境のもとで心の平安を維持する助けとなるだろう。そしてこれからも、本書を手に取るたびに、新たに記憶に加えたい「スートラ」が一つまた一つと見つかることだろう。

われわれが自らの内にある神聖なる真理、すなわち平安と喜びを悟ることができるように、あらゆる伝統より出た大悟のヨーギーの恩寵が、われわれの上にあらんことを――

オーム・シャーンティ・シャーンティ・シャーンティ

サッチダーナンダ・アシュラム・ヨーガヴィル
レヴァレンド・ヴィディヤ・ヴォン

目次

本文中、【　　】内は編・著者による補足・註を、〔　　〕内は訳者による補足を示す。

समाधिपादः

第一部　サマーディ・パダ（三昧部門）

Samādhi Pāda

さてこれから〝ラージャ・ヨーガ〟ときには〝アシュターンガ・ヨーガ（八支分のヨーガ）〟とも呼ばれるものを学ぶことにしよう。

賢者パタンジャリ・マハリシによって説かれた『ヨーガ・スートラ』は、ヨーガの中で筆頭にあげられる経典である。ヨーガの思想を慎重にまとめて弟子たちに解説したのがパタンジャリで、彼が解説するのを弟子たちは、ある種の速記をするように手短かに書き留めた。それが後に『スートラ』と呼ばれるようになったのである。

〝スートラ〟の文字どおりの意味は〝糸〟であり、この『スートラ』は、ただそうした糸のように連なったことばの集まりである。したがって、主部・述部など、文章の形がよく整っていないところもある。しかしこれら二百の短かな糸の織りなす空間に、ヨーガ科学のすべて――その目的、必要とされる実修、道程で出会う可能性のある障害とその除去、そしてそれらの実修によって得られる成果の正確な叙述――が、克明に描き出されている。

(1) Atha Yogānuśāsanam.

これよりヨーガを詳細に説く。

アヌシャーサナムというのは、開示すること、あるいは教授することを意味している。それは、パタンジャリの意図が単なる哲学の解説にあるのではなく、どのようにヨーガを実修したらよいかという直接的教育にあるからだ。単なる哲学は、われわれを満足させない。ことばだけでは、われわれは目標に到達することができない。実行を伴わなければ何事も成し遂げられないわけだ。

(2) Yogaś citta vṛtti nirodhaḥ.

心の作用を止滅することが、ヨーガである。

このスートラで、パタンジャリはヨーガの目標を示す。鋭敏な学生には、このスートラだけで十分だ。なぜなら、後はすべてこの一つのスートラの説明にすぎないからだ。心の〝作用（様態、動き）の止滅（制御、抑制）〟が成し遂げられたならば、その人はヨーガの最終目標に到達したことになる。ヨーガ科学の全体が、この一点に立脚している。パタンジャリはここで、ヨーガそのものを定義すると同時に、その実修の定義もしている。「心の波立ちを制御することができたら、その人はヨーガをしていることになる」と。

さてここで、このスートラにある個々のことばの意味を考えてみよう。普通、〝ヨーガ〟ということばは〝結合〟と訳されているが、結合するためには結合すべき二つのものがあるはずだ。ではこの場合、何と何とが結合するのか？　ここでのヨーガということばは、〝ヨーガ的な体験〟という意味にとらえるのがよい。心の作用を制御することによって得られる超常的な体験そのものが、ヨーガと呼ばれるわけだ。

〝チッタ〟というのは心の総体である。パタンジャリが言うところの〝心〟の全貌をつかむには、チッタがさまざまなレベルを内包するものだということを知っておかねばならない。心の基盤は〝アハンカーラ〟〔自我《エゴ》〕と呼ばれ、それは私という感じのことだ。これが、〝ブッディ〟と呼ばれる知性、つまり識別能力を発生させる。もう一つのレベルは〝マナス〟と呼ばれ、これは心の中の欲望する部分で、これがいろいろな感覚を通じて外界の事物に引き寄せられる。

たとえば、あなたがひとり静かに座り、それを楽しんでいたとする。すると台所の方からいい匂いがしてきた。その瞬間、マナスが、「どこかからいい匂いがしてくるな」とキャッチし、ブッディが、「何の匂いだろう？　チーズみたいだな。こりゃいいや。どんなチーズだろう？　スイスかな？そうだ、これはスイスチーズだ」と識別する。そして、いったんブッディが「そうだ、これは去年おまえがスイスで味わったのと同じ、すてきなスイスチーズだぞ」と断定すると、アハンカーラが、「お、そうか。では私はそれを食べなくちゃ」と言う。これらの三つはそれぞれが一つずつ起きるが、それがあまりにも速いので、ほとんど区別することができない。

これらの作用が、次にそのチーズを手に入れようという努力をひき起こす。「～したい」が生まれ、台所をのぞき見して、チーズを食べてその「～したい」を解消してしまわないかぎり、あなたの心はもとの安らかな状態に戻らない。欲望が生まれる、次にその欲望を満たそうとする努力が来る、そしてそれを満たしてしまえば、あなたはまたもとの安らかな位置に戻る。ということは、普段はあなたは安らかな状態にあるということだ。それが心の自然な状態だ。ところがこの〝チッタ・ヴリッティ〟すなわち〝心の動き〟が、その平安を乱す。

外界に見る差異のすべては、心の作用の所産である。たとえば、あなたは生まれてから一度も父親に会ったことがなく、あなたが十歳のとき、その父親が帰ってきたとしよう。彼がドアをノックする。ドアを開けると、そこにはあなたの知らない顔がある。あなたは母親のところへ走って行って、「お母さん、知らない人が来ているよ」と言う。彼女が出てきてみると、そこにいるのは長い間家を空けていた夫である。彼女は大喜びで夫を迎え、「この人はあなたのお父さんよ」とあなたに紹介する。あなたは、「ああ、お父さん！」と言う。ついさっきまで彼は見知らぬ人だった。それが今やあなたのお父さんになった。彼がお父さんに変わったのか？　いや、彼は同一人物だ。あなたがまず〝見知らぬ人〟という想念を作り上げ、次にそれを〝お父さん〟に変えた。それだけのことである。

外界のすべてが、あなたの思考（想念）と心理的態度に基づいている。世界はすべて、あなた自身の投影物だ。あなたの評価はまたたく間に変わる。昨日は「恋人」だった人が、今日は「見るのも嫌な人」かもしれない。このことを忘れずにいるならば、あなたは外的な事象にそれほど重きを置かなくなるだろう。

ヨーガが外界を変えることについてあまりこだわらないのはそのためだ。サンスクリットの箴言に、「人は心なり。束縛あるいは解脱は汝自身の心中にあり（*Mana eva manusyanam karanam bandha moksayoh*）」というのがある。もしあなたが束縛されていると感じるならば、あなたは束縛されている。もし解放されていると感じるならば、あなたは解放されている。外界の事物は、あなたを束縛しもしないし、解放しもしない。それは、あなたがそれらに向ける態度一つにかかっている。

私は受刑者たちに話をするとき、いつもこう言う。「君たちはみな閉じ込められていると思ってい て、いつになったらこの塀の外へ出られるのだろう、ということばかり考えながら日を送っている。でも、看守たちを見てごらん。彼らだって君たちと似たようなものじゃないだろうか？ 彼らも君たちと同じ塀の中だ。夜には外へ出してもらえるが、朝が来るとまたいつも戻ってきている。そうだろう？ 彼らはここへ来たい。ところが君たちは外へ出たい。囲いは同じだ。彼らにとってはここが牢獄ではない。ところが君たちにとっては牢獄だ。なぜだ？ 同じ塀の中にいてどこが違う？ そう、君たちはここを牢獄だと思い、彼らはここを、働いて糧を得る場所だと思っている。心の在り方が違うわけだ。ここを囚われの場だと思わずに、人生に対する君たちの心の態度を変え、君たち自身を作り直し浄化する機会が与えられる更生の場だと思えば、自分が浄化されたと感じられるまで、君たちは喜んでここにいようと思うだろう。たとえ『刑期は終わった、出て行ってもいい』と言われても、『私はまだ、きれいになっていません。もう少しここにいさせてください』と答えるかもしれない」。

実際にそういう受刑者はたくさんいて、彼らは刑務所を出た後もヨーガ的な生活を送り、かつての獄中生活に感謝している。つまりそれは、彼らがそのことを正しくとらえていたということだ。

したがって、思考形態を制御し、それらを思いどおりに変えることができれば、外界によって縛られることはない。世界には何の欠陥もない。アプローチの仕方によって、それを天国にすることも地獄にすることもできる。ヨーガのすべてが〝チッタ・ヴリッティ・ニローダ（心の作用の止滅）〟に基礎を置くのは、そのためである。心をコントロールせよ。そうすれば何もかもコントロールしていることになる。そのとき、この世の何ものも、あなたを縛ることがない。

（3） **Tadā draṣṭuḥ svarūpe'vasthānam.**

そのとき、見る者【真我】は、それ本来の状態にとどまる。

あなたはまぎれもなくその〈見る者〉である。あなたは身体でもなく、心でもない。あなたは〈知る者〉、すなわち〈見る者〉である。あなたはいつも、自分の心と身体が眼前で行為しているのを見る。あなたは、心が思考を、つまり識別と欲望を生み出すことを知っている。見る者はそれを知っているが、それに巻き込まれることがない。

だが、そういう不変の、平安に満ちた〈あなた〉を理解するためには、心が穏やかでなければならない。でないと、どうもその心が真実を歪めてしまうようなのだ。これについては類推による解釈がわかりやすいだろう。あなたは、自分自身を見たいと思っている〈見る者〉だ。が、どういうふうに見るのか？　そう、たとえば物としての自分の顔でも、「あなたは今までに一度でも自分の顔を見たことがありますか？」と聞かれたら、「ない」と答えねばなるまい。なぜなら顔自体が見ているのだから。顔そのものが見る者、つまり主体なのだ。それ（顔）が鏡の中に見ているものは、それの映像、つまり見られるもので、それは客体である。そこで、もしその鏡が波打っていたり表面がでこぼこだったりしたら、本当の顔を見ることができるだろうか？　それはひどい顔――馬鹿でかかったり、間伸びしていたり、ぐにゃぐにゃだったりするだろう。それをあなたは気に病むだろうか？　いや、おかしいのは鏡の方だということぐらい、すぐにわかる。そこに見えているのは、歪んだ映像なのだ。鏡を真っ平らで曇りのない状態にしさえすれば、それは本当の像《すがた》を映し出す。そのときはじめてあなたは、自分の顔をありのままに見ることができる。

それと同じで、〈見る者〉つまり真のあなたは、あなたの鏡である心に映る。しかし、普通あなたは、真の〈自己〉を見ることができない。心に色が着いているからだ。たとえばあなたは、自分の心が汚なければ「私は汚ない」と言うし、それがきれいに磨かれて輝いていれば「私は美しい」と言う。それはつまり、人間は心の中の自分の映像を自分とみなすということだ。そこでもし心が、波立つ湖面のような状態だったら、そこに映っている像も当然歪んでいるだろうし、心という湖の水が濁っていたり色が着いていたりすれば、自分自身が濁っていたり色が着いていたりするように見える。だからわれわれは、本当の像《すがた》が見えるように、その水をいつも澄んだ、穏やかな、波のない状態にしておかなければならない。心が思考形成をやめるとき、つまりチッタが完全に作用《ヴリッティ》を免れているとき、それは静かな湖のように澄んで、そこに本当の〈自己〉が映る。

このようにたとえると、「では〈見る者〉が自分自身を誤認するのか?」とか、「〈見る者〉が自分自身を忘れてしまっているのか?」という疑問が出てくるかもしれない。そういうことは、ない。〈見る者〉が〈自分自身〉を誤解したり忘れ去ったりすることなど、あろうはずがない。いま話したのは、映し出された像のレベルでのことだ。映し出された像が歪んでいるから、〈見る者〉自体が歪んでいるかのように見える、ということだ。本当の自分はいつも同じだ。だが歪んでいるように見える、つまり心とごっちゃになって見える。だから、心の汚れを落としてきれいにすると、「これで戻った」と感じる。つまり自分が本来の状態を回復したかのように見える。

(4) Vṛtti sārūpyam itaratra.

その他のときは、【真我は】心のさまざまな変化に同化した形をとっている【ように見える】。

あなたは本源的なアイデンティティーを失って、自分をいろいろな思考や身体と同一視しているようである。たとえば私があなたに、「君は誰か?」と尋ねたとしよう。もしあなたが、「私は男です」と答えるならば、あなたは自分自身を男性の身体と同一視している。また、「私は教授です」と答えるならば、あなたは自分自身を、自分の脳に蓄積してきた観念と同一視している。「私は資産家だ」なら銀行の口座と、「母です」なら子供と、「夫です」なら妻と――。「私は背が高い」「私は背が低い」「私は白人である」「私は黒人である」という答えは、肉体の色や姿との同一視を表わしている。しかし、いかなる自己同一視をも取り去ってしまったら、自分はいったい何者なのだろう?

あなたはそんなふうに考えてみたことがあるだろうか? 自分が何者かを本当に理解したとき、あなたは、われわれはみんな同じだと知るだろう。もし自分を「これこれである」とみなしているすべての事柄から引き離してしまったら、あなたは自分自身を純粋な〝私〟として実感する。そういう純粋な〝私〟にあっては、あなたとわたしの間には何の差異もない。

それは人間についてだけではなく、何についても言える。あなたはあるもののことを「犬」と呼ぶ。それが犬の身体を持っているからだ。その犬の中の精神と、人間の中の精神〔霊《スピリット》〕は同じである。それは無生物についても同じであり、石や壁の中にも同じ精神がある。ところで、こんなふうな〈精神〉あるいは〈真我〉ということばの使い方をすると、あなたがたは何だか私の言うことが信じられなくなってくるかもしれないが、もしも物理学者が「壁はエネルギー以外の何ものでもない」と言うなら、あなたがたはそれは信じるだろう。そうだ、科学者のことばを用いるなら、「至るところエネルギーあるのみ」だ。原子といえどもエネルギーの一形態である。同一のエネルギーがさまざまな形で現われ、それらにわれわれがさまざまな名称を与えているのだ。したがって、名称や形態は、同一エネルギーのさまざまな翻訳であるにすぎない。パタンジャリのようなヨーガ科学者によれば――それに最近では多くの近代科学者もそう言っているが――、エネルギーのさまざまな形態の背後に、一つの不変の意識、すなわち〈精神〉〔霊〕、あるいは〈真我〉が在る。

そのような理由から、心を静めてこれらすべての作用（働き、様態）の根源にたどり着くことができたなら、われわれはあらゆるものの中に一体性を見出すことになる。そして、それが真のヨーガ的な生である。だがそれは、われわれが変化に対して無関心であったり、世界にとっての無用者になるという意味ではない。そうではなく、この普遍的な一体性の体験によって、われわれはより良く機能するようになる。そして、幸福で調和的な生を送るようになる。そのときこそわれわれは、隣人を自分の〈真我〉として愛することができるのだ。でなければどうしてそんなことが可能だろう？　もし私が私自身をこの身体と同一視するならば、他人をもやはり身体とみなすだろう。もはやその二つの身体は一つであろうはずがなく、それらはいつだって別々の、異なったものだ。また、もし私が私を自分の心と同一視するならば、誰も私とそっくり同じ心を持つことはできない。同じ身体や心を持つ人間は一人としていないのだ。たとえ双生児であろうとも。小指の先、二分の一インチ四方に至るまで、われわれは違う。指紋の専門家に聞いてみるといい。彼らは、同じ指紋は二つとないと言うだろう。

だがこれらすべての差異の背後、〈真我〉にあっては、われわれに差異はない。それは、これらすべての変化してやまない現象の背後に、けっして変わらぬ〈もの〉がある、ということだ。その〈一なるもの〉が、われわれの心の作用《ヴリッティ》のせいで変化するように見える。つまり、自分の心が変わることによって、自分が何もかも変化させているのだ。この点が理解できさえすれば、外界に落ち度は何もないということがわかる。それらはすべて心の中にあるのだ。見解を正すことによって、われわれは外界の事物を正す。つまり、われわれの黄疸の（＝ひねくれた）眼を治せば、何も黄色く見えはしない。だが、黄疸を治さずに外にあるものをいくらこすってみても、それらはちっとも白や青や緑色にはならない。いつまでたっても黄色のまま、ということだ。ヨーガが、自己改革、自己制御《セルフ・コントロール》、自己調整に基礎を置くのはそのためである。この更生《リフォーム》が完了すると、われわれには新しい世界、調和的な幸福の世界が見えてくる。われわれは常に、こうした誤った自己同一視から自分自身を自由にしておかなければならない。

(5) Vṛttayaḥ pañcatayyaḥ kliṣṭākliṣṭāḥ.

心の様態には五種類あり、それらは、苦痛に満ちたもの、あるいは苦痛なきものである。

パタンジャリは、ヴリッティには五種類あるが、それらは二つの大きなカテゴリーに分けることもできると言う。そのうちの一方はわれわれに苦痛をもたらし、もう一方はもたらさない。ここで、彼が思い（想念）を〝苦しいもの〟と〝楽しいもの〟に分けたのではないということに注意しよう。それはなぜだろうか？　それは、いわゆる楽しい思いでも、最終的には苦をもたらすということがあるからだ。つまり、ある思いが苦をもたらすかどうかは、はじめからそう簡単にはわからない。苦によって始まっても、安らぎの内に終わる思いというものがある。また、一見楽しそうに見えても、結局は苦をもたらすというものもある。たとえば、他人の苦しみを見て心を痛めるのは、確かに苦しい。だがそれは、最終的にはわれわれのこころ《ハート》と心《マインド》を広げ、われわれにより大きな理解の力を与えて、われわれを安らぎの内に置く。

〝苦痛に満ちた〟と〝苦痛なき〟ということばを別のことばに置き換えてみると、ここでのポイントが理解しやすくなる。それらを、〝利己的な〟思いと〝無私の〟思いというふうに言い換えてみよう。利己的な思いは、結局は苦をもたらす。たとえば何かを、あるいは誰かを愛することは、楽しいことだ。だがあなたがたの多くは、まさしくその〝愛〟が、いかに大きな不幸や苦悩、嫉妬や憎悪を運んできたか、充分に経験ずみのはずである。どうしてそうなのだろう？　それは、その愛が純粋でなく、何らかの見返りへの期待に基づいたものだったからだ。そこには利己性があった。その期待というのは何でもいい、たとえばちょっとした金銭的援助、少しばかりの名声、肉体的な快楽など――。こういった〝期待を伴う愛〟が長続きすることは、めったにない。だから、苦痛なき思いに見えるこの愛といえども、もしそれが利己に根ざしたものであれば、結局は苦に終わる。

一方、〝怒り〟のような思いは、はじめは苦しい。だが、背後に個人的な動機を持たない無私な人の怒りは、はじめは相手に悪い感情を起こさせるかもしれないが、結果的には相手を正し、より良い生に導く。たとえば、教室での教師の仕事には、子供たちを矯正し、彼らの義務を納得させるために、何らかの厳格さが要求される。だから、どんな思いであれ、その背後に利己性というものがなければ、その人には苦はけっして生じない。その結果は苦でもなく楽でもない、平安である。われわれはこの真理を見て、自らのすべての動機を吟味し、無私の思いを育むべきである。それがまず第一になされねばならない。

「瞑想やヨーガというのは、心を空っぽにして、〝思い〟をなくしてしまわねばならないのだと思っていました」と言う人がいる。だが、心を直ちに〝思いのない状態〟にすることはできない。多くの人々がそれを試みる。しかしそれは無理なのだ。いったん心を思いのない状態にしてしまえば、われわれは目標に到達したことになるわけだが、それはそう簡単なことではない。「私は心を空っぽにしました」と言う人がよくいるが、その、「心が空っぽだ」ということはどうして知ったのか？　その人はそのことに気づいていた。つまりそんなふうに〝気づいている〟ことも、思いの一部ではないだろうか？　その人は、他の思いを全部追い出して、その「心が空っぽになった」という一つの思いを保持していたのだ。それは本当の無思無想の状態ではない。

そこでわれわれは、否定的な想念を排除するかたわら、ある種の肯定的な想念を育む、というやり方をするのである。心に向かってこのように言う。「よろしい、おまえが何らかの〝思い〟を創り出したいのなら、それをせよ。だが、もし苦をもたらすような思いを創り出せば、苦しむのはおまえだ。利己的であれば、おまえは後で苦しむ。私はおまえを亡ぼそうとしているのではない。私はおまえの味方なのだ。私はおまえの幸福と平安に関心がある。だからどうか私の言うことを聞いてくれ。自分自身にはね返ってくるような思いは創り出さないでくれ。利己を忘れて他人を幸せにしてくれ。そうすればおまえは最高の幸せ者になれる」。他人の幸せを見れば、自分も幸せな気分にならずにはいられない。反対に、周囲をみんな不幸にしてしまうようでは、自分自身もけっして幸せであることはできない。だから、少なくとも自分自身の幸せのために、他者に幸せをもたらそう。もし本当に利己的であろうと思うなら、自分の平安の維持を目ざす中で、利己的になることだ。そういう利己性はちっとも悪くない。誰にも害を及ぼさないのだから。それどころか、それは他者にも同じ平安をもたらすことになるだろう。もし心が「私は無私にはなれない。私はどうしても利己的であらずにはいられない」と言ったなら、「いいだろう、逆を極めよ。利己的であれ。自分自身の平安が乱れることを拒否するという一点において――」と言おう。

毎日の生活の中で、われわれはたえずこの二つの範疇《はんちゅう》の〝思い〟を相手にしている。さて、利己的な思いは苦痛をもたらし、無私の思いはわれわれを安らぎの内に置くということがわかった。では、自分の思いが利己的か、あるいは利己的ではないか、どうしたらわかるのだろうか？　心の中で〝思い〟が湧き上がる瞬間を注意深く見つめるのである。精神分析家になるのだ。この作業そのものがヨーガの実修なのである。自分の想念に注目して、それらを分析していくことが――。

（6）Pramāṇa viparyaya vikalpa nidrā smṛtayaḥ.

それらは、正知、誤認、ことばによる幻惑、睡眠、記憶である。

ここでパタンジャリは、その五種類のヴリッティの名をあげ、それらを一つずつ説明していく。

（7）Pratyakṣānumānāgamāḥ pramāṇāni.

正知のよりどころは、直接的知覚、推理、および聖典の証言である。

パタンジャリが正しい知識と呼ぶものの一つの例は、自分自身の眼で実際に何かを見ることによって理解するもの、つまり直接的知覚である。何かを眼《ま》のあたりに見れば疑いの余地はない。それが正しい知識を得るための一つの方法だ。もう一つは推理によるもの。煙を見れば火のあることが推理される。火がなければ煙は立たないのだから。ある雌牛が乳を出しているところを見れば、雌牛全般が乳を出すのだということは、推して知られる。たとえそれらすべてを見たことはなくとも、推測される。

そしてもう一つ方法がある。それは、見たことがなく推測する手がかりもないが、信ずべき権威や、何かを真に理解した人物がそのように告げることである。

それが普通に言う聖典、つまり賢者、聖者、預言者たちのことばであるがゆえに、われわれが信ずる聖典である。彼らは真理を見、それを説いた。だからわれわれはそれらを信ずる。東洋では、「これこれの修練をせよ」と言われたら、聖典もやはりそのように勧めていなければならないとされる。ただ私がそう言うからそうする、というのではだめなのだ。同じ道を行った誰もがそれを承認し、古い聖典もまた、それを承認していなければならない。真理は同じはずだから――。それは新しく発見されるものではない。この、われわれの時代の発明は、すべて簡単に反古《ほご》になる。今日は最高で最先端をゆくものが、明日になれば最低・最悪だ。それらはまだ最終的な完成に至っていないのだ。だが、聖典を通じて示される預言者たちのことばは、最終的なものだ。それらは簡単には修正され得ない。

だがそこでもわれわれは、根本の真理とそれの呈示との違いを見きわめなければならない。真理は、何らかの形や表象を通じてしか示され得ない。つまり、〈真我〉という真理は同じだが、ことばや様式、そして作法を介して表わされるとき、それは個人や時代の要請に応じてさまざまな現われ方をするということを、われわれはいつも忘れてはならない。それは、儀式は修正を受ける、言い回しも変化する、ということだ。しかし、中味の真理が変化するなんてことはあり得ない——真理というのは常に同じはずだから。儀式というのはただ、ビルの外貌《そとづら》を支える骨格なのだ。だがそれらすべての儀式の土台は、同じでなければならない。だから、それがどういう聖典であろうと、また、東洋、西洋、南方、北方、どこに発祥したものであろうと、それらの根本的な真理は、一致して当然である。それは、時と場合によって服装を変えはするが、けっして中味の変わらない人間のようなものだ。スキーに行くときは、ビジネススーツは着ない。会社へ行くのだったら、スキーブーツを履いては行かない。優雅な結婚式ならどちらの服装も役に立たないし、海水浴に行くのなら三つとも全部失格だ。だが、そういうふうにいろいろな服を着る当の本人は、同じままだ。それと同じで、すべての聖典の中にある真理は同じなのだ。ただその表現が違うだけである。

もし先生が「集中し、瞑想しなさい」とか、「あなたの心を分析して、生活の中での徳性を高めなさい」と言ったら、世界中のすべての聖典がやはりそのように言っていなければならない。もし私が「ヨーガの名において、あなたは一日に十の嘘を言ってよろしい。それが現代のヨーガだ。いいから私を信じて」と言ったら、いつでも「で、その根拠は？」と問い返すべきだ。そのとき、私はその聖典的根拠を示すことができなければならないわけで、もしそれができないなら私はどこかで間違っている。だから、ある人やあるものを頭から信じて、盲目的についていく必要はない。「どこかおかしい」と思ったら、どんな聖典でもいい、それで調べてみる。「はたして聖典はそれを立証しているか？」そして、やはりそこにもそう書いてあったならば、それに従おう。

以上の三つの方法によって、われわれは確実な知識を得ることができる。もちろん、それが確実であろうとなかろうと、自分の平安を見出すためには最終的に捨てなければならないものだ。だが、〝思い〟は、全部いっぺんに放り出さないで、まず仕分け（分析）をして、それからワンセットずつ捨てていく。何もかも一つのゴミ箱に放り込むというのはまずい。以前、私がそれをやりそうになって、アシュラムの仲間に「やめてくれ」と言われたことがある。

「スワミジ、野菜クズは野菜クズ、紙は紙、ビンはビンというふうに、別々にまとめて捨ててください」

「どうして？」

「紙は再生できます。そして野菜クズは、畑の肥料にするんです」。というわけで、ゴミを捨てるときでさえ、一つのゴミ箱にいっしょくたに放り込むことはできない。後で処分しやすいように、分類しておく必要がある。

心についても同じやり方をする。あなたは間違いなくすべての〝思い〟を〝ゴミ〟として処分していく——それが良いものであろうと悪いものであろうと、正しかろうと正しくなかろうと——心が作用《ヴリッティ》から自由であるために。しかし、そこへ行く前に、あらかじめ分類しておくと処分がしやすい。なぜだろう？ まだ少し執着が残っているからだ。われわれはそれほど簡単に何もかも捨て去ることはできない。たとえば、タンスの中が洋服で一杯だったら、あなたはきっと「誰かにこれらをあげよう」と考えるだろう。ところがそれを持ってドアのところまで行くか行かないかのうちに、あなたの心は「これだけは残しておいた方が良さそうだ」と言う。そうではないだろうか？ はじめは「みんな捨ててしまおう、これらのものは要らない」だった。ところが、いざ友だちが来てそれらを持って行く段になると「あ、ちょっと待って。それだけは置いといて。もう一年ぐらい着るから、残しておいて」。

われわれはそういう傾向をうまく利用してやらなければならない。あなたの心のタンスも、やはり一杯である。何かは捨ててしまいたい。しかし、すべてをいっぺんに捨ててしまう気にはなれない。そこで「これは苦痛に満ちている。だから要らない。でもこっちの方は良さそうだから残しておこう」と仕分けをする。つまり、心を納得させるために、〝思い〟にはどれだけの種類があるか、そういうふうに分析する。すると心は「ああ、奴は私をまったくの無一物にしようとしているのではなさそうだ。少なくとも何らかのものは私のために残してくれている」と思う。心というものを扱うには、そういうコツが要る。

今でもよく憶えているが、幼い頃の私は、母が食事をさせようとするといつもダダをこねたものだ。「いやっ、こんなに食べたくない！」

「そう？ これだと多すぎるの？ いいわ、全部食べなくてもいいのよ」。彼女はごはんを円盤のように平たくして、その上に線で切れ目を入れて「ね、じゃあこうして半分は除けておきましょう。あとの半分だけ食べなさい」。そう言って、半分をお皿の脇へ除けておいて食べさせる。私はそれですっかり安心している。すると母は、私に食べさせながら面白いお話を始める。そうこうしているうちに残りの半分も消えていくだろうという寸法なのだ。

ところがお皿の上の食べ物がきれいになくなる前に気づいて、「お母さん、ぼくにもっと食べさせようとしてるでしょ。もう要らない！」と言うと、「あら、ごめんなさい。じゃあこの半分も除けておきましょう」。彼女はそういうふうに、いつも「半分は除けておきましょう」と言った。つまり「常に、残っている分の半分を除けておく」というやり方、それが子供に物を食べさせるときのコツだ。

〝思い〟でいっぱいの心を空《から》にするときも、それと同じ手を使うのがいい。心に向かってこう言うのだ。「いいだろう？　君はまだそんなにたくさん持っているんだから、あとは捨てるよ」。しばらくしてからまた「これも要らないようだね。これも捨てよう」。そのようにして、それらを少しずつ排除していく。パタンジャリがかくも周到に〝思い〟をグループ分けしたのは、そのためである。

（8）　Viparyayo mithyājñānam atadrūpa pratiṣṭham.

誤認は、あるものに対する知識がその実態に基づいていないときに起こる。

たそがれ時に、とぐろ巻きになったロープを見て蛇と間違える。そしてびっくりする。本当は蛇などいないのに。そこには誤った理解が存在する。にもかかわらずそれは、心の中に恐怖を創り出す。想念の波をひき起こすのは、確かな知識だけではない。誤った印象もまた、そうである。

（9）　Śabdajñānānupātī vastu śūnyo vikalpaḥ.

【基盤となる】実体がなく、単にことばだけを聞いて生ずる心象は、ことばによる幻惑である。

あることを聞く、だが本当はそんなことはない。前のヴィパリヤヤ（誤認）では、少なくとも蛇と間違われるロープがある。ところがヴィカルパ（ことばによる幻惑）では、そこには何もないにもかかわらず、それについての何らかの見解を創り上げてしまう。たとえば私がこう言ったとしよう。「ジョンが車を車庫に入れようと思って運転していく途中、タイヤが全部パンクしてしまった。それで、車輪を全部外して修理に預けた。それから大急ぎで家に向かうとき、事故を起こしてしまった」。これを聞いて「そりゃたいへんだ。ひどい事故だったんですか？」と答えるのは、私のことばだけを聞いて、よく考えなかったからだ。よく考えれば「直してもらうためにタイヤを四本とも預けてしまったんでしょう？　だったら彼は車では帰れないはずだ」。そんなことは起こっていない、なのにそれをまともに受けとめてしまう。もう少し例をあげると、「彼の母親は石女《うまずめ》だった」。それはことばのトリックなのだが、それでも心の中にある種の印象を生じさせてしまう。

⑽　**Abhāva pratyayālambanā vṛttir nidrā.**
無であると認知することによって維持されている心の様態が、睡眠である。

四つ目のタイプ。普通われわれは、睡眠中は心の中に何の想念もないと考えている。だが本当は「何の想念もない」という想念があるのだ。眼が醒めたときに「私はよく眠っていた。だから何も知らなかった」と言うのはそのためだ。何も知らなかった、だが何も知らなかったということは知っている。睡眠中は無想だと思ってはならない。もし想念が何もなく、完全に無意識だったら、その眠ったという感じさえ残らないだろう。目醒めたときに印象として残るその空無の想念一つを除いて、心の中の他の想念がすべて一時停止しているのだ。

(11) Anubhūta viṣayāsaṃpramoṣaḥ smṛtiḥ.

かつて経験し今も忘れられていない事柄に対する心の作用が意識に戻って来るとき、それが記憶である。

記憶は心の中に印象を創り出し、後日それを望むとき、あるいは望まないときでも、表面に浮かび出てくる。記憶は、二通りの仕方で浮かび出る。その一つが夢であり、それは眠っているとき表面に出てくる記憶である。もう一つは白日夢で、それは白昼に出てくる記憶である。両方とも、形成されてのち徐々に心の奥へと沈み、何らかの理由で再び活性化されたときに、表面に浮かび出る

〝印象〟である。

以上が、心を空にし、内なる平安を輝き出さしめるために制御されるべき五種類のヴリッティ、すなわち想念の形態である。さて、これがわかったところで次に来るのは、「どうしたらこれらのヴリッティを制御することができるか?」という問題である。「心をコントロールせよ」と言うのはたやすいが、実情は、心の側がこちらをコントロールしているようである。

(12)

Abhyāsa vairāgyābhyāṁ tannirodhaḥ.

これらの心の作用は、修習《アビイアーサ》と無執着《ヴァイラーギア》〔離欲〕によって止滅される。

積極面としては修習を行なう。そしてもう一方で、そうした作用《ヴリッティ》の原因から自分自身を引き離す。彼は、想念の制御に向けて積極・消極両面からのアプローチを指示し、以下に続くスートラで、それを詳しく説明する。

(13) Tatra sthitau yatno'bhyāsaḥ.

これら二者のうち、心に不動の状態をもたらそうとする努力が、修習《アビイアーサ》である。

ここでいう修習とは、一日や二日ではない持続的なもののことである。また、やるのは一日に何分かで、後の時間は心のやりたい放題というのではなく、あなたは常時それに携わっていなければならない。それは、すべての思い、すべてのことば、すべての行為をことごとく吟味する永遠の監視者となる、という意味である。どのようにするのだろう？　パタンジャリは三つの条件をつける。

(14) Sa tu dīrgha kāla nairantarya satkārāsevito dṛḍhabhūmiḥ.

修習は、長い間、休みなく、大いなる真剣さをもって励まれるならば、堅固な基礎を持つものとなる。

修習の第一の条件は、それが長い期間行なわれなければならないということである。ところが残念ながら、われわれはすぐに結果が見たい。私が「マントラを唱えなさい。そうすればあなたはより安らかになって、自分の中の美しいものに気づくでしょう」と言うと、家に帰って三日ほどそれをしてから、私を呼んでこう言う。「私は三日間それをやってみましたが、何も起こりませんでした。このマントラは私には合わないんじゃないですか？　何か他のを教えてください」。そのとおりだろう。だからパタンジャリは〝長い間〟と言っている。〝これこれの期間〟とは言っていない。

次に〝休みなく〟である。「私はもう十年ほどヨーガをやっていますが、一向に変わりません」。「いつもやっていますか？」「ええ……、やったりやらなかったりですが……」。修習は持続的でなければならない。

そして最後の条件は、〝大いなる真剣さをもって〟。それは、注意力のすべてと心のすべてを注いで、必ず成功してみせるという固い信念をもって、という意味である。世俗的なレベルの物品や人物を獲得しようとするときでさえ、人は夜も昼もそれに励む。眠るのを忘れ、食べることも忘れて、精魂を傾ける。世俗的な成功を収めようとするときにさえこの条件が必要なら、ヨーガの成功にはいったいどれほどのものが必要だろう？　そう、今日播いた種がどれぐらい根を張ったか知りたくて、翌日にはそれを掘り返してみるというような、子供じみた真似はやめよう。われわれにはこれらの三つの資質、すなわち忍耐と献身と信念が必要である。

この話になるといつも私は、ヒンドゥーの聖典に出てくる小話を思い出す。天人の住むデーヴァ・ローカ、すなわち天界に、ナーラダと呼ばれる大仙人《マハリシ》がいる。偉大なヨーギーというのは、この地上にもいるが、神々の世界にも同じようにいる。このナーラダは、あらゆる世界を経巡《へめぐ》っている仙人で、われわれ人間がどんなふうに暮らしているかを見るために時々この地上にもやって来る。ある日彼が森の中を通りかかると、あまりにも長い間瞑想していたために、全身がびっしり蟻塚《ありづか》で覆われてしまったヨーギーに出会った。

そのヨーギーがナーラダを見て言った。「ナーラダ様、どこへ行かれるのですか?」

「天界へ、シヴァ神の御許《みもと》へ」

「ああ、では一つお願いしていいですか?」

「何だ? 言ってごらん」

「私はあと何回生まれ変わって瞑想を続けなければならないか、主から聞き出してきてはいただけないでしょうか? 私はもうずいぶん長い間、ここでこうして座り続けているのです。ですから、どうぞよろしくお願いします」

「いいとも」

何マイルか先へ行くと、ナーラダはまた別の人間に出会った。こちらは喜々として、「ハレ・ラーマ、ハレ・ラーマ、ラーマ、ラーマ、ハレ、ハレ、ハレ・クリシュナ、ハレ・クリシュナ、クリシュ

ナ、クリシュナ、ハレ、ハレ」と歌ったり踊ったりしていた。
そしてナーラダを見つけると、「こんにちは、ナーラダ様！　どちらへいらっしゃるのですか？」

「天界だ」

「わあ、いいなあ。じゃあ、あとどれくらいの間、私がここでこうやっていなければならないか、調べてきてはもらえませんか？　私はいつ最終的な解脱を得られるのでしょう？」

「いいとも、そうしよう」

それから何年かが過ぎて、ナーラダはまた前と同じ道を通りかかった。すると、またあの一人目の男に出会った。彼はナーラダを認めて、「ナーラダ様、今日まであなたから何のご返事もいただけませんでしたが、天界へは行かれたのですか？　主は何とおっしゃっていました？」

「主に聞いてみたのだが、おまえはあと四回の生まれ変わりが必要とのことだった」

「えっ、あと四回も！　これだけ待ったのに、まだ足りないのですか？」

そう言うと彼は泣きじゃくり始めた。ナーラダはもう一人の男のところへ行った。すると彼も、いまだに歌ったり踊ったりしていた。

「ナーラダ様、どうでした？　私のこと、何かわかりましたか？」

「ああ」

「じゃあ、教えてください」

「そこに木があるだろう?」

「ええ」

「その木の葉の数が数えられるかい?」

「もちろん。それくらいの根気なら、私にだってありますよ。今すぐ数えてみましょうか?」

「いやいや、ゆっくりやればいい」

「ところで、それと私の質問と何か関係があるのですか?」

「ああ、シヴァ神は、おまえはあの木の葉の数と同じ回数だけ生まれ変わらねばならないと言っておられた」

「おお、それだけでいいんですか? じゃあ少なくとも限りがあるわけだ。さあこれでどこで終わるかがわかったぞ。よかった、それならすぐにやってしまえる。神様、ありがとうございました。あなたは、この森の木の葉すべてとはおっしゃらなかった」

そのとき、天から美しい駕籠《かご》が降りて来て、その担ぎ手が言った。「どうぞお乗りください。シヴァ神がこの乗り物をあなたのために遣《つか》わされました」

「私のために? 私に今すぐ天界へ来いとおっしゃるのですか?」

「そうです」

「でも、私は何度も生まれ変わらねばならないと、たった今ナーラダ様がおっしゃったばかりですが……」

「そのとおりです。しかしあなたは、もうとっくにそのつもりになり、喜んでそれをしようとしておられました。ですからあなたはもう待つ必要はありません。さあ参りましょう」

「では、あのヨーギーはどうなるのですか?」

「彼はたった四回の生まれ変わりに対してさえ、心の準備ができていません。彼にはあのようにさせておきましょう」。


これはただのお話ではない。そこに託された真理は、よくわかるだろう。もしあなたがそれほどまでの忍耐力を持ち合わせているならば、心はより安定しており、あなたの為すことは、より完全であるだろう。心が定まらず、成果を得ることだけに汲々としているならば、すでにそのことによってあなたの心は乱れており、そのような心によって為された事柄には、いかなる尊さもない。したがって、どれほど長い間修習するかということだけが問題なのではなく、どのような堅忍、どれほどの熱意、そしていかにすぐれた内実を持っているかということが問題なのだ。

(15) Dṛṣṭānuśravika viṣaya vitṛṣṇasya vaśīkāra saṁjñā vairāgyam.

見たり聞いたりした対象への切望から自由である人の、克己の意識が無執着《ヴァイラーギャ》〔離欲〕である。

通常、心は、何かを見聞きすることによって執着を生む。心が外に向かって動き、その欲望を満たすものを集めるのは、主に眼と耳を通じてである。あなたは、心が何かを見、あるいは聞いて、それに引き寄せられる前に、その対象が自分にとって良いものであるかどうかを見きわめる識別の力を持つべきである。心は、勝手に突き進んで何でも好きなものをつかむべきではない。

無執着（離欲）と無関心とを取り違えてはならない。ヴァイラーギャということばは、〝色のない〟という意味で、〝vi〟が〝～のない〟、〝raga〟が〝色〟である。どんな欲望でも、心にその欲望独自の色づけをする。あなたが心に色づけをした瞬間に、さざ波が形づくられる。ちょうど、静かな湖に石が投げ込まれると、波が立つように。そうした欲望が次から次へと投入されて心が揺すぶられているとき、そこには平安や休息はない。そういう動き止まぬ心によって着実な修練をすることはできない。あることを持続的にやりたいときは、心が他の欲望によって乱されないようにしなければならない。修練というものに、そうした平静、すなわち離欲が常に伴っていなければならないのは、そのためだ。この離欲が欠けていたら、どんな修練だろうと絶対に成功しない。

「ああ、私はもう何年も瞑想をやっている。朝晩のお祈りだって毎日欠かさずやっているのに」と、多くの人々が言う。そうだ、確かに彼らはやっている。それは認めよう。事実われわれは、毎日瞑想のために座ったり、教会や寺院へ行ったりしている彼らの姿を見ることができる。彼らは祭壇の前で何時間も座っていることもある。『聖書』を毎日、はじめから終わりまで読み通す人もいる。『バガヴァッド・ギーター（神の歌）』を毎日繰り返し朗誦する人もいる――朝起きたら、水の一杯も飲まずにまっすぐに祭壇の前へ行って『ギーター』を全部読み上げる！　なのに彼らはちっとも変わらない。それは、彼らの心が、いろいろな欲望のために散乱した状態のままだからだ。祭壇の前に立っていても仕事のことを考えていたり、「友だちは誰と誰が来ているだろう？」と視線をあちこちさまよわせたり。寺院や教会が社交の場になってしまっているのだ。彼らの心はお祈りよりも俗事の方に惹きつけられていて、そういう場所の本来の目的を見失っている。口先だけはレコードみたいに機械的にお祈りを再生しているが、心は別のところをさまよっている。そうした気をそらす欲望から心が離れていないと、心を集め、組み上げるという作業はできない。心に執着がないとき、はじめて瞑想は可能となる。実を言えば、もし心がすべての利己的な欲望から完全に自由であるならば、瞑想をする必要もないのだ。もしそうならば、その人はいつも安らいだ状態にあるわけで、そわそわすることもないし、落ち込んだりすることもない。だから修習《アビアーサ》と離欲《ヴァイラーギャ》の両方が必要なのであって、中でも特に離欲が大切なのだ。

そのように言うとすぐに「もし執着がなくなったら、刺激が何もなくなってしまい、退屈ではないですか?」と言う人が出てくる。そうではない。離欲というのは、〝私的な欲望がない〟という意味なのだ。もし本当に貪欲でありたいならば、他人に奉仕することに貪欲であれ。他人の苦しみを軽減しようとせよ。いったん自分の個人的生に対する執着がなくなってしまえば、あなたは他人に奉仕することができるようになり、そうすることによって、自分がもっともっと楽しくなっていることがわかる。だからときどき私は「無私な人間が一番利己的だ」と言うのである。それはなぜだろう? 無私の人は、自分の平安と幸福を失いたくないと思っているからだ。

〈神〉についてさえ、私的な欲望や執着を持ってはいけない。人は、神に歩み寄り、「神様、これを私にください、あれをください。今度の選挙で私を応援してください」とか、「もしこの試験にパスしたら、ろうそくを十本ともしてさしあげます」などと言う。つまり、〈神〉と取り引きしようというのだ。それこそ無知をさらけ出しているという他はない。そのろうそくは〈彼〉がわれわれに与えたのだ。なのに、それをまるで自分自身が作り出したものででもあるかのように、〈彼〉に〝あげます〟とはどういうことだ? 欲望の詰まったわれわれの心が、われわれを欺き、無知にする。

欲望に満ちた人間の識別力は、完全に萎《な》えている。彼の関心は、何かを獲得するという一点、まったくその一点だけにしかなく、したがって少し立ちどまって考えてみようなどとは思いもしない。

ヴェーダーンタ*の聖典は言っている。「解脱に対してさえ、執着するなかれ（*Mokṣabhekṣo bandhah*）」。解脱を渇望することによってさえ、あなたは自分自身を縛ることになる。欲望はことごとくあなたを縛り、不安定をひき起こす。解脱を得るためには、あなたは完全に無欲とならなければならない。

＊ヴェーダーンタ＝『ヴェーダ』の終結部である『ウパニシャッド』が示す思想。宇宙万有の一元性を説く。

だが、欲望がなくなるなどということがあり得るのだろうか？　いや、実際にはそんなことはあり得ない。心というものがそこにあるかぎり、欲望することがそれの務めである。それは矛盾しているように見える。それを解く鍵は、私的なあるいは利己的な動機のない欲望は、どんな欲望でもあなたを縛らない、ということだ。それはなぜだろう？　純粋で無私な欲望には、期待というものがまったくない。だから、結果がどう出ようとも、失望を知らないからだ。だが、何も期待しないとはいっても、それなりの報酬はあるのである。誰かを幸せにすれば、その人の嬉しそうな顔を見て、自分自身も嬉しい。もしあなたが本当に、ただ与えるためにのみ与えることの喜びを味わったことがあるならば、そのような喜びを何度でも得ようとして、そうした機会を貪欲に待つだろう。

ほとんどの人は、何もかも棄てて無私・無欲になると、何の楽しみもなくなってしまうのではないかと考えている。それは違う。あなたは最も幸せな人となる。奉仕すればするほど、あなたはより大きな幸せを味わう。そういう人が人生の秘密を知っているのだ。何もかも失うこと、すべてを与えることには、大きな喜びがある。物を持っていても、永久に幸せであることはできない。持てば持つほど不幸になる。億万長者や地位の高い人たち、首相とか大統領とかいうのを、あなたは知っているだろう。彼らは幸せだろうか？　いや、地位が高ければ高いほど、煩わしさも大きい。聖者や世捨人だけがいつも幸せなのだ。失うものが何もないから。何も持たないからこそ〈真我〉を常に持っている。それが秘訣なのだ。だから、〝ヴァイラーギャを持て、平静を持て、無執着を持て〟と言うのだ。世俗的な事柄を捨てることによって、あなたは最も貴重で聖なる富、自らの平安を手に入れる。

無執着にはもう一つの側面、つまり利点がある。仕事を完全に行なうことができるのは、だいたい執着心のない人である。たとえば、先日私は、センターの一つを受け持っている弟子から手紙をもらった。それによると、彼のインテグラル・ヨーガ・センターへあるヨーガの教師がやって来て、こう言った。「ここに来る学生たちは、『もっと違うことを――』と要求しないのですか？　私の教室では、もし私が毎回新しいことを教えないと、みんなこう言うんですよ。『え？　それはもう昨日教えてもらったことで、それに対する支払いは済んだはずでしょう？　あなたは今日も昨日と同じことを教えている。なのに私たちはまたお金を払わなきゃならないんですか？　他の新しいことを教えてもらえないのなら、お金は払えません』。だから私は、毎回新しいものが加わっていくように、慎重にレッスンの計画を立てるんです。ちゃんとお金がもらえるようにね。でもここでは、いつも同じ古くからのスタッフですね。なのに人がいくらでもやって来て、失望して帰るなんて人は全然いないみたいですね」。

　そこで私の弟子は答えた。「私たちはヨーガを〝売り〟ません。私たちはただ、私たちの喜びのために教えているのです。来る人たちは、自分が思うだけの寄付を置いていきます。ここでやっているのはビジネスではありません。言うなればここでは、こころ《ハート》が働いているのです。おそらくあなたは、報酬を期待していらっしゃる。それで、人がもっと集まって、お金もたくさん得られるように、毎回新しいことを教えようとなさるのでしょう」。

　実にそういうことなのだ。今ここのハタ・ヨーガのクラスでも同じである。ここのクラスに来ている人たちは、もう何年も通っているが、どのクラスも似たようなものだ。でもみんな飽きもせず、来るたびにいくらかの寄付を置いていく。家にいたって同じことができるのに、それでもみんなここへ来る。それは、ここではビジネスのヴァイブレーションではなく、ヨーガのヴァイブレーションを感じることができるからだ。それこそみんなが逃すまいとしているものなのだ。

私の講義にしたところで、私はそれほどたくさん聖典の話をしたり、「いつも新しい何かを」と心がけているわけではない。たぶん、私の今までの話のテープを聞き直してみれば、いつも同じことばかりしゃべっているだろう。人々は言うかもしれない。「スワミはちっとも新しいことを言わない。いつもの古ぼけたスワミが、またいつもの古ぼけた話……。なんだって生徒たちは、繰り返し聴いているのだろう？」それは、私が楽《ハッピー》しくて、みんなもここにいて楽《ハッピー》しいから……そう、みんなが私を楽しくしてくれて、その私がまたみんなを楽しくする。私たちはただここで、ささやかにハッピー・タイムを過ごす、それだけのことなのだ。ヨーガの名のもとにちょっと何かを話したり、何かをしたりするだけ。そう、秘密はそれなのだ。一緒にいてみんな楽しい、それだけのこと。それが離欲《ヴァイラーギャ》の生活なのだ。そこには期待がない。私たちはただ集まって来るだけだ。みんなお金を損するとも思わないし、私は稼いでいるとも思わない。私たちはみんな、一つの家族のようにここにいる。そして私たちのお金やエネルギーやアイデアをプールする。それ以外に私たちのこの人生に何が必要だろう？　それがヨーガなのだ。

心が私的な利害から自由であるとき、われわれは仕事を十全にすることができ、楽しく感ずる。そのとき、われわれの人生は意味に満ちたものとなる。もしわれわれの心から利己性がなくなり、すべての人々の人生に犠牲的献身が備わったならば、他ならぬこの世が天国となり、平安と至福の住み処《か》となる。この生にあっては、すべてのものが与えている。犠牲的献身は、生の掟なのだ。だからわれわれは、その生を人類のために献げ与えた人々をほめ讃え、憧れるのである。なぜわれわれはイエス・キリストと十字架を崇拝するのか？　〝犠牲的献身〟がその十字架の意味だからだ。彼は自分自身を犠牲とし、われわれはその本質を崇拝する。われわれが尊ぶのは一片の木塊ではなく、それが表現している犠牲的献身である。彼は人類のために自らの命そのものを与えた。あらゆる預言者や聖者、賢者たちが、神聖なる存在あるいは神そのものとして崇敬されるのは、そうした犠牲的献身のゆえである。それは聖者だけではなく、自然のすべて――木々も鳥も動物たちも、すべてが他のもののために生きている。なぜろうそくは燃えて溶けていくのか？　光を与えるためである。なぜ香は燃えて灰になるのか？　芳香を与えるためである。なぜ樹木は成長するのか？　果実と花を与えるためである。およそこの世界に、生物・無生物を問わず、自分だけのために生きているものなどあるだろうか？　ない。ならば、自然のすべてが犠牲だというのに、ひとり人間だけが利己的な生を送ってよいものだろうか？　われわれは、与え、与え、かつ与えるために、ここに在る。われわれに与えられて然るべきもの――それは、心配せずとも向こうからやって来る。

そうは言っても、もちろん迷いは残るだろう。「犠牲的献身の人生を送るべきだというならば、私はどうやって食べていけばいいのだ？　どうやって衣服を得、住むところを得たらいいのだ？」それらのものは、他者に奉仕するための自分自身の備えとして持てばよいのである。あなたには、また明日の朝も元気で他者への奉仕に出かけられるように、ゆっくり休むためのベッドが要る。他者に奉仕するための十分なエネルギーを得るためには、食べねばならない。そのように、何をするときでも「私は他者に奉仕するために自分自身を用意しているのだ」という思いでやる。瞑想をするときでも、それは自分だけの平安のためではない。安らかな心で世間に出向き、十分奉仕できるようにするためだ。他でもないその思いがあれば、瞑想となる。そう、そのときには、ヨーガの瞑想さえもが無私の行為となる。そしてそれが、〝神に対してさえ執着するなかれ〟の意味なのだ。このヴァイラーギャすなわち無執着だけが、あなたの全人生を喜びに満ちたものへと変えるに足るのである。

(16)　Tat paraṁ Puruṣa khyāter guṇavaitṛṣṇyam.

プルシャ【真の自己】を実現することによって、グナ【自然《プラクリティ》の構成要素＝静謐《サットヴァ》・活動《ラジャス》・惰性《タマス》】に対してさえ渇望が失せてしまったなら、それが至上の無執着《ヴァイラーギャ》である。

このスートラでパタンジャリは、より高い形のヴァイラーギャの説明に進む。心が私的な欲望や快楽から離れていることが、通常のヴァイラーギャである。心が何かを欲しても、それを制御し、心に向かって「否」と言う。するとそれは離れている。だが高次のヴァイラーギャにおいては、自分に執着することにすら思い及ばない。つまり、通常のヴァイラーギャでは、新たに入り込もうとする誘惑からは完全に免れることができる。だが、すでに心の中にある残存印象はどうしたらいいのだろう？ すでに経験してしまった事柄についての記憶は、今も残っているだろう。

たとえば、長年盗みを働いていたある泥棒が、もう盗むのはやめようと決心した。だが彼の心の中には、いろいろな物を盗んでひそかに楽しんできた記憶が残っている。ヨーガの用語でそういう記憶のことを、残存印象すなわち〝サンスカーラ〟と言う。サンスカーラは、ひょいひょい顔を出すものだ。「ああ、あの車を盗んでおけばよかった。そうしたらどんなに楽しめただろう。けれども、しかるべき人が私の前に現われて、『執着をやめなさい』と言うものだから、私は『はい』と言ってやめている」。また「煙草やお酒がどんなにいいものだったか、今でも私は憶えている。ところがこのヨーガってやつが割り込んできたので、とにかく今はもう、そういう楽しみごとをやっていない」というように。サンスカーラがまだ残っているために、そんなふうに感じてしまう人はたくさんいる。

そういう残存物は、ちょっと心の中へ入って行って消してくる、というわけにはいかない。しかしそれらは、ある時点でひとりでに消える。それはいつか？　それは、あなたが内に進み、〈真我〉の平安と喜びを悟ることに成功したときである。自らを真の〈自己〉として了解したとき、あなたは、過去に経験したささやかな快楽の印象など、燦然と輝く太陽の前に置かれた凡庸な光の点と化すほどの、平安と至福を見出す。そしてささやかな快楽への興味を永久に失ってしまう。それが至上の離欲である。

それまではあなたは〝中間〟にいる。あなたはその最高の喜びをまだ味わってはいないものの、何らかの心の平安は経験している。しかしこの平安は、真の平安が静かな心にただ映っただけなのだ。ここのところをよく理解しておく必要がある。ここでまた鏡のアナロジーを用いると——鏡に映るすばらしく明るい光があるとする。そのとき、もし鏡の表面が歪んでいたり色が着いていたりすれば、その映像は損われる。歪んだり色が着いたりした反射映像というのは、あなたが外界から得た〝歪んだ幸福〟のようなものだ。そういう外界のものから自分を引き離すことによって心の鏡を平らにすれば、あなたの〈真我〉の安定した映像が見える。といってもそれはまだ映像だから、〈真我〉そのもの、〈絶対至福〉そのものではない。だが心が純粋になり安定してくると、あなたは確固とした幸福を経験することになる。それが一つ目の離欲、つまり低位のヴァイラーギャの結果である。

それは確かに映ったものでしかないが、実物とほとんど変わらない。そしていったんそういう像がしっかりと映ってしまえば、真の体験はおのずからやって来る。もう、それを得ようとして何かをする必要はない。心は存在することをやめ、後に残るのはただ、われわれが〈神〉と呼び〈真我〉と呼ぶところの、本源的な平安と喜びのみである。

その至上の離欲《ヴァイラーギャ》が、一度でも、ただの一秒でも訪れたならば、あなたはその喜びを体験する。だからこそわれわれは、毎日、しばし瞑想の時を持つように努めるのだ。その喜びをちらりと垣間見ただけでも、あなたはそれ以外のものの味を求めてさまよい歩くことはなくなる。たとえば、あるレストランですばらしく美味しい料理を見つけたら、あなたはもう他所のレストランへなんか行く気がしなくなるだろう？　そのお気に入りのものを食べるためだったら、少々遠回りでも、十ブロックや二十ブロック歩いてだって行く。それと同じで、われわれは「あんなもの、これと比べものになるだろうか?」と言って、それらのすべてからただ離れて行く。そして、座ってその平安を享受するいかなる機会も逃すまいと思うだろう。やがて、その中に少しずつ根を下ろしていくにつれ、あなたは手を、そして心をさえも働かせつつ、しかも常に変わることなく、その平安の内にあるだろう。

ヒンドゥーのことばに、「心にラーマ（神）、手に仕事（*Man me Rām, hath me kām*）」というのがある。それは、「こころ《ハート》を神にとどめ、頭脳を世界にとどめよ」というふうに言い換えてもいいだろう。いかにしてこころを〈神〉の内に置くかを知ったならば、あなたは常にそこに憩いつつ、しかも世界に遊ぶことができる。あなたにとってこの世はもはや地獄ではなく、すばらしい遊び場《プレイグラウンド》である。何もあなたを縛ることはできない。なにしろあなたはあらゆるものを〝プレイ〟として楽しむことができるのだから……。つまりあなたは〝エキスパート・プレイヤー〟になるわけだ。

プレイの仕方を知らないと、痛い目に会うこともある。私がはじめてクリケットをやったときのことだ。突っ立ってキョロキョロしていると、誰かの打ったボールがゴツンと来た。私はもう、ラケットを放り投げて早々にコートを出てしまった。それ以来、私にはクリケットなるゲームが怖くてたまらない。ゲームのやり方を知らなかったばっかりに——。しかし、どうやったらいいのかを知っていて、それを楽しむ人はたくさんいる。朝から晩まで水につかって遊んでいる人がたくさんいるかと思えば、水をひどく怖がる人もいる。それと同じで、どうやって楽しんだらいいかさえわかったら、この世を怖がることなんか全然ないのだ。われわれは本当にこの世界を楽しんだらいいし、この五感にあらゆる楽しみを与えたってかまわない。何も渇えさせる必要はないのだ。とはいえ、それはいつのことか？　それは、われわれの原点を見出し、心の一部がそれに結びついたときである。そのときわれわれはすべてのことを楽しむことができる。「この世を楽しめ」といっても、今すぐに、という意味ではない。まずは至高のヴァイラーギャに至り、然るのち楽しむのだ。それが人生成功の秘訣である。それをする者は必ず成功する。彼の人生にはいかなる失敗もあり得ない。すべての人がそれをするべきである。それがわれわれの目標であり、生得の権利である——まさに然りである。

(17) Vitarka vicārānandāsmitārūpānugamāt saṁprajñātaḥ.
サムプラジュニャータ・サマーディ【識別ある三昧】には、思慮、洞察、歓喜、および純粋な自己意識が伴う。

パタンジャリは第一部冒頭部にヨーガ論を掲げた。そしていよいよここからは、サマーディあるいは観想と呼ばれる最終的な実修と、そのヴァリエーションについて述べることになる。パタンジャリはここに来て、徹頭徹尾科学的である。彼は、ヨーガを厳正な科学とみなし、実修の全側面とその支脈を余すところなく示す。自らの発見のあらゆる側面を知悉《ちしつ》して解説することは、科学者の義務である。たとえば薬剤師が薬を処方するときには、その正しい使用法を述べると同時に、適切に用いられなかった場合に起こり得る薬害についても説明しておかねばならないように。

もしあなたが、すぐにでも〝サマーディ〟を修める用意ができていると思っているならば、サマーディの実修は集中と瞑想を完成した後はじめて可能となる、ということを知っておくべきである。そのときの心は、一点集中を修得して完全な制御下に置かれていなければならない。サマーディを修めるには心のすべてが用いられねばならないからだ。

これとこの次のスートラで、パタンジャリは二種類のサマーディ、すなわちサムプラジュニャータ・サマーディ（識別ある三昧）とアサムプラジュニャータ・サマーディ（識別なき三昧）について述べている。パタンジャリはこのサムプラジュニャータ・サマーディをさらに四つに分けているが、それを理解するためにはまず、彼の言う〈自然〉、すなわち〈プラクリティ〉の構成を知っておかねばならない。彼によれば、〈プラクリティ〉もまた、四つに分けられる。それらは、㈠ごく粗大なものである物質、㈡タンマートラと呼ばれ、究極的には可視的具体物として現われる精妙な要素、㈢心（チッタ）、そして、㈣自我つまり個別性、である。

したがってサマーディは、まず㈠粗大な対象について修められ（サヴィタルカ・サマーディ）〔思慮を伴う三昧〕、次いで㈡精妙な要素について（サヴィチャーラ・サマーディ）〔洞察を伴う三昧〕、次に㈢それ自身の喜び以外、いかなる対象も持たない心、換言すれば、サットヴァ的（澄明）な心について（サアーナンダ・サマーディ）〔歓喜を伴う三昧〕、そして最後に㈣〝私〟という感覚のみについて（サアスミター・サマーディ）〔自己意識を伴う三昧〕修められる。このように段階的に進むのは、最初からいきなり精妙なものを観想することはできないからだ。つまりはじめは、心の焦点を何か具体的なものの上に定める訓練からとりかからねばならない。心の焦点が具体的な対象の上に定まったとき、それはサヴィタルカ・サマーディと呼ばれる。この時点で、すでに心は十分な制御下に置かれているということを覚えておこう。焦点のはっきりと合った心がある対象を観想すると、それは瞬間的に対象の内奥を貫き、その理解は微細な分子の一つ一つにまで至る。焦点の定まった心には力があり、そのような力に満ちた心がある対象に集中すると、対象についての全知識がその心に啓《ひら》かれる。

このような事実を知れば、物質を探って原子力を発見した科学者はサヴィタルカ・サマーディを行じていたのだということがよくわかる。彼は実利的であり、知ることを欲した。そして心のすべてをそれの上に集注した。ゆえにこそ、物質のかくも微細な粒子までもが、彼の前にその姿を現わしたのだ。そうした知識を獲得することで、われわれは原子に対する支配力を手に入れた。サヴィタルカ・サマーディとはそういうものである。

この観想から得られる利益は、観想対象に内在する秘密と力への理解である。だが、そのような力によって何をするのか？　その危険性は、原子力が鎮静のための香油ではなく、破壊のための爆弾として使われていった経緯を見ればよくわかる。並はずれた力を得ることには、すべて危険がつきまとう。この観想が正しい倫理的背景を持たぬままに修されるならば、危険な結果が生まれるだろう。しかしパタンジャリは、科学者としてどうしてもそれを説明しておかねばならなかったのだ。

次はタンマートラ、すなわち精妙な要素の観想である。ここでは、見られるべき具体的な対象がない。たとえば、白とか赤、あるいは愛とか美などのような抽象的なものの観想である。〝赤さ〟とか〝愛〟などは、抽象であるがゆえに、普通の人間にとっては具体的な対象物の助けがないと理解できない。だが、具象の観想と理解が十分に行なわれたならば、その心は具象なくして抽象を理解する能力を得る。したがってあなたは、時間・空間をも超越する。これがサヴィチャーラ、つまり〝洞察を伴う〟サマーディである。

さらに、識別や洞察のない、より精妙な段階へと進む。ここでは知性を使わず、あなたはただ、静かな心そのものを観想する。サアーナンダ・サマーディすなわち〝至福のサマーディ〟と呼ばれるその中で、あなたは喜びを得る。そこには喜びがあるだけで、思慮も洞察もない。

そして第四のサマーディには、そのアーナンダ（歓喜）さえもなく、ただ〈個〉の意識があるだけである。あなたは〝私―であること〟を観想する。あなたはそこにいるだけで、それ以外の何ものも意識しない。それはサアスミター・サマーディと呼ばれ、〝我―性〟を伴っている。それがいったいどのようなものなのかを心に思い描くのは不可能なことだが、少なくとも理論的な理解だけは試みておこう。サアスミター・サマーディでは、心の中にまだサンスカーラ〔残存印象〕が種子の形で残っている。そこでは〝私〟が意識されているだけとはいえ、心の中に依然としてサンスカーラが埋もれている。

サムプラジュニャータ・サマーディは、内に向かうプロセス、――展開（進化）ではなく回帰である。始源において、世界すなわち〈プラクリティ〉は、非顕現すなわちアヴィアクタであった。それが顕現を開始すると、まず自我が現われて、個別性と心が現われる。次いであなたは、心からタンマートラに入り、それから粗大なものへと赴《おもむ》く。それが自然《＊プラクリティ》の進化展開である。

ヨーガの瞑想の中でわれわれは、その逆の〝回帰〟を経験する。それは〝創造と破壊〟と呼んでもいいだろう。だが、実際にあなたの中で何かが創造されたり破壊されたりするわけではない。『バガヴァッド・ギーター』が、〝非顕現のものが顕現としての現われを見せる、そして非顕現に帰る〟と言っているように。われわれが外界に見るのは顕現したものであり、中間的な存在である。それがわれわれが創造物と呼ぶところのものである。だからヨーガでは何にせよ「〈神〉が創造した」とは言わない。ヨーガは、「〈神〉とはただ純粋な意識である」と言う。そしてそこにはまた〈プラクリティ〉というものもあり、その本質は、展開し、後に溶解するものであると言う。

非顕現の状態の〈プラクリティ〉は、ちょうど火と熱のように不可分の、ものであり力である。火がなかったら熱はなく、熱がなかったら火はない。自然が非顕現の状態にあるときは、その力は潜勢的・静的である。ちょうど、発電機が回っていなければ電気が生じていないように。だが、モーターが回転し始めるやいなや、それは電気を発生する。

＊自然《プラクリティ》の進化展開＝『ヨーガ・スートラ』は、その背景にサーンキャ哲学を持っている。サーンキャ哲学における究極的な実在は、〈プルシャ〉〔真我〕と〈プラクリティ〉〔自性〕である。〈プルシャ〉とは、第一部のスートラ(3)に出てくる〈真我〉（見る者）であり、〈プラクリティ〉とは、それ以外のすべて（見られるもの）である。第二部のスートラ(18)、(19)参照。プラクリティの進化展開によって出現するさまざまな形而上学的存在と、その展開の過程をわかりやすく示すと、次のようになる。

（見られるもの）　（アヴィアクタ）
自性《プラクリティ》→覚《ブッディ》→自我意識《アハンカーラ》
- 意《マナス》＋根《インドリアス》〔眼・耳・鼻・舌・皮（触覚）・語（発語）・手・足・排泄器官・生殖器官〕
- 五唯《タンマートラ》〔色・声・香・味・触〕→五大〔地・水・火・風・空〕

（見る者）　真我《プルシャ》

（右のうち、覚《ブッディ》・自我意識《アハンカーラ》・意《マナス》を総合して〝心《チッタ》〟と呼ぶ。第一部のスートラ(2)参照）

この力すなわち〝プラーナ〟は、〝グナ〟と呼ばれる三つの性質から成っている。それらは、〝サットヴァ〟と〝ラジャス〟と〝タマス〟、すなわち〝静謐〟と〝活動〟と〝惰性〟である。これらの三性が均衡を保っているときには、事は生じない。ところがグナに少しの乱れ（不均衡）があると、その乱れが運動を生み、それがあらゆる種類の形態を生む。全宇宙はそのようにして現われる……空、大地、火、大気、その他すべての元素がそのようにして創られる。非顕現の〈一なるもの〉が〈それ自身〉を徐々に展開させてゆき、その極みにわれわれは、具体としての形態を見るのである。

われわれは今、サットヴァとラジャスとタマスが最高潮に達した具体の世界にいる。われわれは眼前に見えているものから手がけていくしかない――既知から未知へと遡行するのだ。われわれは知ってしまったことを無視することはできないし、知らないものに直に取り組むこともできない。自分の眼で見、触れ、味わうことのできる具体的なものを扱うのは、比較的簡単である。だから心が集中して静かになったとき、その心に、観想の対象として、まず具体的なものが与えられるのである。そして、心がそれを理解し終えたら、次に精妙な要素へと進み、ついには始源にたどり着くまで、より精妙なものへと深めていく。

〈プラクリティ〉を十分に理解しなかったら、われわれはそれを卒業することはできない。われわれはそれを無視したり、棚上げにしておくことはできない。だから、まず第一にこの四つのサムプラジュニャータ・サマーディが、それも一つずつ、修習されねばならないのである。

とはいえ、サムプラジュニャータ・サマーディにはやはり危険がある。それはどうしても修習されねばならないのだが、危険も避けて通れない。だからそれを修習する人は、純粋と無私によって自分自身の準備を整えねばならない。でないとその人は、新たに見出した力の危険をまとうことになるだろう。たとえば、病人や障害のある人を癒《いや》したイエス・キリストの場合を考えてみよう。彼はその力を他者の救済のために使った。だが彼自身が十字架にかけられたときには、自らを救うためにはその力をけっして使わなかった。そうしようと思えばできたのに、彼はしなかった。このことは、そうした神秘的な力が利己的な目的のために使われるべきではないことを示している。

(18) Virāma pratyayābhyāsa pūrvaḥ saṁskāraśeṣo'nyaḥ.

心の動きの完全停止が確固不抜に修められることによって、後に残るのは印象〔サンスカーラ〕のみとなる。これがいま一つのサマーディ【アサムプラジュニャータ・サマーディ、識別なき三昧】である。

サムプラジュニャータ・サマーディの段階では依然として、そこに埋もれている種子が時宜を得て意識的な心に進入し、人を現世的経験に引きずり込む可能性を持っている。したがってわれわれは、前述の四つの段階を経て、さらに、自我の意識すら消え、過去の印象の種子も無害化される、アサムプラジュニャータ・サマーディへと進まなければならない。この状態には、意識だけがあって、他には何もない。これが達成されると、個は完全に解放され、現世に戻って翻弄《ほんろう》されることは二度とない。彼は、この世にあるように見えるが、そこに巻き込まれていない。彼にとってこの世はただの影であり、彼はそこからまったく自由である。それが解脱した人である。だが彼は、この世から歩み去ったのではなく、死んだのでもない。そういう人が〝ジーヴァン・ムクタ〟〔生前解脱者〕と呼ばれる。彼は生きながらにして解き放たれているのである。

したがってあなたは、まず自然《プラクリティ》を完全に理解し、それを自らの制御下に置き、それからそれを脇によけて解き放たれるのである。人はよく、森や洞窟に隠遁することでこの世を捨てようとする。そうしないと捕まってしまうと考えるのだ。だがそのようにしたところで、けっして自然から自由になることはできない。われわれはどこにも隠れることはできない。どこまで行こうと自然はついて来るのだから。それを理解し、それを正しく扱って、乗り越える以外に道はない。だからサムプラジュニャータ・サマーディの四つのヴァリエーションがすべて修められねばならないのである。そうすれば、次のアサムプラジュニャータ・サマーディはたやすく理解される――プラクリティを理解すれば、それを払いのけて、自分自身を見るために内を向くことができるから。そして結局自分は純粋な〈真我〉なのだと、つまりプラクリティの中に巻き込まれているかのように見えていた自由なプルシャなのだと、知るのである。

(19) Bhavapratyayo videha prakṛtilayānām.

単に物質的身体を去って天界の神格たる状態に至った者、あるいは自然《プラクリティ》に没入した者には、再生がある。

サムプラジュニャータ・サマーディをいくらか修めてのち、死んだらどうなるのか？　あなたはその恩恵のすべてを失ってしまうのだろうか？　「否」とパタンジャリは言う。自然に対するある種の制御力を得ると、解放の最高段階に達しないままに身体を去ることがあっても、あなたは引き続き自然の統御者となる方向に進み続ける。そのような人々をヴィデハ（離身者）と呼ぶ。

たとえば、まだ自然のより精妙な要素に進み入ってはいないが、粗大な要素は修得しているという場合、あなたは自然の粗大な要素の統御者となる。また、もしサアスミター・サマーディを行ずる段階で止まったとすれば、自然の非常に深いところまで到達しているので、あなたは自然の支配者《マスター》となる。そういう人々はシッダ・プルシャ、つまりいろいろな現象を統率する神々——ヒンドゥーの呼称に従えば、インドラ神、ヴァルナ神、アグニ神等々——と呼ばれる。しかし、そのいずれになろうとも、彼らはさらに学び続けて、解脱するために戻ってこなければならない。彼らは、一時的に自然から離脱してはいるが、最終学位を得るために〝大学に入り直さなければならない〟わけだ。学位の取得に関心があるならば、たとえ一時的に大学を離れてはいても、またそこに戻ってこなければならない。プラクリティがその〝大学＝universe-ity〟というわけだ。（universeには「天地万有」の意味がある。）その人は、ある段階まで行って高きに住まう者となり、自然を統御する。しかし欲望と執着の種子がまだ残っている。彼は完全には解放されていない。それで、残りの課業を終了して学位を得るために戻ってくる。それが、神々でさえ人間にならねばならないと言われる理由である。解脱する可能性があるのは、人間のレベルにおいてのみなのだ。神々とは、やや進化が進んで自然を統御するようになり、そうした統御によって天界においてある種の愉楽を享受する人間のことであるにすぎない。だが彼らはその後、戻ってくる。こうした往来は、彼らが欲望の種子を焼きつくし、自分自身を知ることによって完全な解脱に至るまで、常に行われるだろう。

(20) Śraddhāvīryasmṛtisamādhiprajñāpūrvaka itareṣām.

その他の者は、信念、活力、記憶、観想、洞察を通して、このアサムプラジュニャータ・サマーディ〔識別なき三昧〕を得ることができる。

これらは、第二部でパタンジャリがさらに詳しく論ずるヨーガの修練法の一部である。簡単に言うと、そこには信念、あるいは少なくとも勇気がなければならない。強くなければならないし、二度と世俗のわだちに落ち込まないように、自分の犯したすべての過ちと、学びとった教訓をいつも忘れないようにしなければならない、ということだ。そしてもちろんそこには、彼が終始言い続けているように、サマーディと、最終的には〝悟り〟つまり実在《リアル》（真我）と非実在《アンリアル》（プラクリティ）についての識別がなければならない。

(21) Tīvrasaṁvegānāmāsannaḥ.

強い熱情をもって修練する者には、これ【アサムプラジュニャータ・サマーディ】は非常にすみやかに訪れる。

(22) Mṛdu madhyādhimātratvāt tato'pi viśeṣaḥ.

成功のために要する時間は、さらに、その修練が穏和であるか、中位であるか、非常に激しいかによって、異なる。

(23) Īśvarapraṇidhānādvā

もしくは、神【イーシュヴァラ】への完全な帰依によっても【サマーディは達成される】。

成功を得るためにはもう一つ道がある。それはイーシュヴァラ・プラニダーナ、すなわち〝神への献身〟である。パタンジャリの言う〈イーシュヴァラ〉とは、至上意識——個別の魂ではない至上の魂——の意味である。〈イーシュヴァラ〉とは何かという説明が次に続く。

(24) Kleśa karma vipākāśayairaparāmṛṣṭaḥ Puruṣaviśeṣa Īśvaraḥ.

イーシュヴァラとは、いかなる苦悩、行為、行為の結果、欲望の内的印象によっても影響されない至上のプルシャ〔真我〕である。

すなわち〈彼《イーシュヴァラ》〉にはいかなる欲望もない、したがって行為がなく、行為の結果を刈り取る必要もない、というのである。では、〈彼〉とはいったいどのようなものなのか？

【スートラ(23)でシュリー・グルデーヴが説明しているように、ヨーガの考え方では、〈神〉は男性でも女性でも中性でもなく、むしろ〈宇宙意識〉と言った方がよい。本書全体を通じて、〈神〉ということばは、特に指定のないかぎりそのように理解されるべきである。】

(25) Tatra niratiśayaṁ sarvajñabījam.

イーシュヴァラの中には、全知の種子が完全に顕現している。

言い換えるならば、イーシュヴァラとは、すべてを知るものである。〈彼〉は、知そのものである。〈宇宙の知〉が、〈至上の魂〉すなわち〈プルシャ〉と呼ばれるのである。だが、われわれはどうやってそれを想像し、思い描いたらよいのだろう？　円を描いてみよう。その内側に空間がある。そして、その外側にも空間がある。内側の空間は有限であり、外側は無限である。そのように、もし〝有限の空間〟を認めるならば、当然、〝無限の空間〟をも認めなければならない。無限がなかったら、有限はあり得ない。「私は男だ」と言うなら、そこには女がいなくてはならない。「左」と言えば「右」がなくてはならない。〝あることを考える〟ということは、〝別のことも考える〟ということを暗示している。われわれは、われわれの心と知識が限定的、つまり有限だと感じている。それゆえその向こうには、無限の知の源があるはずだ。

(26)　Sa pūrveṣām api guruḥ kālenānavacchedāt.

彼は、時間によって制限されないがゆえに、太古の師たちにとってさえも、師である。

すべての知はあなたの中にあり、外から手に入れる必要はないのだが、それでもやはり、自分自身の知を知らしめてくれる〝誰か〟が必要である。そこに、師すなわち〈グル〉の必要性が生じてくる。彼は、あなたが内に向かい、自分自身を理解するための手助けをする。だが、あなたの手助けをするには、彼自身が〝何か〟を知っていなければならない。彼はどこからその知を得たのだろう？　彼もまた、他の誰かから学んだのに違いない。そこにはグルの連鎖があるはずだ。では、最初のグルは誰だろう？　グルは数限りなく存在してきただろう。しかし一番最初というものがあるはずだ。そこには、すべての知がそこから始まる、無尽蔵の知の保持者があるはずだ。パタンジャリが、至上なる〈プルシャ〉すなわち〈イーシュヴァラ〉こそグルたちのグルだと言うのは、そういう意味である。

したがって、イーシュヴァラ・プラニダーナ、すなわち全知のイーシュヴァラへの帰依は、サマーディを得るためのもう一つの方法である。これは、それ以前に述べられた他の方法よりも簡単な、感情による道である。「われは御身《おんみ》のものなり、すべては御身のものなり、御身の意思が行なわれんことを」と言って、ただ〈彼〉に身を任せるのだ。〝自分〟というものが完全に退いたとき、あなたは自我《エゴ》を超えている。

われわれはともすれば自我によってヨーガをやろうとする。「私は集中することができる」、「私はこれこれのものを透視することができる」、「私は心を空にすることができる」というふうに。この、「私は～できる」という思いがすべて、「私は、できない」になる必要がある。われわれは、徹底的に退去しなければならない。「私には～ができる」と言うとき、われわれは自然の一部として、しゃべっているのだ。だが、「私は何もできない。それをするのは〈あなた〉です」と言うとき、われわれは自然を超えている。もしこのやり方ができるなら、それが簡単で安全な近道なのだ。

結局のところ、自然の一部である心によって何かをすることで、永遠の平安を得られる人など、どこにもいない。その無上の喜びは、完全な献身によって自然の域を超えてはじめて得ることができる。そのときあなたは、自然を超越し、〈神〉を、その超越的状態において理解する。超越してしまえば、自分が自然に巻き込まれてはいなかったことがわかる。大きい小さいはあっても、自分はまったく自由で純粋なのだということが――。そのときあなたは、超越的な〈神〉と一つになる。イエスのように〝私と天なる父は一つである〟と言うことができるのは、そういう状態においてである。骨と肉が百五十ポンド、身の丈五フィート六十インチ、カーリーヘアの何某氏としてでは、そういうことばはぜったい吐けない。「私と天なる父は一つだ」と言うことができる〝私〟とは、どういう〝私〟か？　それは、自然に巻き込まれておらず、自由で純粋な〝私〟である。そのような自由は、あなたが完全に自分自身を〈神〉に引き渡してしまったときに来るのである。

通常の生き方には〝自然とのヨーガ（結合）〟がある。しかし、今われわれが欲するのは、〝神とのヨーガ〟である。われわれは常に何らかの結合関係を持っているが、この〈プラクリティ〉との結合は、〈神〉との結合へと変えられねばならない。〈神〉との結合こそ、真のヨーガなのだ。さてここまで来ればあなたがたには、宗教的な教えにおける献身的な側面とヨーガとの関係が理解できるだろう。宗教とヨーガはどこも違わない。ヨーガはすべての宗教の基礎である。ヨーガ的な理解の光に照らすとき、われわれはさまざまな教典の難解部分にまで分け入ることができ、どんな宗教でも正しく理解することができるのである。

(27) Tasya vācakaḥ praṇavaḥ.

イーシュヴァラをことばで表わしたものが、神秘音「オーム」である。

【「オーム」は、〈神〉の名であると同時に、形である】

何にせよ名前がないと理解しにくい。そこでパタンジャリは〈至上のプルシャ〉に名称を与えたい。たとえ〈彼〉が特定の形を持つものではないにしろ、名前はやはり必要である。しかし、〝イーシュヴァラ〟は有限の名称である。〝神〟というのもそうである。なぜなら、その文字から来るヴァイブレーションそのものがすでに有限だからである。そこでパタンジャリは、無限の観念とヴァイブレーションを呈示し、すべての音および音節を包含できる名称を求める。〈神〉とはそのようなもの、つまり無限なのだから。そこでその名は〝Mmm〟だと言う。だが、〝Mmm〟では言いにくい。だからそれは〝OM〟と書かれる。〝オーム〟はプラナヴァと呼ばれ、それは単に〝うなり〟を意味している。

だが、神の臨在を感じるために自分でうなってみる必要はない。自分でうなるなどというのは、まるで〈神〉を創ろうとするような、〈神〉を自分の中に運び込もうとでもするかのような行為である。〈彼〉を〝創る〟必要はない。〈彼〉は、自分の中に感じさえすればよい。目を閉じ、耳を閉ざし、静かに座って心を完全に沈黙させ、内部を聴けば、〈彼〉のうなりが聞こえてくる……。〈彼〉はいつもわれわれに語りかけている。ところがわれわれがあまりにも声高にしゃべりすぎるために、その声が聞こえないのだ。

ここでもう一つ、「なぜ、ものに名を与えるのか?」ということを考えておこう。サンスクリット語で〝パダールタ〟という用語がある。これは口語的には〝もの〟という意味に使われるが、字義的には〝パダ〟と〝アルタ〟、すなわち、〝もの〟と〝その意味〟という意味である。ものの名と形は不可分である。ある思いを表現したいときは、われわれはそれをことばに置き換えなければならない。ことばなしには考えは伝わらない。だからわれわれは、考えの一つ一つ、ものの一つ一つに、それを表示する名を付与しておく。それでこの世界には、何にでも名前がある。ところが、名というものは通常、何かを〝意味する〟ことになってはいるが、ものの正確な本質は伝達しない。つまり、たとえば「りんご」と私が言ったら、りんごがどんなものか誰だって知っているから、聞き手はその名に託されたものをはっきりと思い浮かべることができる。ところが〝りんご〟というものを見たことも聞いたこともない人がそのことばを聞いても、それはその人に何も伝えることができない。彼はそのことばを聞いただけでは、何も想い描けないのだ。ひょっとすると彼は、「その〝りんご〟さんて、どんな人だろう?」などと思ってしまうかもしれない。したがって、これはただ慣用によってある果物の名前となったにすぎない。

しかし〈神〉の名称がそんなことでは困る。〈神〉の呼び名はいくらでもある。だが、そのどれ一つをとっても、〈神〉の正確な観念を伝え得ていないのである。それらは〈神〉の一側面を写しとってはいても、全容をではない。〈神〉には、始めもなく、終わりもない。それは無限・遍在である——過去にもそうであったし、これからも常にそうだろう。そういう偉大な〈もの〉には、そのような概念を担う名前がなくてはならない。のみならずそれは、それを唱えることによって唱える者自身の内に〈神〉を顕現させるものでなくてはならない。〝イス〟という名前は、椅子を想起させてはくれるが、それに座ることはできない。〝サトウ〟は、ある甘いものを想起させるが、それを味わうことはできない。だが〈神〉の名は、その全容を示すと同時に、〈神〉そのものを表わし、さらには〈それ〉を来臨させるものでなくてはならない。そしてそのような名は、〝オーム〟以外ではあり得ない。

ここでどうか、私がインド人で、インドの教典がそう言っているから私もそう言うのだ、というふうにはとらないでほしい。私はいかなる宗教に属するものでもない。これはあらゆる聖典が指摘していることなのだ。『聖書』は、〝はじめにことばありき。ことばは神と共にあり。ことばは神なりき〟と言い、インドの『ヴェーダ』*は、〝ブラフマン*の名はオームである。オームはブラフマンそのものである〟と言っている。しかし、なぜ〈オーム〉はかくも豊饒でかくも深遠であると言われ、また、遍在・無始・無終の神の象徴たり得ると言われるのだろうか？

＊『ヴェーダ』＝ヒンドゥー教の古代聖典の総称。〝ヴェーダ〟とは〝知識〟の意味。『ヴェーダ』は聖仙《リシ》たちによる天啓の書（シルティ）とみなされ、後世の聖賢たちの叙述であるスムリティ（『マヌの法典』、『マハーバーラタ』、『ラーマーヤナ』など）と区別される。『ヴェーダ』の哲学部門が『ウパニシャッド』。

＊ブラフマン＝ウパニシャッドにおける宇宙の最高原理、〝梵〟。個人の中のそれを〝アートマン〟と言う。

なぜそうなのかを考えてみよう。〝オーム〟は三つの文字、ＡとＵとＭに分けることができる。だからそれはよく、ＡＵＭと書かれる。『マーンドゥキァ・ウパニシャッド』は、その全体が〈オーム〉の意味の説明になっている。それによると、この〈オーム〉は四つの段階、つまりＡとＵとＭとアナーハタに分けられる。〝アナーハタ〟とは言語音を超えたもののことである。Aは、すべての音の始まりである。どんな言語でもAすなわち〝ア〟の文字で始まる。Aは、単純に口を開くだけで出る音である。この音は、舌の付け根の喉の位置で生まれる。だから、耳でとらえられる音は、まずAで始まり、次にこれが、舌と口蓋の間を通って唇の方に進む。そのときUつまり〝ウ〟が生まれる。そして唇を閉じると、Mが生まれる。したがって、発生がA、持続がU、終止がMである。このようにA―U―Mは、音声のすべてのプロセスを含み、その中にあらゆる音を包含している。つまり〈オーム〉は、その他のあらゆる音およびことばが発してくるところの源、すなわち種子である。実際、あらゆることばの中に〈オーム〉は潜在しているのだ。

言語音が消えた後にもヴァイブレーションは続いている。それがアナーハタ音、つまり発声されない音であり、それはAが発される前にも、Mで終わった後にも、常にあなたの中にある。けっして消えることのない音が、いつもあなたの中にあるのである。その音は、静寂を保っていればいつでも聴くことができる。それは〝アジャパ〟すなわち〝唱えられないもの〟とも呼ばれる。〝ジャパ〟は声唱の意味だが、〝アジャパ〟は声唱される必要のないもの――それは常に内部で鳴り続けているから――である。それは、他のすべての音がやんだときにのみ聞くことができる。考えることでさえ、音を生む。想念そのものがすでに発語の一形態だからである。考えることによって、オーム音の開始・持続・終止を超えた始源の音が歪められる。したがって、その音を聴くためには、心の静けさを保たねばならない。つまり考えるというプロセスを止めて、内へ沈潜しなければならないのである。そうすればあなたは、そのうなりを聞くことができる。

そのうなりはプラーナと関係しているので、〝プラナヴァ〟と呼ばれる。〝プラーナ〟は、顕在していようがいまいが常に存在する、基本的なヴァイブレーションである。それはけっして〝終止〟しない。それは、目ざめているときは考えたり話したり動いたりするが、眠りの状態では心が静寂を保っているように見えることと、どこか似ている。だが実際は、眠っているときでも動きはあるのだ。そのときの心の中にも、ヴァイブレーションは非顕現の状態で在る。それは、科学的に言うならば、「顕在物が非顕在の状態に還元されるとき、原子のヴァイブレーションに帰る」ということである。その原子の振動を止めることは、誰にもできない。普通われわれは、「生物は動くが、無生物は動かない」と言う。われわれの目にはそのように見えるからだ。確かに、石を見ても、そこには何の動きも感じられない。だがそれは、動きがないということではない。それは、教典を俟《ま》つまでもなく、すでに科学者自身が証明していることである。

それと同様、この基本的な音は、口で唱えなくとも常にあなたの中で響いている。それは、その他のすべての音がそこから顕われてくるところの種子である。〈オーム〉があらゆる意味で〈神〉

を表わすのはそのためである。それはあらゆるものを創り出す力を持っている。たとえば、粘土でりんごを作って、本物そっくりに色づけし、本物と一緒にテーブルの上に並べておくと、普通の人には見分けがつかない。二つともそっくりで、名称も同じである。だがそこで、これら二つのりんごを土の中に埋めてみると、粘土の方からは何も生えてこないが、本物の方からはりんごの木が生えてくる。本物のりんごは、その中にそういう創造の力を内包している。それは種子があるからだ。

それと同じで、他のことばはすべて粘土のりんごのようなものだが、ことばの種子である〈オーム〉には、全世界を顕現させる創造の力がある。世界の総体は、それより展開し、再びそれに帰る。したがって、〈神〉の名は〈オーム〉でなければならない。その他のどんな名称も、〈彼〉を表わすには十分ではない。

われわれはまた、〈オーム〉は誰が発明したのでもないということを理解しておかなければならない。誰かがどこかに集まって、候補名を挙げ、投票して、「結構だ、〈彼〉の名前は〝オーム〟にしよう」と多数決で決めたわけではない。そうではなく、〈彼〉みずからが〈オーム〉として顕現したのだ。真に神にまみえることを欲する求道者は、誰であろうとその究極に、〈オーム〉である〈彼〉を見る。つまりそれは、地理的・社会的・神学的なすべての条件を越えている。それは、一地域・

一宗教に属するものではなく、普遍に属するものなのだ。

キリスト教徒やイスラム教徒、ユダヤ教徒の用いる〈アーメン〉や〈アミーン〉は、この〈オーム〉のヴァリエーションである。誰かがそのように変形させたというわけではない。真理はいつも同じである。瞑想のために座る場所にはかかわりなく、人は究極的には、〈オーム〉すなわちそのうなりの体験をもって終わるのだ。しかしそこで自分の体験を表現しようと思ったら、誰でも自分の能力や自分の知っている言語に応じて、異なったことばを使う。

たとえば、数人の子供が同時に鉄砲の発射音を聞いたとしたら、ある子供は、母親のところへ走って行って、「ママ、ママ、ズドンていう大きな音がしたよ」と言うだろう。またある子供は、「違うよママ、ドーンだったよ」と言うかもしれない。そして、「バーンていう大きな音だった」と言う子もいるかもしれない。それは〝ズドン〟だったのか、〝ドーン〟だったのか、〝バーン〟だったのか？　それらはみな、それぞれの子供に聞こえた同一の音の翻訳である。それと同じで、瞑想をし、深く〈宇宙の音〉の中へ進み入ったとき、「アーメンと聞こえた」と言う人も、「アミーンだった」と言う人も、「オームだった」と言う人も、「ムーンだった」と言う人もある。ウパニシャッドが、「真理は一つだが、見る者はそれをさまざまに語る（*Ekam sat, viprahā bahudha vadanti*）」と言うのは、それである。

さてわれわれは、ことばの根元的種子である〈オーム〉の偉大性について学んだ。〈至上者〉に対して、これ以上適切な名称はあり得ない。こうしてその偉大性を述べたところで、パタンジャリは次のように言う。

(28) **Tajjapas tadartha bhāvanam.**

意味を熟慮しつつ、それ〔オーム〕を反復誦唱《じゅしょう》するがよい。

ここからは〝ジャパ〟の修習である。ジャパには非常な力がある。しかもそれは、最も単純で容易な、最良の技術である。ほとんどの宗教が〈神〉の名の誦唱を称揚しているが、それは、預言者、賢者、聖者たちがすべてそれを体験し、その偉大性、栄光、力を知っていたからである。

ヒンドゥー教のシステムで、弟子が神秘のことば〝マントラ（真言、呪文）〟を与えられて、それを唱えよと言われるのはそのためである。〝マントラ〟の意味は、〝心を安定させ、適切な効果を生じさせるもの〟で、そのマントラの反復誦唱が〝ジャパ〟である。したがって、〝ジャパ・ヨーガ〟というのは、〈神〉の名を唱えることによる〈神〉との霊交である。カトリックには、ロザリオをつまぐりつつ行なわれる〝アヴェ・マリア〟のジャパがある。そしてギリシャ正教でもこのジャパが勤行となっているのを見て、私は驚いた。そこでは、〝主憐れめよ〟が繰り返し唱えられる。またチベットのタントラ仏教でも、ジャパの修習は大きな位置を占めている。

それがなぜ一番簡単なのかというと、そのために特定の場所へ出かけたり、特別の時間を割いたりする必要がないからだ。マントラが存在するのは、あなたの外部のどこかではなく、いつも内部だ。どこにいても、あなたのマントラはあなたと共にある。形あるものを礼拝するのなら、肖像や表象、そしてそれらを納めておく場所が要る。だがマントラが修されるのはいつもこころ《ハート》の中、つまり一番神聖な場所である。それは、そこがあなたにとって最も愛しい部分だからである。そしてそれが、自分のマントラは神聖なものとして秘めておかれなければならない理由である。あなたはそれを他人に明かしたりはしない――それに対する畏敬の念を失わないために。

マントラを絶えず唱えることによって、心の一部がそれに繋《つな》がれる。それはちょうど、命綱を腰に巻き、もう一方の端を外部の杭に固定して、穴の中へ降りて行くようなものだ。そうしておけば、何かの危険に出くわしても、ロープをちょっとゆするだけで引き上げてもらうことができる。それと同じで、あなたは心のある部分をマントラによって〈神〉に繋ぎとめ、同時に他の部分で世俗の営みに励むのだ。自分の欲しい真珠のすべてを集めるために、この世の懐《ふところ》深く跳び込む——名誉や名声、金銭、地位、友人その他、何でも自分の好きなものを求めて。ロープを手放さないかぎり、それらのものを遠ざけておく必要はまったくない。思慮深い登山家というものは、まずそのことに注意を払う。ロープを何度もひっぱって、その強さまで確かめる。そうしてすべてを確認してから、ようやく登り始める。ところがどうだ、ほとんどの人はおよそロープのことなど考えてもみない。それは自分と〈主〉すなわち〈宇宙の力〉を繋ぐ、黄金の綱だというのに。

はじめのうちは意味について考えなくてもいいから、誦唱そのものを習慣づけるようにしよう。それが確実な習慣になったら、「私が唱えているのは何なのか?」と考えてみる。そのときはすでにそれが習慣になってしまっているから、誦唱をおろそかにすることなく、その意味についても考えることができる。われわれの生活の中では、ほとんどすべてのことが習慣によって行なわれている。「十二時」と言えば昼食を意味するし、「六時」なら夕食だ。単に〝時計〟によって、物事が習慣化されている。それは、ある一つのことを繰り返しやっていると、それがわれわれの第二の天性となるからだ。それと同じように、はじめのうちは〈神〉の名を、機械的に、習慣的に、口ずさむ。

するとそれが次第にあなたを吸収してゆき、最後にはあなた自身がそれとなる。「戦争だ、戦争だ」と言い続けていれば、いつかあなたは戦場にいることになるだろう。「猿、猿、猿……」と思い続けていれば、あなたは一週間か二週間でそこら辺りを跳び回っているにちがいない。意識していようがいまいが、あなたは名指しされた対象《もの》の性質に同化する。

適切な名が選ばれねばならないのはそのためである。どんなことばであっても、心の焦点を合わせるための役には立つ。しかし中には、後々われわれを困難に導いてしまうものもある。だからマントラには、心を高めてくれる聖なる名を採用しなければならない。期待する効果によって、用いられるマントラも異なるが、それらすべての基《もと》となるのは〈オーム〉である。ちょうどコットンが使用目的に従って、枕カバー用、シーツ用、テーブルクロス用、ナプキン用にと、さまざまな形に切り取られる布の基材であるように――。〈オーム〉は本源の種子である。宇宙の音ヴァイブレーションの源〈オーム〉の、本質的な部分であるマントラを、われわれはそれぞれの目的に応じて使用するのである。

またわれわれは、同じ音の力を、禍・福いずれをもたらすためにも使用することができる。ヴードゥー教や黒魔術を行なう人々も、マントラの力を使っている。つまり、人はそのことばによって、創ることも壊すことも、祝福することも呪咀《じゅそ》することもできるのだ。実際のところ、この二十世紀ほど幅広くことばの力が開陳された時代は他にない。政治家たちは、発することばの力によって推挙される。ことばの力は、現代の宣伝・広告の分野でもはっきりと見ることができる。そこでは、たとえ価値のない物でも、巧妙なことばによってすばらしい物であるかのように見せることができる。つまりことばの力というものは、誤った使い方をされることも可能なのだ。それが、こうしたことばを扱う前に心が純粋でなければならない理由である。だからジャパでは、まずことばを唱えて、その後でその意味も感じるようにするのである。

(29) Tataḥ pratyak cetanādhigamo'pyantarāyābhāvaś ca.

これを修することにより、すべての障害が消え、同時に内なる真我の知が明け初《そ》める。

あなたは宇宙の力と同調する。あなたは、そういう同調作業《チューニング》によって、その力を自分の中に感じ、その性質をすべて吸収し、宇宙的なヴィジョンを得、自分の限界のすべてを超えて、ついにはその超越的な実在となる。通常は心と身体があなたを限定しているわけだが、無限の何かを抱き続けることによって、自分を縛っている有限のものから少しずつ脱け出して超えるのだ。そうすることで障害がすべて除かれ、あなたの道は平坦となる。
ここでパタンジャリは、道程におけるさまざまな障害に思い至ったのだろう。次にそれらについての説明へと進む。

(30) Vyādhi styāna saṁśaya pramādālasyāvirati bhrāntidarśanālabdha-bhūmikatvānavasthitatvāni cittavikṣepāste'ntarāyāḥ.
病気、無気力、猜疑《さいぎ》、散漫、怠惰、好色、誤認、確固たる境地に至り得ないこと、獲得した境地から滑り落ちること——これらの心の散動が、その障害である。

それらはいずれにせよ鎖のようなもので、まず第一の障害が身体的な病気である。病気は人を無気力にする。無気力な心は、理解するための洞察を物事に向けていこうとしない。だからすべてを疑う。疑いのあるところには、注意の散漫、ある種の鈍重さ、怠惰がある。より高い目標への関心や注意を欠いていると、その心は何かそれ以外の事柄に携わらずにはいられないから、だんだんと感覚的享楽の方へ傾いていく。これらはすべて事実上〝タマス〟、すなわち〝惰性・沈滞〟として一括することができるだろう。

そしてもう一つの障害は、獲得した境地からの滑落である。これに戸惑う人がたくさんいる。たとえば初心者は、非常に強い関心をもって修練を行なう。そして日に日に関心が強まっていくのを覚え、自分は着実に進歩していると考える。その進歩を誇りに思うことすらあるかもしれない。ところがある日突然、すべてがフイになっている、どん底に堕ちている……。

多くの人々がそんな経験をする。だがそういうことは霊的な道ではよくあることだと知っていれば、失望しなくてもすむ。でないと、「ああもうだめだ、私には見込みがない」と思って、やる気を失くす。だがそれは求道者なら誰にでもあることなのだ。心というものは常に同じレベルで機能することはできない。高いレベルのときもあれば、低いときもある。進歩がいつも着実になされていたら、そこにはチャレンジもないし、面白味もない。

ヨーガの修練は障害物競走のようなもので、たくさんの障害物が途中に置かれているのも、ちゃんと故あってのこと、経験するべく置かれているのだ。それらは、われわれに理解させ、われわれ自身の力を表現させるために、そこにある。われわれにはその力がある。ところがその力があることに気づかない。われわれはどうも、自分自身の力を知るために、挑まれたり試されたりしなければならないようである。だがそれも当然といえば当然のことなのだ。もし川がただゆるやかに流れるだけなら、その川の水は自らの力を表現しない。しかしダムという障害を一つ置いてやれば、その力は、莫大な電力という形で見ることができる。

(31) Duḥkha daurmanasyāṅgamejayatva śvāsa praśvāsā vikṣepa sahabhuvaḥ.
心の散動に随伴して起きるものに、苦悩、失意、身体の震え、呼吸の乱れがある。

これらは、集中と瞑想を妨げるものとして誰もがよく体験する徴候である。毎日の行動や態度、交友関係、そして食事に注意を払わねばならない理由も、そこにある。身体と心をタマス的(怠惰)にさせておくべきではない。それらは常に〝サットヴァ(静穏、澄明)〟の状態になければならない。だがそれは瞑想だけで突然そうなるというものではないから、毎日の生活の中で、それらのすべてに気を配らなければならない。病弱な身体は、座って心静かに瞑想するにはけっして適さない。脆弱な神経は必ず震えを生じさせる。瞑想のとき、震えたり汗をかいたりする人がいるが、それは肉体的な弱さの現われである。しかし正しい食事と修練、適度の休息によって、身体を常に良好な状態に保ち、怠惰や不活発を許さないようにしていれば、そういうことは起きない。

(32)

Tat pratiṣedhārthamekatattvābhyāsaḥ.

一つの対象に集中して修練を行なう【あるいは、一つの技術を用いる】ことが、障害とその随伴症状を防ぐ最良の方法である。

要は、集中の対象を変えてばかりいてはいけないということだ。ある一つのものに決めたら、何が何でもそれでやり通す。浅い井戸を何百掘っても、何にもならない。一つの場所を決めて、そこを深く掘る。もし岩にぶつかっても、ダイナマイトを使って掘り進めばいい。そこを離れて他所へ掘りにいけば、今までの努力が無駄になるし、その場所なら岩にぶつからない、という保証もない。掘り始める前にどこがいいかを十分に調べ、良い場所を探し出す。そしていったんここと決めて掘り始めたからには、もう迷ってはいけない。そこをただひたすらに掘る。今はこれで良かったのかどうかを考えるときではない。それはすでにやり終えているはずだから。

道は長くとも、粘り強さがそれを短くしてくれる。ねらいは心を安定させることにあるのだから、何を採用するかはたいした問題ではない。何であろうと、とにかくそれがあなたを目的地に連れて行ってくれる。あなたがあるものに集中するのは、そのもの、、のためではなくて、到達すべきもののためなのだ。それは目的地のシンボルにすぎない、ということを忘れてはならない。採用する観念や対象、あるいはマントラ、それらはすべて、目的地へ向かうために杖としてすがるシンボルにすぎない。対象《それ》の背後にこそ到達すべきものがあるのだということを、あなたは常に銘記すべきである。

好みや気性、能力は、人さまざまである。だから、自分は別のものを選んだからといって、他人《ひと》の瞑想の対象についてとやかく言うべきではない。その人はその人の対象を通して、同じ目的地に近づこうとしているのだ。あなたがあなたの対象に確信を抱いているのとまったく同じように、その人もその人なりに自分の対象に確信を抱いている。他人の信仰の邪魔をするべきではないし、自分の信仰も邪魔されるべきではない。一つのものに専念して、それによって着々と進むこと。あなたは何のために一点集中しようとしているのか？　心を清らかにしてその心を超えんがためだ。その対象は、しがみつくためにあるのではなく、昇っていくための梯子として使うのである。屋根の上に昇ってしまえば、もうその梯子は用済みとなる。

さて次のスートラでパタンジャリは、この一点集中の達成と維持のための一つの示唆を与えているが、彼がいかに広大な視野を持っていたかがよくわかる。彼は到達地に関心があったのであって、道にではない。彼は、学ぶ者を一つの特殊な道に押し込めようとはしなかった。彼はただいくつかの示唆を与えるだけで、最終的には、もしその中のどれにも満足できなかったら、何でも好きなものを採用せよと言う。彼はそれほどまでにリベラルだ。だからヨーガは誰からも称賛されるのだ。ヨーガ哲学には誰にでも適合する何かがあるので、誰もこれを否定し去ることはできない。

(33) **Maitrī karuṇā muditopekṣāṇāṁ sukha duḥkha puṇyāpuṇya viṣayāṇāṁ bhāvanātaś citta prasādanam.**

他の幸福を喜び、不幸を憐れみ、他の有徳を欣《よろこ》び、不徳は捨てる。そうした態度を培《つちか》うことによって、心は乱れなき静穏を保つ。

私は、サマーディに至ることに関心のある人にも、ヨーガなどやるつもりはないという人にも、少なくともこのスートラだけは覚えておくよう勧めたい。それが日常生活の中で心を安らかに保つのに非常に役に立つからである。たとえあなたが人生で特にこれといった大きな目標を持っていなくても、いいからちょっとこのスートラに虚心に従ってみよう。そうすればその効能を納得する。私自身の経験では、このスートラが常に心の静穏を保つための導きの灯となった。

心が常に静穏であることを望まない人がいるだろうか。常に幸せであることを望まない人がいるだろうか。誰もがそれを望んでいる。そこでパタンジャリは、この、友愛・同情・喜び・無関心の四つの鍵をさし出す。この世にある錠前は四つだけだ。だからいつもこれら四つの鍵を持っていよう。そうすれば、四つの錠前のうちのどれに出くわしたときでも、あなたにはそれを開けることのできる鍵がある。

四つの錠前とは何だろう？　それは〝スカー〟、〝ドゥッカ〟、〝プンニャ〟、〝アプンニャ〟つまり、幸福な人、不幸な人、有徳の人、不徳の人である。どんな人のどんな一瞬をとってみても、それは必ずこの四つの範疇のうちのどれかに当てはまる。

幸福な人に出会ったら、〝友愛〟の鍵を使おう。しかしパタンジャリはなぜこんなことを言わねばならなかったのだろう？　それは、四千年前でも、他人の幸福を見て喜べない人々がいたからに違いない。それは今でも同じである。たとえば、ある人がすごい車に乗って、宮殿みたいな屋敷の前で止まり、そこで降りる。その光景を、数人の人が、灼けつく太陽にげんなりしながら、舗道の上に立って見ている。そんなとき、そのうちの何人が心楽しいだろうか？　そう多くはあるまい。彼らは言うだろう、「見ろよ、すごい車だぜ。奴は労働者の血を吸っているのさ」。そういう人は、わりとよくいる。彼らはいつも妬《ねた》んでいる。誰かが名声や名誉や高い地位を得ると、必ずそれにケチをつける。「知らなかったのかい？　奴の兄は何某で、間違いなくそのコネで出世したんだ」。彼らは、その人が自分自身の力でそうなったのだとは絶対に認めない。だがそんなふうに嫉妬したところで、当の本人はちっともこたえはしないし、逆にこちらが自分の平静を乱しているだけのことだ。彼はただ車から降りて家の中へ入って行っただけなのに、こちらの内面は煮えたぎっている。そうではなく、「ああ、彼は果報者だなあ。もし誰もがあんなふうだったら、この世はどんなにすばらしいだろう。どうか誰もがそういう喜びを得られるように、神が祝福されんことを……。そして、私もいつかそうなろう」と考えよ。その人をあなたの友とせよ。そういう対応が、個人と個人の間でも、国と国との間でも、ほとんどなされない。ある国が繁栄すると、隣の国はそれを妬んで、そこの経済をつぶしてやりたいと思ってしまう。だから、われわれはいつも、幸福な人を見たら友愛の鍵を手にするべきだ。

そして次の錠前、不幸な人々の場合はどうか？　「たしかスワミは、誰にでもその人自身の〝カルマ〟があるとおっしゃっていましたね。あの人もきっと前世で何か悪いことをしたのでしょう。だから、今は苦しんでもらいましょう」。これはわれわれのとるべき態度ではない。確かにその人は、以前の悪いカルマのために今苦しんでいるのかもしれない。だがわれわれは憫《あわ》れみのこころを持つべきだ。もし手を貸すことができるのなら、それをせよ。パンを半分分け与えることができるのなら、それを与えよ。常に慈悲深くあれ。そうすることによって、あなたはあなたの心の平安と均衡を保持するだろう。われわれの目的は心の静穏を保つことである。われわれの同情によってその人が救われようと救われまいと、憫れみを感じることで少なくともわれわれ自身が救われる。そして三番目、有徳の人。徳の高い人に出会ったら、大いに喜ぶことだ。「ああ、彼はなんて立派なのだろう。彼こそ私の手本とするべき人物だ。私はそのすばらしさを見習わねばならない」。その人を羨んではいけない、おとしめようとしてはいけない。彼の中の美質を讃え、自らの人生にそれらの美質を育む努力をしよう。

そして最後に、不徳の人である。邪《よこしま》な人々というのも確かにいる。それは否定できない。ではそういうときわれわれはどういう態度をとるべきか？　無関心である。「そう、そういう人もいるだろう。おそらく昨日の私もそうだった。そして、今日の私は多少ましになってはいないか？　その人も、明日には多少ましになっているだろう」。彼に忠告などしないこと。邪《よこしま》な人間というものは、まずそんな忠告は取り合わない。彼に忠告しようとすれば、こちらの平安が失われる。

私は子供の頃に聞かされた『パンチャ・タントラ』の中の小話を、今でも思い出す。ある雨の日のこと、一匹の猿が、全身ずぶぬれで木の枝に座っていた。同じ木の、ちょうど真向かいの枝に、一つの巣がぶら下がっていて、中に小さな一羽の雀がいた。雀はだいたい枝の先端に巣を作るものだから、それは垂れ下がって微風にもゆらゆらと揺れる。巣は、中がちゃんとした部屋になってい て、上は小部屋と応接間、下は寝室と、新しく子供が生まれてきたときのために子供部屋まである。いや本当にそうなのだ。雀の巣というのは必見の代物で、実によくできている。

それで、その雀が暖かくて居心地のいい巣の中から外を眺めていると、その哀れな猿の姿が目に入った。そこで雀は、「ねえ君、僕はとっても小さいだろ。君みたいに手もない。小さなくちばししかね。でもそのくちばしだけで、こんな雨の日もあろうかと思って、ちょっとした家を作っておいたのさ。この中にいれば、雨が何日も降り続いたって、暖かいよ。何でもダーウィンとかいう人が、君たち猿は人間の祖先だって言ったんだってね。だったらどうして頭を使わないの？　雨をしのげるような小屋を、ちょっとどこかに作ったら？」

それを聞いたときの猿の顔ときたら、ものすごい形相で、「何だと、このチビ助め！　俺にお説教しようってのか。自分は巣の中にいて気持がいいもんだから、俺をからかってるのか？　ようし見てろ、どうなるか思い知らせてやる！」そう言うと猿は、その巣をずたずたに引き裂いてしまった。哀れな雀は雨の中に飛び出して逃げ、猿と同じようにずぶぬれになってしまった。

これは私が小さいときに聞いた話だが、今でもよく憶えている。こういう猿にはときどき出くわすものだが、そこであなたが意見をすれば、それは侮辱と受け取られる。彼らには、あなたが自分の立場を誇っているように見えるのだ。もしある人の中に少しでもそういう気配を感じたら、離れていよう。彼らはいずれ彼ら自身の経験によって学ばねばならない。そういう人に忠告すると、あなた自身が平安を失ってしまうだけである。

その他に何か思いつく範疇はあるだろうか？　パタンジャリはすべての個人の在り方を、幸福、不幸、有徳、不徳の四つのグループに分けた。だからこれら四つの態度――友愛（慈）、同情（悲）、欣喜（喜）、無関心（捨）を備えておこう。これら四つの鍵をいつもあなたのポケットに入れておくことだ。相応の鍵を相応の人に用いれば、あなたはあなたの平安を保持することができる。そのとき、あなたを動顛《どうてん》させられるものは何もない。覚えておこう、われわれの目標は静かな心を保つことである。それは『ヨーガ・スートラ』の冒頭からすでに感じさせられることだが、このスートラは特に大きな助けになるだろう。

(34) Pracchardanavidhāraṇābhyāṁ vā prāṇasya.

あるいはその静穏は、息の制御された排出、または保留によっても保たれる。

ここでパタンジャリは、〝プラーナーヤーマ〟、すなわち呼吸しているときにとらえることのできるプラーナの動きの制御について述べる。プラーナーヤーマの専門家の中には、ここでパタンジャリが言おうとしているのは、息を外部で保留することだと言う人もいる。つまり吸い込んだ息を保留するのではなく、吐き出してから止めよというのである。だが、パタンジャリはプラーナーヤーマの種類についてはそれほど深く言及してはおらず、ただ呼吸に注目してそれを整えよと言っているのではないかと思われる。まず、息を十分に吐き出す。次に、ゆっくりと入って来てまた出て行く息の動きに注目する。これは仏教徒が瞑想のとき指示される方法でもあり、〝アナ・パナ・サティ〟と呼ばれている。〝アナ・パナ〟というのは、ハタ・ヨーガでいう〝プラーナ・アパーナ〟に相当する。上向きに動く力が〝プラーナ〟で、下向きに動く力が〝アパーナ〟である。そこで意図されるのは、プラーナとアパーナを結び合わせることである。実を言うとハタ・ヨーガは、主にこの二つの力の平衡に基礎を置いているのである。〝ハ〟と〝タ〟は〝太陽〟と〝月〟を意味するが、この二つの対極が、ゆるやかな仕方で融合されねばならない。そういうわけで、彼はここで、心を安らかにするために呼吸を注視してこれを整えよと言う。

心と〝プラーナ〟つまり〝息〟には、密接な関係があるということを覚えておこう。南インドの偉大な聖者チルムーラーは、「心の行くところへ、息は従う」と言った。これは日常生活の中でも観察されることである。心が昂《たかぶ》っているときは、息が荒い。読書に熱中していたり、深く考えごとをしたりしているときは、その集中を中断して呼吸の方に注意を向けると、ほとんど呼吸していないことに気づく。深い考えごとの後に、大きな溜息をついたり深呼吸をしたりするのはそのためだ。それは、心が集中して静かになると呼吸が止まるということを示している。それがいわゆる〝ケーヴァラ・クンバカ〟、つまり、努力を伴わずに起きる〝息の自動的な停止〟である。深い瞑想に入った人は、この事実を発見する。

だから逆に、プラーナを整えればおのずから心も整うわけである。不安や困惑のために心が乱れたら、心のすべてを息に向け、何度か深呼吸をするとよい。二、三分もすれば心はすっかり落ち着く。これは日常生活にも大いに役立つヒントである。たとえば突然怒りが込み上げてきたとする。そうしたら何度か深い呼吸をする。そして息に注目する。すると怒りは消えてしまう。心の動揺を感じたときは、いつでも呼吸を整えるとよい。

(35) Viṣayavatī vā pravṛttirutpannā manasaḥ sthitinibandhanī.

あるいは、微妙な感覚的知覚に対する集中が、心の不動をもたらす。

集中の訓練の初期のある時点で、超常的な感覚的知覚が生ずる。それらの知覚自体は、心を不動にするためのさらなる集中の対象として役立てることができる。ヨーガを修習して何の恩恵も得られなかったら、あなたは興味を失って、その効能を疑い始めるかもしれない。だから、確信をより強めるために、一定期間訓練を続けた後に現われる超常的な感覚に集中するのである。あなたはそのようにして、一点集中が進歩していることを知る。それはいわば、リトマス試験紙で調べてみるようなものである。

たとえば、鼻の先端に集中する。だが緊張は禁物である。でないと頭痛をひき起こす。実際に鼻の先端を見つめるのではなく、見ているかのようにするだけである。心をその上にとどめ続ける。そして心が本当に一点に集中されてしばらくすると、あなたは常ならぬ香気を体験するだろう。実際、近くに花か香水でもあるのではないかと、ついあたりを見回すかもしれない。もしそういうことが起こったら、それは心の一点集中が行なわれた証拠である。それによってあなたは確信を得る。だが、そのこと自体がわれわれを目的地に連れていってくれるわけではない。それは単なるテストであり、それ以上のものではない。だからくれぐれも、鼻に集中して良い香りを嗅ぐことを目的としないように。

もう一つ例を挙げよう。心を舌の上に置く。そこで集中が十分に深まると、口の中に何も入れていないのに良い味がする。そうならなければ、道はまだ遠い。そういう証例は他にもたくさんある。たとえば口蓋、あるいは舌の中ほどか後部、あるいは喉の部分に集中する。するとまた違った非日常的な体験が得られる。それらの体験がわれわれに自信を与え、確かにこの道でよいのだと感じさせてくれる。こうした体験は、ただそのためにだけ役に立つ。

(36) Viśokā vā jyotiṣmatī.

あるいは、永遠の至福に満ちた、内なる光輝に集中することによって。

すべての憂《うれ》い、怖れ、不安を超えた、輝かしく神聖な光——あなたの内なる無上の〈光〉を念想しよう。あなたの心臓《ハート》の中の、あなたの〈神聖意識〉を表わして燦然と輝く光球を、ありありと想い描こう。あるいはまた、心臓の内に美しく白熱する蓮華を想い浮かべよう。心はその中にたやすく吸い込まれ、あなたはすばらしい体験をするだろう。後に実在《リアリティ》となるこの〈光〉を、人はまず想像するところから始めねばならない。

(37) Vītarāgaviṣayaṁ vā cittam.

あるいは、感覚対象への執着から完全に解放された、聖者の心に集中することによって。

自分のこころ《ハート》にそれほどの信頼を置くことはできない、という人も多い。「中味がこんなにがらくただらけなのに、どうやってそんなすばらしいこころを持てというのか？」と。そんなときは高潔な人物のこころを想い浮かべればよい。感覚対象への執着を放棄したこころ、目的を達成してしまったこころに瞑想するのだ。もしそのような〈光〉に満ちた自分のこころなど想いもつかないというなら、少なくともそういう人物のこころの中のそれを想えばよい。心は、高きもの、静穏なるものの上に住まわせてやらねばならない——それが主旨である。

(38) Svapnanidrājñānālambanaṁ vā.

あるいは、夢や深い眠りの中で得られる体験に集中することによって。

眠っているとき、神々しい存在《もの》の夢を見たり、自分が高いレベルに引き上げられた感じがすることがある。そういう夢を見たことがあればそれを想い出して、心をその状態にとどめてやる。そのようにすることによっても、同様の静穏と一点集中がもたらされる。また、そういう夢を見たことがなければ、深い睡眠の中で得られる平安を念想する。眠っているときは誰でも非常に安らかな状態になる。もちろん、そのときに気づいてはいないが、目が醒めたときにあなたは、「ああよく眠った」と言うはずだ。だからその安らかさを念想するのである。もちろん睡眠そのものはタマス的つまり不活性のものだから、眠りそのものではなく、その安らかさを念想するのである。睡眠そのものを念想すればどういうことになるか、それは言うまでもないだろう。

さて、このように心の静穏を保つための手がかりがいくつか示されたわけだが、パタンジャリは、人にはそれぞれ個性というものがあって、誰もが彼の言うことに耳を傾けるとは限らないということを知っていた。なかには、「じゃあ、もし私が、その中のどれも気に入らないとしたら？　それは、もう私には望みはないということなのですか？」と言う人がいるかもしれない。そこでパタンジャリは、次のように言ってこの部分を締めくくる。

(39) Yathābhimata dhyānād vā.

あるいは、何でも心を高揚させるようなものを選び、それに瞑想することによって。

それは、単に心をそそるというだけではなく、高揚させつつ惹きつける、良きものでなければならない。多くの人々が「私は何に瞑想したらいいのでしょう。イニシエーションはどこで受けるべきなのでしょうか？　瞑想の方法は一つしかないのですか？」と尋ねる。パタンジャリはここではっきりと、「いや、あなたを高めるものなら何でもよい、それに瞑想せよ」と言う。

もし自分で選ぶことができたら、それで進めよう。それができなかったら、誰か信頼する人に示唆を求めればいい。師やイニシエーションの出番はそこなのであって、そうでなければ必要ない。だがそれは次のような点で有利である。つまり、あれこれ試して時間を無駄にすることがない。すでに道を知っている人に聞くのだから。さもないとそれは、私がマンハッタン地区で車を走らせるようなことになるだろう。八四番街から九六番街まで行きたいとしよう。たぶん私はダウンタウンへ入ってしまい、そこをぐるぐる回って丸一日つぶしてしまうだろう。だが前もってちょっと人に聞いておけば、正しい方向がわかって、迷わずにそこへ行ける。師の手助けというのは、そういうものなのだ。彼は正しい道を簡単に指し示すことができる。彼はまた、祝福も与えてくれる――あなたにはずみをつけてくれるがゆえに、より大切である祝福を。普通、われわれのバッテリーは弱い。だが彼のバッテリーはいつも完全に充電された状態にあり、自分の車をあなたの車に近づけて、ブースターケーブルであなたのバッテリーにちょっと電流を流し込んでくれる。そしてあなたは〝発進〟する。師から受ける助力というのは、そういう類のものだ。だが、もし自分でクランクを回してバッテリーに電流を流すことができるのなら、そうすればいい。車の発進のさせ方は一つだけではないのだから。

(40)

Paramāṇu paramamahattvānto'sya vaśīkāraḥ.

集中における把握力は、根源的原子から最も巨大なものにまで、次第に拡大してゆく。

それは、極微から広大無辺に至るまでの全宇宙を引き寄せることができる、という意味である。〝アヌ〟はサンスクリット語で〝原子〟を意味する。数千年の昔、すでに原子は知られていた。そして、ここでパタンジャリは、単に原子というだけではなく、〝原子の原子〟つまり極小の微粒子という意味で、〝根源的原子〟ということばを使っている。あなたにとって不可知のものは何もなくなるだろう。あなたは、前掲の諸スートラで説明されてきた瞑想によって、ありとあらゆるものを引き寄せることができるのだ。

ヨーギーとなるのは、そのような瞑想を達成した人だけであり、瞑想と称してしばらく座り、それがすんだら映画を見に行く（！）というような人ではない。それではだめだ。前述の諸方法のうちのどれか一つ、あるいは自分で選んだもの、そのいずれかを使ってなされる瞑想の中にいったん深く自己を確立し、心を統御する力を獲得してしまえば、瞑想するのに難しい対象は何もない。原子から宇宙全体に至るまで、何を瞑想の対象にしようとあなたの好みのままである。

(41) **Kṣīṇa vṛtter abhijātasyeva maṇer grahītṛ grahaṇa grāhyeṣu tatstha tadañjanatā samāpattiḥ.**

本来透明な水晶が、かたわらに置かれた物の色や形を呈するように、動き〔作用〕が完全に弱まったヨーギーの心は、澄明・平静となって、知る者と、知られるものと、知との区別のない状態に達する。この瞑想の極点が、サマーディ〔三昧〕である。

〝動きが完全に弱まったヨーギーの心〟というのは、そのヨーギーは他のすべての想念を代償としてある一つの想念の形態を育んだ、ということである。一つのものだけを育むとき、他のすべての印象は弱まり、より希薄となる。身体を例にとってみよう。たとえば、もし頭脳の成長ばかりに集中していると、身体の他の部分は取り残されやすい。

これはH・G・ウェルズの小説を思い出させる話だが、そこに描かれている未来の人間たちは、頭ばかりが大きくて、手足はジャガイモの根みたいに小さくなってしまっている。それは彼らが手や足を使わないから、つまりその必要がないからだ。そこでは、「私は食物を摂らねばならない」と思うだけで食物が出てくる。スイッチを押す必要さえない。それは想念で作動するのだから。

今では実際に、座席に着いて「出発進行！進め！急げ！そのまま！停止！」と言うだけで事足りる自動車が案出されている。それも今はいろいろなプリント配線のカードがあって、そういう号令さえ要らないようだ。ボストンへ行きたいと思えばボストン行きのカードを取って、その車のコンピューターに入れて、黙って座ればもうボストン！　必要なのはそういうカードを買うことだけだ。どこへ行くにも機械にカードを入れ、後は車の中で何でも好きなことをしていればいい――仕事の話でも、おしゃべりでも、テレビを見ていても。そうこうしているうちに車の方が「ボストンへ着きました」と教えてくれる。それで終わり。身体のどこも使わない。だからそれはだんだん委縮していくだろう。

それは身体について言えるだけではなく、心の場合も同じである。絶え間ない瞑想によって一つの観念を育んでいくと、他の想念や欲望は徐々に消えていく。日常生活でもそういうことはある。たとえば誰かに関心を抱くと、あなたは夜も昼も、その人のことばかり考えている。本を開いても心は内容についていかず、その人のところへ行ってしまう。そして次第にそれ以外の人や物に対する関心を失っていく。ヨーガの修練でも同じである。集中や瞑想というのはまた、そうでなければならないのだ。


古いヒンドゥーの聖典の中に、それについてのたとえ話がよく出てくる。たとえば、ヴァールミーキという追いはぎの話がある。ナーラダ仙人が通りかかると、追いはぎのヴァールミーキはいつものように声をかけた。

「おい、ポケットに何を持ってる？」

「おや、あいにく私にはポケットというものがないのですが」

「呆れた奴だな。空っ穴《けつ》の人間なんて今まで見たことがない。とにかく何でもいいからよこさないと、命はないぞ」

「そうですね、あなたにあげられるようなものは何かないかな……。ところであなたは、罪のない人々に危害を与えるのは悪いことだと思わないのですか?」とナーラダは言った。

「チェッ! おまえさんたちスワミ(僧侶)ってのは、いつも罪深いだの何だのって話ばかりだ。あんた方は他に何もすることがないんだろうが、俺には養わなきゃならない妻と子がいて、家もあるんだ。ちんと座って徳のことなんぞ考えていたって、俺たちの腹は一杯にならないんだよ。俺はどうしても金を手に入れなきゃならんのだ」

「なるほどね。それじゃそうしてください。それがあなたのやり方なら仕方がない。ですがあなたは、どうしても妻や子を食べさせなきゃならないとおっしゃったが、それは罪深いことで、いずれその報いに直面しなきゃならないのですよ」

「そんなこと、かまうもんか」

「あなたはかまわないかもしれない。でもあなたは奥さんや子供に与えるために罪を犯しているわけだから、その彼らも同じように喜んで罪業の報いを受けるつもりなのかどうか、聞いてみた方がいいですよ」

「間違いなく、喜んでそうするだろうよ。女房はいつも『私たちは一心同体だ』って言ってるし、子供たちは俺をとても愛してる。だから俺が彼らのためにやっていることは何だって、当然みんなで分かち合うんだ」

「かもしれませんが、私にそうおっしゃってもね……。ちょっと行って確かめてきたらどうですか?」

「おまえ、その間に逃げるつもりだな?」

「いいえ」

「よし、ここで待ってろよ。確かめに行ってくるから」

そう言うと彼は、家に戻って聞いてみた。「今、かくかくしかじかの男が、俺に変なことを聞くんだ。そいつは俺が罪を犯していると言うんだが、なるほどそれはそうに違いなかろう。だが俺はそれをおまえたちのためにやっている。おまえたちはその分け前にあずかって食べているんだから、その罪だって分かち合ってくれるだろう?」

妻は答えた。「私たちの生活を保証することが、夫として父親としての、あなたのつとめです。それをどういう仕方でしてくださろうと、私たちには関係ありません。それは私たちには責任のないこと。私たちはあなたに悪事を働いてくれと頼んだ覚えはありませんし、もっとちゃんとした仕事で私たちを食べさせてくださってもいいわけですから――。いずれにしてもそれはあなたのこと、あなたが責めを負うべきことです。それが正しいか正しくないかなど、私たちの知ったことではありません。そして、罪を分かち合うつもりもありません」

「なんてことだ！　愛する子供たち、おまえたちはどうなんだ？」

「お母さんと同じだよ、お父さん」

「なんてひどい家族だ！　おまえたちは何でも私と分かち合ってくれるとばかり思っていたのに。分かち合うのは食物だけで、あとは何もないのか。もうおまえたちの顔なんか、見たくもない！」

彼は走って帰ってきて、ナーラダの足許にひれ伏した。「スワミ様、あなたは私の眼を開いてくださいました。私はどうすればいいのでしょう？」

「いいかい、おまえはたくさんの罪を犯してきた。それらをすべて浄めなければならない」

「どうかその方法を教えてください」

そこでナーラダはマントラを伝授した。「それでは〝ラーマ、ラーマ〟と唱えることができるかな？」

「何ですか、それは？　聞いたことがないな。私は無学なもので。……できません。他にもっと簡単なのはないですか？」

「あーあ、なんてことだ。……よし、そうだ、これは？」彼は木を指さした。「これは何だ？」

「それは〝マラ（木）〟です」

「そうだ。それだったら唱えられるだろう？」

「もちろん、それなら簡単です」

「結構。では静かなところに座って、〝マラ・マラ・マラ〟と唱え続けなさい」

「えっ、それだけでいいんですか？　それだけで私はすべての罪から救われるんですか？」

「そうとも」

「わかりました。私はあなたを信じます。あなたはすでに、これほどまでに私を教え導いてくださった。あなたは立派なスワミのようだ。今からすぐに始めます。一刻も無駄にしたくない」。


　彼はさっそく木の下に座って、「マラ、マラ、マ・ラ・マ、ラマ、ラマ、ラマ、ラーマ……」と唱え始めた。わかるだろう？　〝マラ・マラ〟はすぐに〝ラーマ、ラーマ〟になった。そして彼は、そのまま何年も座り続けたので、とうとう最後には全身がびっしり蟻塚で覆いつくされてしまった。そうだ、彼はあまりにも深くそれに没頭したので、他のことを全部忘れてしまったのだ。身体も、まるで発電所のヒューズがとんでしまったみたいに、無感覚になってしまった。これがサマーディの中で起こることである。それから長い長い時が経ち、たまたまある人がそこを通りかかってその蟻塚を崩すと、中から聖者ヴァールミーキが現われた。その後彼は、ラーマ神の生涯の神々しいヴィジョンを得て、叙事詩『ラーマーヤナ』全編を著した。諸君が今読むことのできるヴァールミーキの『ラーマーヤナ』が、それである。

この物語から学ぶべきことは何だろう？　彼はひたすらそのマントラに集中して、その他のことはすべて忘れた。すべての罪が栄養を断たれ、干からびて、やがては消えてしまったのだ。植物に水をやらなかったらどうなるか？　だんだんしおれてきて死んでしまう。〝癖〟というものもやはり、現われ出る機会を与えさえしなければ、だんだんしおれてきて枯死する。ある癖を無理やりなくそうとする必要はない。それに反復の機会を与えさえしなければよい。やるべきことはそれだけだ。どんな癖でも、このやり方によって簡単に取り除くことができる。そしてそれは、一つの正しい〝癖〟を守り育てることによって可能となる。心というものは〝何か〟を固持せずにはいられないのだから、何か一つに専念すればよいのだ。するとそれ以外のものはすべて消える。

さてこのスートラの後半、〝動き（ヴリッティ）が完全に弱まったヨーギーの心は……知る者と、知られるものと、知との区別のない状態に達する〟の部分だ。特定のヴリッティを育むことによって、その他のヴリッティがかくのごとく無力となったヨーギーの心は、知る者・知られるもの・知（つまり、瞑想者・瞑想対象・瞑想）を区別しなくなる。瞑想時は、これらの三者、つまり主体・客体・瞑想というプロセスが、すべて意識されている。しかしこの時点に来ると、それらの三者が一つになる。それは、主体が客体になると言ってもいいし、客体が主体になると言ってもいい。そして、そのように主・客が分離していないときには、プロセスもない。心は完全に吸収されて、瞑想中の観念、つまり対象の中に失われる。パタンジャリはそれを、水晶の傍《そば》に物が置かれた場合にたとえている。水晶の傍に赤い花を置けば、水晶そのものが花の赤い色になる。前者が後者と一つになる、つまり前者が後者を受容する。それと同じで、心は観想の対象を受け入れて、その形をとるのである。

(42) **Tatra śabdārtha jñāna vikalpaiḥ saṁkīrṇā savitarkā samāpattiḥ.**

名称と形態、およびそれらに関する知識が混在しているサマーディが、サヴィタルカ・サマーディ、すなわち思慮を伴うサマーディと呼ばれる。

このスートラ以下で再びパタンジャリは、いろいろな種類のサマーディの定義を行なっている。スートラ(17)ですでに、サムプラジュニャータ・サマーディには、サヴィタルカ、サヴィチャーラ、サアーナンダ、サアスミターの四種類があるという説明がなされた。彼はここで、もう一度それらについて念を押すのである。

このスートラで彼は、サヴィタルカ・サマーディでは事実上、㈠瞑想対象を表示する音、㈡その意味、㈢結果として起こる知、が了解されるのだと言う。普通われわれがある音を聞くときには、それらの三者つまり、㈠あることばを聞く、㈡その音が表わす対象《もの》の理解を試みる、㈢その対象の知識を得る、という三つのことが同時に起こる。たとえば〝いぬ〟ということばを聞いてその音が脳に届くと、そこでそれと類似の痕跡を探し出す試みがなされる。そして、かつて〝いぬ〟を聞くことによって刻み込まれた痕跡が見つかると、「そうだ、今聞こえた〝いぬ〟ということばは、以前聞いたのと同じだ」ということになって、理解が成立する、つまりそれで〝いぬ〟が何を意味するかがわかる。通常、〝シャブダ（ことば）〟〝アルタ（客体）〟〝ジュニャーナ（知）〟は、同時に起こる。ところがこのサマーディでは、それらの三者を別々にとらえることができる。つまりそのプロセスを好きなところで止めることができるのである。

(43) Smṛti pariśuddhau svarūpa śūnyevārtha mātra nirbhāsā nirvitarkā.

記憶が十分に浄化されると、名称と実質の区別がなくなり、集中対象の知のみが輝き出る。これがニルヴィタルカ・サマーディ、すなわち思慮を伴わないサマーディである。

記憶が浄化されたとき、つまり質を欠くときには、瞑想対象の知だけがある。〝シャブダ〟と〝アルタ〃が抹消され、あなたは〃ジュニャーナ〃のみを得る。そのことが、〈知る者〉についての知をも与えてくれる。

(44) Etayaiva savicārā nirvicārā ca sūkṣmaviṣayā vyākhyātā.

同様にして、精妙な対象について修されるところの、サヴィチャーラ・サマーディ【洞察を伴うサマーディ】とニルヴィチャーラ・サマーディ【超サマーディ、すなわち洞察を伴わないサマーディ】は説明される。

前の二つのスートラでは、サヴィタルカ・サマーディとニルヴィタルカ・サマーディを見た。次いで、それらとほぼ同様に修されるが、より精妙な要素を対象とする他の二種類のサマーディである。

(45) Sūkṣma viṣayatvaṁ cāliṅga paryavasānam.

集中可能な対象の精妙さも、ついには定義し得ない状態へと帰着する。

換言すれば、精妙な対象（タンマートラ、チッタ、自我）は、究極的には、プラクリティと呼ばれる根源力、つまり非顕現状態の本源的実体に行き着く、ということである。その境地には、名称も形態も想念もなく、完全な平衡、静穏、非顕現の本質性があるのみである。このように心は、非顕現の本性という根元にまで至る力を持つわけだ。

(46)
Tā eva sabījaḥ samādhiḥ.
以上がサビージャ・サマーディ【種子のある三昧】であり、そこにはまだ修行者を束縛や心的動揺へと引き戻す可能性が残っている。

これらすべてのサマーディにおいても、まだ最終目標は遂げられていない。そうした状態を得はしても、そこにはまだ過去の印象（サンスカーラ）が残っているので、あなたは通常の人間状態に戻り得る。心が完全には浄化されておらず、すべての欲望が焼きつくされないまま種子の形で残っているのだ。

それが、深い瞑想に進む前に心を浄化しなければならない理由である。〝心の清き者は幸いである、彼らは〈神〉を見るであろう〟と言われる。だがそれは、不純だったら〈神〉は見られないという意味ではない。不純な者でも努力すればそれはできる。だがその〈神〉は、彼らの不純さのゆえに、悪魔の姿をとって現われるだろう。その視覚には色が着いている。彼らは〈神〉の純粋性を見ることができないのだ。彼らはそれを間違った角度から見ている。〈神〉の綴りは〝G－O－D〟で、それは正しい方向から読めば〈God〉だ。ところが間違った方向から読むと〝dog〟だ。不純な心はそれを間違った方向から読む。だから心が純粋でなければならない。いろいろな瞑想方法や予期されるさまざまな体験について学び知るのも大いに結構だ。だが、もしあなたが本当にこのことに対して真剣で、本当に深い瞑想に入りたいと思っているならば、清浄な心を持つよう心がけよ。でなければあなたはそれを得ることができない。

いわゆる科学的な発明や発見も、集中と瞑想の結果である。科学者たちは物質的な側面、すなわち粗大な要素に瞑想したのだ。そして多くの発見をし、さまざまな機械を創り出し、われわれはすべてその恩恵を享受している。彼らは奥へ奥へと進んでゆき、ついに原子そのものに到達した。それはまさしく瞑想であった。彼らはまぎれもないヨーギーである。彼らは原子の秘密を見抜くことに成功した。ところが今、その解明された秘密のために、どういうことが起きているか？　それは今や脅威となっている。原子の力に何か問題でもあるのだろうか？　あるはずがない。われわれは原子力そのものを咎《とが》めることはできないし、その研究を非難したりやめたりする必要もない。咎められるべきものは何か？　それらの力を使う人々の心である。全世界が恐怖におののいているのはそのためだ。生命と宇宙の内奥に踏み込んで、それをコントロールしようとするならば、われわれはそれらを正しく使う純粋な心を持つべきだ。さもないとわれわれは、全人類に破滅をもたらすだろう。心の浄化が是非とも必要である。

(47) Nirvicāra vaiśāradye'dhyātma prasādaḥ.
ニルヴィチャーラ・サマーディ〔洞察を伴わないサマーディ〕が純粋となったとき、至高の真我が輝く。

(48) Ṛtambharā tatra prajñā.
これがリタムバラー・プラジュニャー、すなわち絶対的な真理意識である。

純粋な洞察なきサマーディを達成すると、ヨーギーは〝真理によって満たされた叡知〟を得る。

それが〝リタムバラー〟の意味である。これは実際にはどのようなものか？　パタンジャリは次のように続ける。

(49) **Śrutānumāna prajñābhyām anya viṣayā viśeṣārthatvāt.**

この特別な真理意識は、聞いたり、聖典から学んだり、推理したりして得られる知とは、完全に異なっている。

そのリタムバラー・プラジュニャーに到達すると、あなたは学ぶことなくしてあらゆることを理解する。適切な集中によって心を超越するとき、あなたは〈宇宙の力〉すなわち〈神〉を感得する。しかしあなたは自分の体験を聖典で、あるいは聖者や賢者のことばを通して、確認することができる。しかしそれ自体は、あなたによって、まさしくあなた自身の体験を通じて、知られるのだ。その時が来るまでは、あなたが聞いたり読んだり思い描いたりしていることはすべて、あなた自身の心によってなされている。〈神〉を体験するということは正真正銘の何かであって、そうした心を超えたときにのみもたらされることなのだ。〈神〉は心によっては理解され得ない。なぜなら心とは事象であって、事象が事象より微妙なものを理解することは、到底できないからだ。

西洋の心理学は心について語るばかりで、「心で理解しなかったら何かを理解することはできない」と言いながら、同時に、「しかし心によってすべてを知ることはできない」と言う。そしてそれだけ、そこ止まりだ。しかしヨーガは、心によらなくとも知ることはできる、と言う。心を伴わないではじめて理解される高次の知がある。『マーンドゥキァ・ウパニシャッド』は言っている、「内なる知ならず、外なる知ならず、知そのものならず、無知ならず（*Nantaḥ-prajñām, na bahis-prajñām, nobhayataḥ-prajñām, na prajñāna-ghanam, na prajñām, naprajñām*）」。それはあくまで否定によって表現される。それは、つかむことができず、考えることもできず、象徴を用いて表わすこともできない。それは名や形を持たず、説明することができない。何千人もの聴衆を前にして、ある人が〈神〉について何時間もしゃべり続けるかもしれない。聴衆は座って何時間も何時間もじっと聴いているだろうが、そんなことはまったく無意味だ。そう、その人は〈神〉について何も語りはしなかったし、聴衆も〈神〉について何も聞きはしなかった。その人は、その人自身の心の間尺に合った〈神〉についての何かを語ったにすぎず、聴衆も、自分たちの心によってつかむことのできる〈神〉を理解しただけだ。それだけのことだ。真の〈神〉を語った人など誰もいないし、真の〈神〉を理解した人も誰もいない。それは説明不可能なのだ。

そのように、そのリタムバラー・プラジュニャーでは、あなたは心を超え、知を得る。そしてそれが成就〔悟り〕である。しかしそのためには、心が完全に沈黙していなければならない。だからヒンドゥーの神話の中には、〝ダクシナムールティ〟という神の一形態があるのだ。その神像の前には、四人の弟子が配置されている。彼らはみな博学で、すべての『ヴェーダ』、すべての『ウパニシャッド』を読み、聞かれるべきことはすべて聞き終えている。しかし彼らは、いまだに真理を悟ることができないでいる。そこで彼らは、ダクシナムールティのところへ行って、〈最高《パラ》のブラフマン（非顕現の最高神）〉について説いてくださいと懇願した。ダクシナムールティは、ただ黙ってそこに座った。しばらくすると四人は立ち上がり、お辞儀をして、「スワミ、わかりました」と言って去った。それは沈黙の中でしか説かれ得ないのである。

「非顕現の至高の原理《パラブラフマ・タットヴァ》は、無言によってのみ説かれ得る。ことばによってではない（*Mauna vākya Prākṛtita Parabrahma tattvam*）」。その叡知は、物質的無言のみならず、真の心的無言の中に明け初める。

（50） Tajjaḥ saṁskāro'nya saṁskāra pratibandhī.

このサマーディによって生ずる印象〔サンスカーラ〕は、他のすべての印象を払拭する。

リタムバラー・プラジュニャーが得られるサマーディの結果として生ずる印象は、他のすべての印象を遮断する。あらゆる印象は衰微して、もう自己の本性に無知な凡夫に戻るということはなくなる。この段階に至った者は、常にこの知を保持し続ける。その状態で彼は、〝ジーヴァンムクタ〟すなわち悟りを開いた聖者となる。〝ジーヴァン〟とは〝生ける者〟、〝ムクタ〟とは〝解放された〟という意味であり、したがって彼は、〝生きながら解き放たれた存在〟〔生前解脱者〕である。彼は、他の誰とも同じように生き、食べ、話す。また他の誰とも同じように、職業についてさえいるかもしれない。しかし、それでも彼は解き放たれている。

ジーヴァンムクタは何をしていてもよい。必ずしもどこかの洞窟でサマーディに浸っている必要はない。彼はタイムズ・スクェアにいるかもしれない。それでも彼はジーヴァンムクタだ。彼はいかなる私的執着もなしに、人類のために世俗に関わっているのだ。

そしてジーヴァンムクタにとって、興奮を掻き立てられるようなものは何もない。タミールの美しい詩は次のように歌っている。〝白昼に涼しげな月光を見ても、死んでから三日を経た死体が棺から起き上がって歩き出すのを見ても、彼は、「どうしてこんなことが……？」と訝《いぶか》らない〃。彼にとって驚くべきことは何もない。それは彼が、すべては〈自然〉すなわちプラクリティのしからしめるところだということを知っているからだ。天地万有にはいろいろなことがたくさん起こる。だから彼はそれについて思い煩わない。彼はただ黄金の現在を手にしつつ、〈高い意思〉に促されて彼にできることをし、通り過ぎていく。彼は何事にもとらわれない。そうした状態にあって、いかなる印象、いかなる想念も、彼を凡俗の生に引き戻すことがない。彼は一見普通の人間のように見える。しかし、すべての心的印象の種子は完全に焼きつくされており、常にそのような無執着の状態の中で生きるのだ。

（51）Tasyāpi nirodhe sarva nirodhān nirbījaḥ samādhiḥ.
この印象さえも拭《ぬぐ》い去られるとき、あらゆる印象が完全に払拭されて、そこにはニルビージャ・サマーディ【種子のない三昧】がある。

ここに来てようやくパタンジャリは、最高のサマーディについて述べる。リタムバラー・プラジュニャーをもってしても、微妙な心は残っている。そこにはまだ、プラジュニャーすなわち叡知と、その叡知の保持者という分離がある。「私は〈神〉を悟った」というかすかな思いさえ消えてしまわねばならないのだ。そのときあなたは完全に自由となる。種子のない三昧の達成である。あなたにはもはや死も誕生もない。自らの不滅性を悟っているからだ。

साधनपादः

第二部　サーダナ・パダ（実修部門）

Sādhna Pāda

第二部ではヨーガの実修を扱っている。パタンジャリはクリヤー・ヨーガの教示から始める。この〝クリヤー・ヨーガ〟ということばは、シュリー・スワミ・ヨーガーナンダ・パラマハンサが宣教したものとして耳にしたことのある人もいるかもしれないが、それはパタンジャリのクリヤー・ヨーガと混同されるべきではない。ヨーガーナンダの言うそれは、呼吸とマントラの特殊な組み合わせである。パタンジャリが述べているのは、より精妙な修練への準備として、日常生活の中でなされるべき実践のためのヒントである。

第一部のサマーディ・パダ〔三昧部門〕ではヨーガのねらいが理論的に示され、それはチッタ・ヴリッティすなわち想念形態を制御することであった。第一部の後半の内容は、次のようにいくつかにまとめることができる――想念形態の種類、それらを制御する訓練、ニルビージャ・サマーディ〔種子のない三昧〕の体験を頂点とするさまざまな超意識的体験。しかし、サマーディに入るのはそれほど簡単なことではない。そこでパタンジャリはこの第二部で、修習者に対して、だからといってたじろぐことはない、前もって適切な基礎を置くことによって準備を整え、その後そのようなレベルに達するまで少しずつ築いてゆけばよい、と言う。そして彼は、そのための簡潔な指示をいくつか与える。

＊ヨーガーナンダ・パラマハンサ＝二十世紀中葉、アメリカ、ヨーロッパにヨーガを伝導し、自己実現同志会を設立したヨーギー。（一八九三―一九五二）

(1) Tapaḥ svādhyāyeśvarapraṇidhānāni kriyā yogaḥ.

浄化を助けるものとして苦痛を受け入れること、霊的な書物を研究すること、至高の存在に身を委ねることが、実修のヨーガである。

サンスクリットの用語を使うと、〝クリヤー・ヨーガは、タパス、スヴァディアーヤ、イーシュヴァラ・プラニダーナより成る〟である。〝タパス〟ということばは〝苦行〟とか〝禁欲〟と訳されるのでよく誤解されるが、実際はここでは別のものを意味している。〝タパス〟とは〝焼くこと〟、あるいは〝熱を創り出すこと〟である。焼くとどんな物でも純化される。たとえば金は、焼けば焼くほど純度が増す。それは、火中に投じられるたびに、不純物が取り除かれていく。

だがこの燃焼のプロセスは、心の不純物に対してはどのように働くのだろう？　それは、楽に向かって流れるのが心の常であるが、逆に、われわれのもとに来る苦痛のすべてを受け入れることによって働くのである。実のところ、もしわれわれが苦痛の浄化作用を知っているならば、われわれはそれを受け入れることを幸いとする。そういう受容は、われわれの心を強く堅固にする。それは、他者に苦しみを与えるのはたやすいが、報復することなく苦を受けとめるのは難しいことだからだ。このような自己練磨は明らかに、自分の瞑想室で行なわれるものではなく、他者と関わり合う日常生活の中でしか行なわれ得ない。

タパスは、自己錬磨でもある。通常、心というものは、馬車につながれた野性の馬のようなものである。身体を馬車とみなそう。知性は御者である。心は手綱であり、馬は諸感覚である。〈真我〉すなわち真のあなたは、乗客である。そこで、もし馬を、手綱も御者もなしに走るに任せておくならば、乗客の旅の安全はおぼつかない。だから、感覚と感覚器官の統御は、はじめはしばしば苦痛をもたらすかのように感じられるが、結局は楽に終わるのだ。タパスがこのような観点から理解されるならば、われわれは苦痛を待ち望むようになるだろう。それをひき起こした人々に対して、われわれの心を堅固にし、不純物を焼く機会を与えてくれたとして、感謝しさえするだろう。

『バガヴァッド・ギーター』の第十七章で、主クリシュナは、タパーシャ（タパス）について次のように語っている。「聖典によって命ぜられていない激しい苦行を行なう者、情欲と愛執の力に駆り立てられて偽善とエゴイズムに自らを明け渡した者、分別のない者、身体の中のあらゆる要素と、身体の中にも住む〈私〉を拷問にかける者――汝らは知れ、これらは悪魔にとり憑かれた不屈であると」。人はときどき、タパーシャと称してありとあらゆる自虐的な行為をする。東洋では、釘の寝床に横たわったり、片手を空中高く上げたままにしているので、それがだんだん萎縮していって、ついには腐ってしまう、というような極端なことをするサードゥー（遊行僧）がいる。これらはすべて単なる自虐である。主クリシュナ自らが、「これらの者は悪魔である、なぜなら彼らは彼らの中に住む純粋な〈真我〉を妨害するからである」と言っている。自己錬磨は霊的進歩を助けるが、自虐はこれを妨げる。

主クリシュナは、真の苦行・禁欲を三種類に分けている。それらは、身体に関するもの、ことばに関するもの、心に関するものである。身体の苦行とは、礼拝・清潔・真正直・独身生活・不殺生である。多くの人々が、身体的タパーシャは自分たちには不向きであるとすぐに決めつける。彼らは「独身生活」と聞いただけで尻込みしてしまうのだ。だが、この独身生活すなわち〝ブラフマチャーリヤ〟は、〝統御〟の意味であって、性欲や性力を抑圧するという意味ではない。心を、瞑想・マントラの誦唱・祈り・聖典の研究・無性で純粋な〈真我〉の観想によって高尚な想念で満たしておけるならば、心の撤退によって性的欲望は非活性化される。性的欲望の抑圧は、性夢や焦燥、心の不安定をひき起こし、人を繰り返しそれに執着させる。だから、まず心が純化されねばならない。そうすれば感覚の統御もたやすくなる。一方、感覚の統制ばかりを厳しくすると、霊的に進歩するどころか、困難に導かれるばかりである。

次のタパスはことばの禁欲である。ことばは、静穏をもたらし、真実に満ち、快く、有益でなければならない。ヒンドゥーの諺《ことわざ》に、「真実を語れ、快きことを語れ（*Satyam bruvat priyam bruvat*）」と言われているように。そして、真実であっても快くないならば語るべきではなく、快くとも真実でないならば語るべきではない。もしあることが真実かつ不愉快であるならば、われわれはそれを適当な方法で表わし直すことによって、少しでも快くするべきだ。そして心の禁欲としてシュリー・クリシュナが挙げているものは、平静・親切・自己制御・純真である。

次は〝スヴァディアーヤ〟すなわち〝研究〟である。これは〈真の自己〉に関する研究であって、心理学者や精神分析家がやるような、単なる心や感情の分析ではない。あなたの心を高め、〈真の自己〉を思い出させてくれるようなものであれば何でもよい、それが研究されねばならない。『ギーター』、『聖書《バイブル》』、『コーラン』、この『ヨーガ・スートラ』、その他、心が高められる聖典であれば何でもよい。研究とは単にページをめくることではない。それは一つ一つの言葉をすべて理解しようとすること、こころ《ハート》で学びとることである。繰り返し繰り返し、読めば読むほど、あなたはより多くを理解する。何千年もの間、無数の人間が『聖書』を学び続けてきた。そして数知れぬ人々が、毎日この同じ『聖書』を読む。その一方で、一度読んだらゴミの山と化す膨大な量の本がある。『聖書』は何百回読んでも読みつくせるものではない。それは読むたびに新しい光に照らし出されてわわれわれの前に現われる。それが聖なる書物の偉大さである。それらは、真理を体験した聖なる預言者たちによって生み出されたものであるがゆえに、そうなのである。われわれはこうした書物を読むたびに、より深く知ろうとして、自分自身を高めていく。

それはエンパイア・ステート・ビルに昇るようなものである。一階の窓からでも、それなりに何かが見える。二階へ行くともう少しよく見える。三階からはもっとよく見える。ところが最後の百一階にたどり着いてそこの展望台から眺めると、まったく違った光景が見える。

それと同じで、聖典を読むことにおいても、われわれは心を広げ、大きくしながら、少しずつゆっくりと上昇する。心を高めれば高めるほど、われわれの理解はより優れたものとなる。だが、その聖典を完全に理解するのは、われわれ自身が預言者となったときでしかない。それは当然のことである。もしあなたが私を完全に理解したかったら、あなたは私にならねばならない。でなければあなたは、あなた自身の能力に応じた私を理解するにすぎない。それと同じで、〈神〉も、書物だけで理解することはできない。〈神〉は、あなたが〈神〉になったときにしか理解されない。タミールの諺に、「聖者のみが聖者を知る。蛇のみが他の蛇の足を知る」というのがある。蛇になってみなければ、蛇がどんなふうにして這うのかは、よくはわからない。われわれは、聞いて、学んで、自分なりの意見を形づくって、想像力を働かせる。しかし、体験に等しいものは何もない。

たいていの人は歩く図書館になっているだけである。彼らの頭の中には、コンピューターのように何千冊もの本のことが記録されている。しかし、それは必ずしも本当に彼らが〈真我〉を体験したことを意味しない。〈真我〉は、理論だけでは知られ得ない。思索のみによって心を超えた〈一なるもの〉を理解した人は誰もいない。心を超えたとき、それははじめて理解される。そこが、ヨーガと他のほとんどの心理学的アプローチとの違いである。彼らはたいてい、「すべては心で理解するのであって、それを越えたら何も理解できるはずがない」と信じている。そしてそこから先には進まない。しかしヨーガは、「心がなくとも可能な知がある」と主張する。心を通じて知ることはすべて有限であり、条件づけられている。ではその有限の心が、どのようにして〈無限のもの〉を理解するのか？　心を超えてその無限の中へ進み入ることによってのみ、である。

研究するのは結構だ。だが単なる理論や引用や論争のためにではない。本当は、ことばが重みを持つのは、自分自身の体験から〝引用〟するときだけなのだ。シュリー・ラーマクリシュナ・パラマハンサは、「あなたが学んだことをすべて忘れよ。もう一度子供になるのだ。そうすればその知を悟ることはたやすい」と言うのが常だった。学問は、何をどれだけ学ぶべきかを知らないと邪魔になることがある。だから、読むことを制限し、読んだことを実行に移そう。本は一冊か二冊にしよう、あなたの目標を思い出させてくれるものなら何でもいいから。

クリヤー・ヨーガの最後の部分は、単純だが偉大である。それは、〈至高の存在《もの》〉に身を委ねることである。私はこれを、行為の果実を〈神〉あるいは〈神〉の顕われであるところの人類に献げることだと理解している。何もかも献げよ、あなたの研究もジャパも修練も、すべてを〈主〉に献げよ。あなたがこれらのものを〈主〉に献げるとき、〈主〉はそれらを受け入れられるが、それらを何倍にもして返し与えられるだろう。あなたは与えたものをけっして失わない。たとえ徳行・善行であっても、エゴイスティックな気持で行なえば、それは何らかの形であなたを縛るだろう。何をするときでも、いつでも、「これが〈主〉に献げられますように」と感じながらするのだ。いつも忘れずにそれをするならば、心は自由で平穏だろう。何であっても自分のために所有しようとしてはいけない。一時それを預かってはいるが、自分はただの受託者で、所有者ではない、と感じるようにしよう。

一つの魂を受け取って、それを九か月の間養い育て、やがてはそれをこの世に送り出す母親のようであれ。その母親がもし、赤ん坊をいつまでも子宮の中にとどめておきたいと思ったら、どういうことになるだろう？　そこにはすさまじい苦しみがあるだろう。何かが熟してしまったら、それは次に手渡されねばならない。だから、献身こそが真のヨーガなのである。「私は〈あなた〉のものである。すべては〈あなた〉のものである。〈あなた〉の意思が行なわれるであろう」と言おう。〝私のもの〟は縛り、〝あなたのもの〟は自由にする。そこら中に〝私のもの〟をばら撒いておくと、それらがあなたの人生の墓穴を掘る。あるいはいきなり台無しにしてしまう。だがすべての〝私のもの〟を〈あなたのもの〉に変えれば、あなたはいつも安全だ。

だからわれわれはみな、自分の人生を人類すべてのために献げよう。一瞬ごとに、吐く息吸う息が、この身体の原子の一つ一つが、このマントラを――〝献げる、献げる、与える、与える、愛する、愛する〟を、唱えるべきである。それが最良のジャパである。それが、われわれすべてに永続的な平安と喜びをもたらし、心をチッタ・ヴリッティの喧騒から自由にしておいてくれる、最良のヨーガである。

（2） Samādhi bhāvanārthaḥ kleśa tanūkaraṇārthaś ca.
それらは、障害を最小にして、サマーディを達成させる。

ここでパタンジャリは、なぜクリヤー・ヨーガがなされねばならないかを説明する。それは、障害を最小にして、サマーディに入るためである。彼はすべてを非常に簡単なことばで語っているが、われわれはクリヤー・ヨーガが必要不可欠であるということを知り、それをけっして忘れてはならない。それなしには障害に打ち克ってサマーディに入ることはできない。われわれが〝ハタ・ヨーガ〟とか〝ジャパ・ヨーガ〟とか呼んで行なうことのすべてと、ヨーガ施設やアシュラムでの生活はすべて、このクリヤー・ヨーガの一部である。つまり瞑想とサマーディに向けての準備なのである。

(3) Avidyāsmitā rāga dveṣābhiniveśāḥ kleśāḥ.

無知、自我意識、執着、嫌悪、生存欲が、五つの障害である。

ここで彼は、それらの障害〈煩悩、クレーシャ〉を列挙し、以下のスートラでそれらを一つずつ説明していく。列挙される順序も重要である。まず、〈真我〉への無知から自我意識《エゴイズム》が現われる。自我意識のゆえに、自我《エゴ》の私的享楽物への執着が存在する。執着する物が得られなかったり奪われたりすると、その妨害者への嫌悪が生まれる。そして結局は、物に執着し、死を怖れるがゆえに、身体の中の生命に固執する。

(4) Avidyā kṣetram uttareṣāṁ prasupta tanu vicchinnodārāṇām.
無知は、それに続く他の諸障害の土壌である。そこではそれらが㈠休眠状態であったり、㈡弱まっていたり、㈢中断されていたり、㈣維持されていたりする。

赤ん坊の場合が一つ目のカテゴリーの例である。赤ん坊の障害は完全な休眠状態にある。われわれは赤ん坊を見ると、「なんて純真なんだろう！」と思う。だがそれはそう見えるだけで、成長するにつれて、生まれつき備わった傾向が顕在化してくる。それはいつまでも純真のままではいられない。無知と、その他の心の中に眠っている障害は、適当な時期が来ると表面化する。

ヨーガの修習の進んだ人の心が、二つ目のタイプの例で、自我は弱まって希薄になった状態にある。このような人も煩悩《クレーシャ》から完全に自由ではなく、それらは彼の心の中に微妙な痕跡の形で残っている。それらは、心の湖の底深く沈んで使われないために、非常に弱くなっている。

三つ目の、進展が中断された状態は、初期のヨーガ修習者の心に見られるものである。諸障害は、愛、誠実、抑制、明朗などの徳性を絶えず実践することによって一時的に押しとどめられている。しかしそのような求道者が、もしほんの数日でもこれらの美質を培《つちか》うことを怠ると、諸障害はすぐに表面化する。

四つ目のタイプは平均的な人間の場合であり、煩悩《クレーシャ》がいつも顕在している。彼らの心は一瞬ごとにさまざまな障害の影響を受けている。彼らはそれらをまったく制御しておらず、それらに対する発言力がない。

自分自身の心を分析することによって、自分のクレーシャは完全に眠っているのか、痕跡が残って埋もれているだけなのか、美質を培うことによって押さえているのか、それとも完全にそれらに支配されているのかが、だいたいわかる。

ここでちょっと、そういういろいろな状態を、実際場面を想定して考えてみよう。たとえばナイトクラブですてきな催しがあるとする。一人の友達がそれに行こうと言ってあなたを誘っている。あなたは、行きたいような気もする。だが最後にはこう結論する。「私はそういうショーは今までにたくさん見てきた。もう一回見たところで何か得るものがあるだろうか？　いや、その代わりにラージャ・ヨーガの講義を聞きに行こう」。そこには障害がある。だがあなたはそれに打ち克っている。それが〝中断された状態〟だ。

そういう訓練を続けていくと、その障害は底の方へ沈んでいくが、そこにはまだ痕跡が残っていて、ときどきそれを思い出してしまう。「どうしてクラブに行っちゃいけないのか？」痕跡がかすかに頭をもたげる。だがあなたは簡単にそれに打ち克つことができる。「いや、私は行かない」。それは、ちょっと頭をもたげて、「私はまだここにいるよ」とその存在をあなたに思い起こさせる。これが〝弱まった状態〟である。

だがほとんどの人は、「ナイトクラブ……」と思っただけで両の足が勝手にそっちを向いて歩き始め、自分も簡単にそれに従ってしまう。そしてそこから、次にはバーへ、またその次へと、際限なく引っぱられて行く。彼らの場合は、障害が〝維持〟されている。

（5） Anityāśuci duḥkhānātmasu nitya śuci sukhātmakhyātir avidyā.

無知とは、無常を常、不浄を浄、苦を楽、真我ならざるものを真我とみなすことである。

さてパタンジャリは、〝無知〟とは何かの説明をする。もし私がある果物を、それもあなたが見たことのない果物をここに取り出して、それをあなたに見せたら、あなたは、「それは何ですか？　私はそれをまったく知りません（私はまったくの無知です）」と言うだろう。これはごく普通の無知、つまり「ある物のことを知らない」という意味である。パタンジャリがここで言っているのは、そういうことではない。彼は、基本的な無知を一番最後に挙げている。それは、〈真我〉ならざるものを〈真我〉とみなすことであると。

〈真我〉とは何か？　そして〈真我〉ならざるものとは何か？　〈真我〉は、永遠で不変の〈一なるもの〉である。それは、常に、至るところに、根本的実体として在る。すべてのものは本当は〈真我〉以外の何ものでもないのだが、われわれはそれを、無知の中で、さまざまに異なった対象《もの》として見ている。そのようにわれわれは、変化の結果である外貌《あらわれ》を、不変の事実とみなすことに慣れている。どんなものであろうとも、もしそれが変化するのであれば、それは〈真我〉ではあり得ない。たとえばわれわれのこの身体にしたところで、それは刻々と変化している。なのにわれわれはそれを〈自分＝自己〉とみなして、「私はお腹が空いた」とか、「私は身体障害者だ」とか、「私は黒人だ」とか、「私は白人だ」という言い方をする。それらはすべて、身体の状況や特性にすぎない。「私は身体が痛い」と言うときは、「身体が自分に属すのであって、自分がそれなのではない」という意味を含んでいるから、わずかながら真実に触れている。

悲しいかな、われわれはさらに、「私はひどい病気だ」などとつけ加えてしまう。本当は誰が病気なのか？　もし身体が痛むのなら、身体が病気なのであって、あなたがではない。この真理を忘れるとき、われわれはいつも基本的な無知、つまり〈真我〉ならざるものに巻き込まれる。われわれは同じ無知な誤りを、心についてもやってしまう。そして「私は幸せです」とか「私は無知です」などと言ってしまう。「幸せだ」と思うこと、あるいは「恐ろしい」とか「腹立たしい」とか「多くのことを知っている」とか「何も知らない」というのはすべて、心の様態、つまり感じなのである。そのことがわかったら、この世でわれわれを乱すことのできるものは何もない。物事はわれわれのところへやって来たり去って行ったりするだろう。しかし、われわれはそれとつながっているのではないということ、われわれはそれではないのだということを知るだろう。そしてどんな状況に置かれてもわれわれは、「知は至福、知は至福、至福は絶対、すべての条件の下で私は知、至福は絶対」と謳《うた》うことができる。

それでは、ヨーガを修行しているのは誰か？　誰がジャパをし、誰が瞑想しているのか？　それは、心が身体と一緒にやっているのである。あなたは何も修行しなくてもいい。そのことが完全にわかったとき、そのジャパさえもが無知の所業となる。だが今は、無知でもって無知を取り除くのだ。悪い無知を除くためにましな無知を使うのだ。詰まるところ、理解の光だけが無知の闇を払うことができる。

そのことをわかりやすく示した話が、ある聖典に出てくる。あるとき一人の男が、明け方に自分の家の裏庭へ出た。そして突然、庭の隅の薄暗いところに、とぐろを巻いた蛇を見つけた。彼はびっくりして、「蛇だ、蛇だ！」と叫んだ。その声で目を覚ました人々が、棒切れを持って駆けつけてきた。彼らはその隅っこの方へ恐る恐る近づいた。そして中の勇敢な一人が、長い棒で蛇のいるあたりを強く打ちつけた。しかし何も起こらなかった。

ちょうどそのとき、一人の老人がランプを持ってやって来た。そして、蛇がいるはずの隅っこへランプを近づけると、その光が照らし出したのは、ただのとぐろ巻きになったロープだった。老人は笑って言った。「暗闇の中で手探りしているなんて、お前たちときたらみんな目が見えないんだな。ここには何もないよ。ロープがあるだけだ。それを蛇だと思いこんで……」ロープをロープと理解するためには、光が必要だったのだ。われわれにも光が必要である、知《ジュニャーナ》の光が。そのような光をもってするならば、この世はもはやこの世ではなく、言うところの〈真我〉ならざるすべてのものが、真の姿を表わすのである。

このアナロジーは、われわれにもう一つのことを教えてくれる。つまり、薄明が一番危険な時なのである。なぜだろう？　それは、完全な闇の中ならロープも蛇も見えない。そして、明るい昼間の光の中なら、ロープはどう見てもロープである。ただぼんやりとした光の中でのみ、人はロープを蛇と間違える。だから、もしあなたが完全な無知、つまり暗闇の中で手探りしている人であれば、あなたにはその〝ロープ〟さえ見えず――つまりこの世の〝苦〟も見えず――したがって真実を知りたいとも思わない。だからヨーガは、光を得た人のためにあるのでもなければ、何も知ろうとしない完全な無知の人のためにあるのでもない。それは、その中間にいる人のためのものだ。ヨーガが修行されるのは、この無知〔無明〕を払い去るためである。

(6)　Dṛg darśana śaktyor ekātmatevāsmitā.

自我意識〔アスミター〕とは、いわば、見る者【プルシャ】の力と、見る器官【身心】の力との同一視である。

このスートラでパタンジャリは、自我意識《エゴイズム》を説明する。自我《エゴ》は、真の〈自己〉が心の上に映ったものである。この二者は同じもののように見えるが、一方がオリジナルで他方は複写影像である。

無知が取り除かれるまでは、自我はいつも〈真我〉を偽装する。この二つの〝私〟について言うとき、私はよく大文字の〝I〟と小文字の〝i〟を使う。どこが違うのか？　iにはただの小さな点、自我《エゴ》のちょっとした汚れが付いている。大文字のIは、ただの素直な一直線――最も高い真理がいつもそうであるように単純・明快だ。われわれを限定して小さくしてしまっているものは何か？　ただの•（点）である。その点がなかったら、われわれはいつも偉大である。いつも大文字の〝私〟である。

ヨーガの修練のすべては、ただその点を取り除くことである。なんと単純なのだろう。その点を取り除くだけで、われわれの人生からあらゆる困難やごたごたが即座に取り除かれるのだ。ただ、そのための準備に時間がかかるのである。何回登っても滑り落ちる。せっかく登りつめたのに、その点を消すための消しゴムを忘れてきた、なんてこともある。するとまた降りて来なければならない。

(7) Sukhānuśayī rāgaḥ.

執着《ラーガ》とは、快楽体験との同一視から来るものである。

(8) Duḥkhānuśayī dveṣaḥ.
嫌悪《ドゥヴェーシャ》とは、苦痛体験との同一視から来るものである。

快楽への執着すなわち〝ラーガ〟も、苦を運んでくる障害である。われわれは、幸福は真の〈自己〉として常にわれわれの中にあることを忘れ、快楽から幸福を得ようとして、それ（快楽）に執着する。外界のものから喜びを得ようとするとき、われわれは執着した状態となる。そして、もしそれらのものがわれわれを不幸にすることがわかると、それらに対する嫌悪《ドゥヴェーシャ》を創り出す。したがってラーガとドゥヴェーシャ、つまり〝好き〟と〝嫌い〟は、霊的な道の障害物である。あるものは幸福をもたらすように見えるから「好き」、あるものは不幸をもたらすように見えるから「嫌い」なのである。

誰でも幸福になりたいと思っている。そうでない者などいるだろうか？　小さな虫でも、陽の当たる場所に置いてやると、日陰の方へ這《は》って行く。植物を部屋の中に置いておくと、徐々に頭を光の方へ向けていく。それも、「幸せ」になりたいからだ。「幸せ」はこの世の基本的ニーズのようである。ところが、それを見出す者はめったにいない。なぜだろう？　それは、幸福は麝香鹿《じゃこう》のようなものだからだ。古代の聖典の中に、額《ひたい》の上の一点から麝香の匂いを出す動物の話が出てくる。この鹿は、その匂いを追いかけて走り回る——それが自分の額から出ていることを知らないで。

それとまったく同じで、幸福はもともとわれわれの中にあるのだ。どこへ行ってもわれわれは、自分自身の幸福を、人や物の上に映し出すのだ。笑顔を見れば、そのほほ笑んでいる顔がこちらの幸福を映し返すので、こちらも嬉しい（幸福だ）。ちょうど、きれいに澄んだ鏡がこちらの顔を美しく映し出すように、ある種のきれいに澄んだ顔は、こちらの幸福を映し出す。そんなときわれわれは、「彼は私に幸福を与える」と言う。ある種の顔にはこちらの幸福が歪んで映るので、「私はあの人が嫌いだ」と言う。まったく馬鹿げている。誰もわれわれに幸福や不幸を〝与える〟ことなどできない。ただわれわれ自身の中の幸福を映し出したり歪めたりしているだけなのだ。

(9) **Svarasavāhī viduṣo'pi tathā rūḍho'bhiniveśaḥ.**

生存欲《アビニヴェーシャ》は、【過去の経験から来る】それ自体の力によって流れており、賢人の中にも存在する。

次の障害は、生命への執着〝アビニヴェーシャ〟である。ここでわれわれは、輪廻《りんね》の本質をつかむ糸口をも得ることができる。

西洋人の多くは、輪廻転生《てんしょう》を信じない。彼らは、「死んだら終わり」だと感じている。しかしヨーガの哲学は、われわれのすべての知識は、経験を通して来るということを思い起こさせる。経験なしにはわれわれは何も理解できないし、学ぶこともできない。書物でさえ、われわれが過去に経験した何かを思い出させてくれるだけである。それらは、もともとわれわれの中にある火を燃え立たせる。焚きつけの木切れが燃え立つためには、まずそこに火がなければならない。

たとえば、あなたはサパディラという果物を食べたことがあるだろうか？　ボンベイでは一年の内のある季節にそれが豊富に採れて、とても柔らかくて美味しい。しかし私がそのサパディラという果物について三時間話をし、どんな味がするのかを説明しても、あなたはそれを食べたことがないのだからわからないだろう。知識は経験を通じてのみやって来る。赤ん坊をテーブルの上で這わせておく。ところが端まで来て落ちそうになると、赤ん坊は泣き叫ぶ。なぜか？　落ちて死ぬことへの恐怖からだ。死の恐怖などというものが、どうして赤ん坊の心の中に入り込んだのだろう？　かつて死んだことがあるからこそ、死を恐れるのだ。

「それは本能だ」と言う人もいるだろう。だが本能とは何か？　ヨーガは、「本能とは何度も繰り返された古い経験の痕跡で、心の湖の底に沈んだ印象である」と言う。それらは沈殿し、完全には消えない。「何だって忘れられる」などと思うなかれ。すべての経験はチッタの中に貯えられて、適当な環境が形づくられたときに、また表面に浮かび上がる。ある事を何度も繰り返すと癖になる。その癖を長い間続けていると特質になる。その特質をずっと保ち続けていると、最後には、たぶん他の生で、本能として現われる。

あなたがたの中には、ギターを弾く人も多いだろう。初めてギターを弾いたときには、指が正しい場所を押さえられるように、ギターの上に音階の印を付けたりする。そして、正しい弦がはじけているかどうかを、いちいち目で見て確認する。ところが二、三か月もすると上手になってきて、誰かと話をしながらでも、何も見たり考えたりしなくても、弾けるようになってしまう。経験が癖になり、その癖がやがて特質になったのだ。ということはその人は次の生で、たぶんたいした努力もなしに、簡単にギターが弾ける。そういう人のことを人々は、「天才的な（生まれながらの）ギタリスト」と呼ぶのだろう?

それと同じで、われわれの本能はすべて、かつては経験だった。それが死の恐怖の存在する理由である。われわれは何百回も何千回も死んできた。われわれは死の激痛をよく知っている。だからこそわれわれは、一つの身体に入り込むやいなや、これほどまでに身体を愛《いと》しみ、郷愁的な愛着を持つがゆえにそれを残して去ることを恐れるのだ。

オンボロの自動車を持っている人がたまにいる。たとえば四十三年型のダッヂとか。そういう人は、最新型のダッヂをあげようと言っても欲しがらない。「そんな車はもう駄目だよ。交通の妨害になるだけだ。みんなが時速五十五マイルで走っているときに、時速十マイルで走るなんて。君は新しい車を手に入れるべきだ」と言ってもダメ。交通局がそれを強制撤去して廃車場に捨てても、持ち主はいつまでもそばを離れずに嘆き悲しんでいる。身体への執着は、そういう車への執着に似ている。

〈神〉の政府の〝条例〟によると、もしあなたの古い身体が〝強制撤去〟されたら、新しいのがもらえることになっている。ほとんどの人はそのことを知らないで、身体が古くてボロボロになってもそれにしがみついている。そういうふうに、常に執着しては壊され、執着しては壊されしているものだから、われわれは甚《はなは》だしく死を恐れるのである。それは、自分の本性に対する無知に根ざした、もう一つのクレーシャ〔障害〕である。だからこれらすべてのクレーシャが——休眠状態でも、弱まっていても、中断されていても、維持されていても——少しずつ取り除かれていかねばならない。そうしてはじめてわれわれは、先に進むことができるのである。

(10) Te pratiprasavaheyāḥ sūkṣmāḥ.

これらの障害が微かな状態であるときは、原初の原因【自我】に立ち戻ることにより破壊できる。

(11) Dhyānaheyāstadvṛttayaḥ.

それらが活動の状態にあれば、瞑想によって破壊することができる。

妨げとなる想念には二つの段階がある。表面化して行為に転化する前の、潜在力としての状態と、行為として発現している状態である。顕在しているものは制御しやすい。だからわれわれは、粗大なものからだんだん微妙なものへと進めていくのである。ところが、潜在状態にある想念(サンスカーラ)は、瞑想によっては取り除くことができない。だからそれらは、それらに瞑想することによってまず表面に浮かび上がらせる。そうすることで破壊することはできないが、それらをよく見、理解して、行為として発現させるべきかどうかの制御を行なうことはできる。それらを微妙な状態にまで遡《さかのぼ》ることができたら、そうした妨げとなる想念すべての基礎は自我《エゴ》にあることが直接に知られる。そこで心をより高いサマーディの中へ超越させると、その自我さえもが失われる。そのようにして自我がなくなれば、その中にあるすべての残存印象もなくなる。しかし、そういうことが起こるまでは、いろいろな印象は消えない。

それは、アソフェティダという香辛料を扱うときとどこか似ている。アソフェティダには、消化を助け、ガスを抑制する働きがある。インドではそれはカレーに使われ、泥の甕《かめ》で保存される。しかし、それはたいへん臭いが強いので、甕を何回洗っても臭いが抜けない。どうしたらその臭いを消すことができるか。ただ一つの方法は、その甕を割ってしまうことである。自我は、非常に微妙な形で、あなたの想念の〝臭い〟を持っている。だがその臭いがわかり、それらの想念を見ることができるのは、それらが顕在化するときだけである。したがって、それらの印象を取り除くには、自我そのものを壊してしまわねばならない。だから、まず表面にあるものをきれいにし、最終的には甕を割る。つまり、瞑想によって想念の形態を理解して、それらをきれいにする。次に、それらがどこに、どのようにあるのかを一瞥できたら、その根っこまでゆっくりたどっていって、最後にそれを取り除く。木を根こそぎ倒すときは、まず枝を払って、それから根っこそのものを掘り起こすものだ。

(12) Kleśa mūlaḥ karmāśayodṛṣṭādṛṣṭa janma vedanīyaḥ.

カルマ【行為とその反作用】の子宮は、これらの障害の中に根を張っており、そうしたカルマが、見える生【現世】および見えざる生【来世】における諸経験をひき起こす。

ここでパタンジャリは、〝カルマ〟とは何か、そしてそれはどのように蓄えられ、どのように働くのかの説明を試みる。サンスクリット語の〝カルマ〟には二通りの意味がある。〝行為〟と〝結果〟両方を指す場合と、そのどちらかだけを指す場合とである。あなたはカルマを行なっていると き、カルマ〔結果〕を刈り取っているのだ。だが普通〝カルマ〟と言うときには、過去の行為の反作用を指している。どんな行為でも、その後に結果を残す。つまりどんな原因にも結果がある。そしてそれは、どちらが先とも言えない。たとえば、木はなぜ生えているのか？　種がまかれたからだ。ではその種はどこから来たのか？　他の木からだ。木が先か種が先か？　タマゴが先かニワトリが先か？　それはどう考えてもわからない。それと同じことで、カルマの始源はどうしてもわからない。それがどこでどのようにして始まったのかは誰にもわからない。だが、それは現にここにあり、こうして見ることができる。だからわれわれは、それにケリをつけるべく努力しなくてはならない。

ということで、行為には必ずその反作用がつきもので、それらは消えずに残る。カルマの蓄えられる容器が〝カルマ・アーシャヤ〟つまりカルマの子宮である。カルマは、表面に浮かび出て反作用をもたらす機会を待っている。クレーシャが原因となってそういうカルマを起こさせ、そのカルマが現世あるいは来世で、つまり見える生と見えざる生で結実するのである。そしてわれわれは、カルマの数に応じて何度も生を享《う》ける。

だがそれは、一つ一つのカルマに対応してそれぞれの生があるという意味ではない。カルマは群れにもなる。つまり、一つの強いカルマがある身体を要求すると、その媒体を使って反作用をもたらそうとする他のよく似たカルマが参入してくるのだ。それは、タクシーの運転手が空港から町まで乗客を運ぶときに、一人だけではなく何人も相乗りさせるのに似ている。最初の一人がタクシーを呼び止めて、次に同じ方向へ行きたい人が何人も乗り込んで、町へ行く道すがら、少しずつ降りていく。それと同じように、一つの非常に強いカルマが、「私は身体を持たねばならない、私自身を表現しなければならない」と言う。そういうカルマが新しい身体を招来して、それを通じて働き始めると、その身体を好都合とするカルマのすべてがそれに参入する。だから、そのカルマの働きが尽きても、後のカルマが延々と待機している。

現世のこの身体でさえ、強い欲望を持つと変化する。たとえば心が怒りに燃えると、そういう感情を表現して、顔や身体全体が変化する。だから、もしある思いを十分に満足させるほど現世の身体を変えることができなかったら、その身体は処分されて新しい身体を得ることになる。カルマの力はそれほど強い。

自分がどれだけの行為を行なうか、どれだけの反作用がすでに起こったか、そしてあとどれだけの反作用が未発となって残っているかを考えてみよう。良い行為は良い反作用をもたらし、悪い行為は悪い反作用をもたらす。だから、生まれるときというのは、前世の行為の反作用を受けたりカルマの浄化を行ったりしているだけでなく、同時に新しいカルマを創り始めているのかもしれない。したがって、カルマには次の三種類がある。現世において発現して使いつくされつつある〝プラーラブダ・カルマ〟。現世で新たに創り出されつつある〝アーガミー・カルマ〟。未来の生で遂行されるべく、カルマ・アーシャヤの中で待っている〝サンジタ・カルマ〟。これらは、弓を射る人の用具にどこか似ている。彼の矢筒の中にはたくさんの矢がある。そして、もしも彼が名人なら、矢を一本取って弓につがえ、ねらって放ったらすかさず次の矢を取ってつがえることができる。その瞬間の矢は、三つの位置にある。一本目はすでに弓を離れて進みつつある。それはもうどうすることもできない。止めることも戻すこともできない。それが現生をひき起こしたプラーラブダ・カルマである。その身体が存続するかぎり、それに割り当てられたカルマは続く。だから、心を超越して〈真我〉を実現した人でも、その誕生によって生じた運動量《モメント》が続いているので、何かをし続けているように見える。

二本目の、つがえてねらっている矢は、人が一瞬ごとに新しく創り出すカルマに似ている。それは完全な制御下にある。そして、矢筒はカルマ・アーシャヤを象徴している。その中にある矢は、もしそうしたければ抜き出してねらい定めることができるし、でなければ取り出して捨てることもできる。それはまったく意のままだ。それがサンジタ・カルマである。アーガミーとサンジタは制御することができるが、プラーラブダはどうすることもできない——それはただ受け入れるしかない。だからこのサイクルは、〈自己実現〉の時点まで続く。

(13) Sati mūle tad vipākojātyāyur bhogāḥ.
その根が存在するのであれば、その果実もまた存在するであろう。その果実とは、さまざまな生類への再生であり、その境涯と経験である。

「すると自分は次の生でどういう種に生まれ変わるのだろう？」ということになる。それは必ずしも人間の身体をとるとは限らない。もしもその想念が動物的なら、そのカルマは動物の身体を要請する。この生でいつも狡《ずる》いことばかりしていると、その反作用は、その想念をもっとよく表現するキツネの身体を通して、より狡猾《こうかつ》な行為を生み出すことになるだろう。また、食べることに異常に熱心な人は、食べることをもっと楽しめるように豚の身体をとることになるかもしれない。「それは進化の法則に反する」などと思ってはいけない。個々の魂は常に進化しているのだから。個々のそれは、何らかの進化した身体を得て、それぞれ違った形で物事を経験するが、それ自身は進み続けているのだ。〝からだ〟は経験する者ではない。生とは、心が〝からだ〟を通じて経験することだ。身体はただの乗り物、つまり道具である。

たとえば「花の香りがする」というとき、その香りを経験しているのは〝鼻〟ではなく、鼻を通じて心が経験しているのだ。そのとき心が他のもので占められていて、鼻を通じて機能しなかったら、たとえ鼻先にその花が突きつけられても、その心は香りを経験しない。また、読書に熱中しているときは、友だちが大声で呼びかけても聞こえない。それは、そのとき耳がふさがっているからではなく、耳が心とつながっていないからだ。だから、いろいろなことを経験し享受するのは心であって、身体の器官ではない。動物の身体の中でも、心が物事を受け取り、経験する。そして、経験するときにはいつも進歩し浄化して、最後には目的地に着く。

このわれわれの、実現〔解脱〕に向かう人生という旅にあっては、それぞれの身体が種々の乗り物である。一匹の路上の犬は、かつての小さな過ちのために今はその姿となっている聖者だったのかもしれない。あるキツネは昔、強欲で狡い実業家だったのかもしれないし、あるサソリは昔、いつも自分の雇い人をチクチク刺していた雇い主だったのかもしれない。だからわれわれは、それらを「ただの動物」と言うことはできない。一つ一つの〝形〟の中に、実現に向かう進化の旅を続ける魂が宿っているからだ。

スートラは、「寿命《アーユ》と苦楽《ボーガ》の体験はカルマによって決定されるが、そのカルマというのは前述の諸障害の果実だ」ということも教えている。

(14) Te hlāda paritāpa phalāḥ puṇyāpuṇya hetutvāt.

カルマは、功徳と罪業が起因となって、喜びと苦しみの果実を生む。

善いことをすれば喜びと幸せを、悪いことをすれば苦しみを味わう。自分の人生が幸福であろうと不幸であろうと、それは自分自身の創作なのだ。他の誰の責任でもない。このことを忘れずにいるならば、あなたは誰も責めようとしないだろう。あなた自身があなたの最大の敵である、と同時に最良の友でもある。

(15) Pariṇāma tāpa saṁskāra duḥkhair guṇa vṛtti virodhāc ca duḥkham eva sarvaṁ vivekinaḥ.

得たものを失うことへの不安と恐怖、結果として心の中に残り新たな渇望をひき起こす印象、心を支配する三グナの絶えざる葛藤——これらのために、識別力ある者にとっては実にあらゆるものが苦である。

ここでパタンジャリは、非常に重要なスートラ、霊的領域における偉大な真理を示す。少なくともこれを毎日、わずかな時間でもいいから観想すれば、われわれの人生はまったく変わる。霊的慧眼《けいがん》の徒にとっては、すべての経験が苦に満ちている。この世においては、世界を通じて、また自然や物質を通じて外界からやって来る体験のすべては、結局のところ苦である。その中のどれ一つとして、われわれに永続的な幸福を与えてはくれない。それらは一時《いっとき》の喜びは与えてくれるだろう。だが最後はいつも苦に終わる。たった今享受しているこの喜びも、それを失うことへの恐れゆえに、通常は苦に満ちている。

たとえばあなたが、非常にたくさんの人々から賞賛を受ける高い地位にあるとしよう。誰もがあなたのことを「立派な人だ」と言う。するとあなたはそういう地位をだんだん愛するようになる。「誰からも賞賛され、たくさんの信者に囲まれて、国中にたくさんの弟子を持つ……いいじゃないか、これは実にいいものだ」。ところがそれと同時に恐れが忍び込んでくる。「私がこの地位を失ってしまったら……弟子が一人二人と去っていってしまったら、私はどうなるのだろう?」だったらそんな地位のどこがいいのか?

あるいは投機家。よく見かける、新聞を手にしたらまっ先に株式相場の欄を見るという人たち。彼らは、自分の持ち株の相場が前日よりたったの一パーセント上がっただけで狂喜する。ただし翌日の新聞を見るまでだが。夕方になると彼らの緊張は高まり、その夜は一晩中、不安の中で朝の新聞を待っている。そんなことで本当にお金を楽しんでいることになるのだろうか? ならない。それは彼らがそれ（お金）を所有したいと思っているからだ。いわゆる〝楽しみ〟というものはすべて、それらを失うことへの恐れも同時に持ち込んでくる。ひょっとしたら、地位を、お金を、あるいは美貌を失うかもしれない。だから自分の目や鼻、果ては指やつま先にまで保険をかける。彼らは物に触れることにさえ神経質になって、いつも緊張している。美しい顔を持つのはいいことだ。そう、〝何だって〟持ったらいい。ただし、それらのものに懸念や恐れを持ち込ませないかぎりにおいてだ。もしそれらが来るなら来させ、それらが存在することを楽しめばいい。だが、それらが出て行くときは、その出立もまた楽しもう。それらが来るときはひとりで来たのだ、だから今度もひとりで行かせよう。外から来た物と一緒に自分の心まで運び去られることなく……。過去の愉楽は苦である。なぜなら、それらが心の中に残していった印象から、またもや切望が生まれるからだ。「私は以前すばらしい車を持っていた。いつになったらまたああいう車が持てるのだろう？」そういう車を持っている人を見るたびに、あなたは惨めな気持にさせられる。昔の羽振りのよかった頃のことを全部思い出しているのだ。

本当はこの世に〝悪いもの〟など何もない。だが三つのグナがいつまでたってもわれわれの心を弄《もてあそ》び続ける。今楽しんでいたものが、次の瞬間にはもう嫌になる。気分のいいときは子供たちがそばへ来たら遊んでやる。ところが機嫌が悪いときは「あっちへ行け、邪魔をするな」だ。だから、真の愉しみとは、世界のすべてから完全に自分自身を引き離すこと、離れて立つことから来る——世界の修得者《マスター》としてそれ（世界）を利用することから来るのだ。われわれが誇ることのできるものはそこにしかない。

「すべては苦に満ちているから、そこから遁走《とんそう》せよ」と言っているのではない。そうはいかない。どこまで行っても世界はついて来る。世界を理解しないままにそれから逃げ出そうとしても、それはけっして成功しない。家庭生活を営むことができなかったり、家族とうまくやっていけず、「私はもう嫌になりました。出家します。もう何も要りません。霊的な世界に入って、瞑想をし、ヨーガの修行をします」と言う人がよくいる。彼らは家族との生活から逃げ出そうとしているのだ。しかしそういう彼らも、アシュラムに来たとたんに、まったく新しい家、まったく新しい家族と顔を突き合わせることになる。彼らは、少なくとも元の家では家族をよく知っていた。そしてその家族には、あなたに対する何らかの思いやりもあっただろう。ところがアシュラムでは、みんなはじめて見る顔ばかりで、最初の内はなかなか親しくなれない。彼らも、それぞれに自分自身の問題を抱えている。そんなふうに、自分のよく知っている家族に対してさえ自分自身をうまく適合させられないときに、どうして知らない人々の集団への適合が期待できるだろう？　「未知の悪魔より既知の悪魔」である。

われわれは、どこにいても物事を適切に扱っていけるようにならねばならない。いつも転々と環境を変えてばかりいるわけにはいかないのだから。そして、いったん家族という一つの小さな集団をどのように扱えばいいかがわかったら、もっと大きな集団を扱うことができる。家庭生活は、社会生活のためのトレーニングの場である。親しい人の鋭いことばが受けとめられなくて、どうして見ず知らずの人からのその種のことばが受けとめられよう？　世界は、執着することなくそれを使うことを学ぶ、トレーニングの場である。そうすると、この「識別力ある者にとっては、すべてが苦」というのが、「識別力ある者にとっては、すべてが楽」になる。そういう理解の力を備えた人は、何でも幸福に変えてしまう魔法の杖を持っている。苦と楽は、他ならぬあなた自身のアプローチの結果である。同じ世界が、天国にもなるし地獄にもなるのだ。

とは言いつつも、最初に始めるときは、「一切は苦だ。私を執着から離れさせてください。私がそれに巻き込まれないようにしてください。私が世界に対して利己的な動機で近づかないようにしてください」と感じつつ始めるのである。そしてそれがいったん達成されると、あなたはまったく別の見方をするようになる。世界を今までとはまったく違った目的のために使い始め、あなたは幸福を味わうようになる。泳ぎを覚えるまでは、水のある場所が恐ろしく見える。「もし溺れたらどうしよう?」と。しかしいったん泳ぎ方を覚えてしまえば、あなたは水が大好きになる。世界とはそのようなものである。あなたはこの〝サンサーラ〔輪廻《りんね》〕〟の大海で泳げるようにならねばならない。泳ぎの達人《マスター》になるために。

(16) Heyaṁ duḥkham anāgatam.

未来の苦は、回避することができる。

(17) Draṣṭṛ dṛśyayoḥ saṁyogo heya hetuḥ.

その、避け得る苦の原因となっているのは、見る者【プルシャ】と見られるもの【プラクリティ、自然】の結合である。

パタンジャリはまず、この苦の理由を明らかにする。その原因は、〝見る者〟と〝見られるもの〟の結合である。ヨーガ哲学は二つの重要な概念を提示する。その一つは〈プルシャ〉、もう一つは〈プラクリティ〉である。〈プルシャ〉とは〈真の自己〉である。見る者は〈プルシャ〉である。そして〈プラクリティ〉とは、それ以外のすべてである。自分の他は、すべて〝見られるもの〟である。ところがどうもわれわれは、いつも、見られるものつまり自分の所有物と、自分自身とを同一視してしまう。すべてのものが〈自分〉として所有されるのだ。だからわれわれは「私の身体、私の心、私のことば、私の知識」と言うのだ。だが、自分が〝自分のもの〟と呼ぶものが、自分であるはずがない。自分自身について言うとき、次のような二つの言い方がある。「どう？　私の身体、細いでしょ？」と、もう一つは「どう？　私、細いでしょ？」だ。はて、誰が細いのか？　自分か、それとも身体か？　自分以外のものとのこの同一視、それがわれわれのあらゆる苦の原因である。それをやめて、自分がいつもただの自分自身（自分だけ）であれば、事象は変わったり変わらなかったりするだろうが、それらが苦をひき起こすことはけっしてない。なぜなら、そういう変化はわれわれの所有するものに起きるのであって、われわれ自身に起きるのではないからだ。

だから、あなたの真の〈自己〉の内にとどまろう。あなたは知る者である。あなたは何もかも知っている。幸せであるとき、あなたは自分が幸せだということを知っている。苦しいとき、あなたは自分が苦しんでいることを知っている。その知ることは不変である。あなたは自分の頭が痛いことを知っているが、そこで「私は頭が痛い」と言ってしまう。その同一視を避けねばならない。喪失を苦しいと感じたときは、「誰が失ったのか？」と自問しよう。そうすれば、それでもやはり自分はここにいるのだということが、そしてそれは自分自身を失ったのではなく、持っていた何かを失っただけなのだということがわかる。それが悲しみを大いに軽減してくれる。自分自身と自分の所有物とがごっちゃになってしまったら、そのぬかるみから自分自身を引っぱり出そう。そうすれば気持が大きく変わる。まるで別人になったような気がするだろう。

(18) **Prakāśa kriyā sthitiśīlaṁ bhūtendriyātmakaṁ bhogāpavargārthaṁ dṛśyam.**

見られるものは、照明《プラカーシャ》・行動《クリヤー》・停滞《スティッティ》というグナの三つの性質から成り、自然元素と感覚器官で構成されているが、その目的とするところは、プルシャ〔真我〕に経験と解放を与えることである。

ここでパタンジャリは、〝ドリシャ〟すなわち〝見られるもの〟について述べる。〈アートマン〉*、〈プルシャ〉、〈見る者〉、これらはすべて同一の実在、すなわち真のあなたを指している。知られるものがあるから、あなたは知る者となる。見るべき何かがあるから、あなたは見る者となる。そこで彼は、われわれに経験を与えるところの、この〝見られるもの〟とは何かを分析する。そしてそれは、三つのグナによって支配されるさまざまな自然要素と器官の組み合わせであると言う。彼は、

〝プラカーシャ〟、〝クリヤー〟、〝スティッティ〟ということばを使う。プラカーシャは照明という意味で、サットヴァ〔純粋性〕のことである。クリヤーは行為で、ラジャスを表わす。スティッティは不活性、すなわちタマスである。ところで、われわれの見るこれら外界の事象はなぜ在るのか？

なぜプラクリティなるものが存在するのか？

＊アートマン＝大宇宙の根本原理であるブラフマンが、小宇宙たる個人の中に宿る姿。

自然《プラクリティ》は、あなたに経験を与えて、ついにはあなたをその束縛から解放するために存在する。たとえ人間が「解放されたくない」と言っても、それは彼らを少しずつ教化する。やがて、「何もかもうんざりだ。もういらない。もうたくさんだ」と感じる日が来るまで。だが、われわれがそのように感じるのはいつか？　それは、いやというほど叩きのめされた後にしてはじめてである。プラクリティの目的は、そういう打撃を与えることなのだ。だからわれわれは、自然を責める必要はまったくない。

自然《プラクリティ》は元素と器官の組み合わせである。器官には、知性、心、感覚、身体も含まれる。普通われわれは、自然とはわれわれの身体以外のあるもののことだと考えているが、われわれ自身を真の

〈自己〉だと感じるときには、その身体さえもが自然の一部である。それは、身体もやはりさまざまな元素の組み合わさったものだからだ。だから、食べなかったら身体はない。子供は六〜七ポンドの肉塊として産まれてくるが、その重量は、母親の子宮の中で彼女の摂取する食物から作られたのだ。身体を作る食物も自然の一部である。心でさえも、そして感覚や知性でさえも、自然の一部である。ただ、非常に精妙なものではある。それらは事象である。だからそれらは変化する。事象であるものすなわち自然は、何でも変化する。身体は刻々に変化する。細胞が死んで、新しい細胞が生まれる。それと同じように、心と知性にも、絶え間ない変化がある。

自然の中のものは何一つとして、不断で不変の幸福をもたらすことができない。それは心そのものが絶え間なく変化するからだ。われわれは、同じ胃を持っているのに、毎日同じものは食べたくない。からだつきはちっとも変わらないのに、毎日同じ服は着たくない。

われわれの要求が変わるのは、心の変化がその鍵である。もしそれがいつも同じであったなら、どうして変化を求めるだろう？　そしてそのことがわかったら、われわれは物事を変わるに任せ、それに執着しないだろう。あることが変わるなら、それはそうさせておくべきだ。代わりに何かが来るだろうから。われわれは、流れる雲を見るように、変化を見ているべきである。ところがわれわれは、見ているだけでは気がすまない。その端っこにしがみついて、離そうとしない。だから緊張が生まれる。変化とは、流れる水のようなものだ。水は、流れるままにしておけば、それを眺めているのはとても楽しい。ところがその水をつかまえて、水を自分のものにしようとするから、堰《せき》をこしらえねばならなくなる。すると水は抵抗して逃げようとする。そこですさまじい闘争が起きる。水は、一部はせき止められるかもしれないが、あとはあふれ出ようとする。だからはけ口を作ってやらねばならない。でないとその堰は確実に壊れる。

人生はすべて、過ぎてゆくショーである。それを一瞬でも引き止めようとすれば、われわれは緊張を感じる。自然は逃げようとする、われわれはそれを引き止め、引き戻そうとする。われわれがそれを引き止めようとするときには、遮蔽物《しゃへいぶつ》をつくる。そして結局はそれが、われわれに苦しみをひき起こす。

このわれわれの身体でも、もしわれわれがそれの変化を望まないとなると、問題が生じてくる。われわれは〝若さ〟なるものを保つために、クリームとか、かつらとかあらゆる種類の化粧品を買う。だがわれわれが、その時その時の変化を楽しむようになりさえすれば、年を重ねていくことの内にさえ、美しさを認めることができる。熟した果実には独特のすばらしい味がある。物事が通り過ぎていくのを受け入れるとき、われわれは自由である。物事はただ来ては去るだろう、だがわれわれは安らかなままである。

スワミ・ヴィヴェーカーナンダが、ヒンドゥーの神話の中から、ある話を引用している。あるとき神々の王インドラ神は、その高い神格から降ろされて、豚の身体をとることを余儀なくされた。豚というのは知ってのとおり、ぬかるみの中に住んでいる。だからインドラ神も、ぬかるみの中で転げ回っていて、とうとうつがいになる雌豚を見つけた。彼らの愛の結果として、たくさんの子豚が生まれた。豚一家はみんな幸せだった。天の神々《デーヴァ》は、自分たちの王様のその有様を見て怖気《おぞけ》をふるった。そして、もう我慢できないというので、天から降りて来てこう言った。「あなたはインドラ神なのですよ。われわれの王様なのです。それがこんなところで何をしておられるのですか？　あなたのそんな姿を見ると、私たちは恥ずかしい」

インドラは答えた。「ここでこうしていることが私にとって不幸だって？　おまえたちは高いところに住んでいて、ここでこうして生きている私は不幸せだって？　何という馬鹿者どもだ！　おまえたちも豚になってみろ。そうすればその楽しさがわかる。さあ早く。時間を無駄にするな。豚の身体になれ。そうすればそのすばらしさがわかる」

デーヴァたちは言った。「あなた様をこのままにしておくわけにはまいりません。どうしてもそこから脱け出していただかなくては……」

インドラは答えた。「邪魔をしないでくれ。私は子豚の面倒を見なきゃならん。彼らは私と遊ぶのを待っているんだ」

デーヴァたちは強硬策をとることにした。「よし、彼は子供たちに愛着を持っているから、それを取り上げてしまおう」。そして彼らは、子豚を一匹ずつ殺していった。インドラは嘆き悲しんだ。その嘆きが治まると、彼は雌豚にすがりついてこう言った。「ねえおまえ、もっと子供を作ろうよ……」しかしデーヴァたちの意志は固かった。彼らはインドラからその雌豚を引き離し、これも殺してしまった。インドラの呻吟《しんぎん》は続いた。デーヴァたちは、彼の身体も取り上げてしまうことにした。彼らが豚の身体を刺し貫いてそれを開くやいなや、インドラの魂はそこから抜け出し、地上の骸《むくろ》を見下ろした。

「あなたはあの身体の中におられたばかりか、そこにとどまりたいとさえ思っておられたのです」

インドラは答えた、「あんなものはもうたくさんだ。さあ帰ろう」。


自然はそのような働きをするのである。われわれが自然を経験することを楽しんでいるうちは、真理を知る人々が何を言おうとも、「ああ、あなたはこの世の楽しみ方を知らないんだ。あなたには満足な教育もない、十分なお金も力もない。あなたみたいな人が、どこかの貧しい国からやって来て、馬鹿馬鹿しいことばかり言う。私たちにも乞食をさせたがる。いいからもう帰ってくれ。私たちは私たちの贅沢を楽しむんだから」。しかし叡智ある人々は、彼らの豚の身体を切り裂いたり、小切手帳を引き裂いたり、銀行の残高をゼロにしたりするわけにはいかないから、「いいでしょう、待ちましょう。あなたにもわかる時が来るでしょう」と言っておく。そうしてわれわれは、もつれにもつれてがんじがらめになり、まったく身動きがとれなくなって、やっと彼らのことばが真実だったことを知るのだ。

こういうもつれは、蚕《かいこ》の一生に実によく似ている。絹糸というのは、蚕が吐き出す一種のタンパク質で粘液状の物質である。蚕は、孵化して一日目は髪の毛ぐらいの太さで、人間の親指の先ぐらいのスペースに百匹以上載せることができるほどである。それが翌日になると、それだけ載せるのに掌《てのひら》ぐらいの広さが必要になる。三日目には大きな盆が必要だ。三十日以内に、一匹が親指よりも太くなって、長さも三インチ以上になる。彼らがこんなに短期間にそれほど大きくなるのは、桑の葉を食べること以外、何もしないからだ。

一日目は、一枚の葉で百匹の幼虫を食べさせることができる。二日目には、籠《かご》に一杯の葉が必要になる。三日目には荷車一杯、四日目にはトラック一杯だ。彼らは、夜も昼も食べ続ける。与えられたら与えられただけ、彼らは食べる。しかし三十日か四十日すると疲れてしまい、もう食べられなくなる。すると食べ過ぎの人が誰でもそうであるように、彼らは眠り始める。お腹一杯で眠る人は、ごろごろと寝返りを打って、中の物を消化する。そういうふうに、蚕の幼虫もごろごろと転げ回って、そうしている間に口からネバネバした唾液を出す。食べた物が全部、濃い粘液になって流れ出してくるのだ。そしてそれが絹糸になるわけだ。そうやってごろごろしている間に、幼虫はその糸でぐるぐる巻きになってしまう。それがまゆである。糸を全部吐き出してしまうと、彼らは深い眠りに落ちる。まゆの中で、何も知らずに。

　ようやく目が覚めて、自分の唾液でできた頑丈な檻《おり》の中に自分が閉じ込められてしまっているのを知る。「あれ、どうしたんだろう？　私はどこにいるんだろう？　何が起こったんだ？」そして思い出す、「そうだ、私たちは食べてばかりいたっけ。食べられる物は何もかも、際限なしに食べていた。貪《むさぼ》り食べて、疲れ果てて、それから完全に意識を失くした。そしてごろごろと転げ回って、自分で自分を縛り上げ、このまゆの中に閉じ込めてしまったんだ。何という恐ろしいことだろう。私たちは少しでも他人と分かち合うべきだった。私たちはまったく利己的だった。叡智ある人々が、無私の、自己犠牲の生活のことを、話していたっけ……。ところが私たちときたらそれをよく聞きもせず、ましてや忠告に従おうともせず、彼らの話が終わったらまたすぐに食べ始めていたものだ。そういう叡智のことばは、右の耳から左の耳へ通り抜けていった……。今、私たちは、そういう自分の過ちに対する報いを受けているんだ。そうだ、私たちは自分のすべての罪を悔い改めなければならない」。

蚕は悔い改め、お祈りをして、断食をする。そして、深く瞑想して、その中で彼らの無意識の中にあるすべての印象を消すとともに、二度と利己的に生きないこと、何ごとも受け入れる前によく識別することを決意する。その決意がなされると、彼らの身体の両側から二枚の翅《はね》が生えてくる。〝ヴィヴェーカ（識別）〟という翅と、〝ヴァイラーギャ（無執着・離欲）〟という二枚の翅が。そしてそれらが、鋭く明晰な知性と結びついて鋭利な鼻となり、それがまゆを切り開く。それによってサナギは――今や美しい蛾となって――そこから脱け出し、その魅惑的な色の翅で舞い上がり、脱ぎ捨てられた彼らの檻を見下ろすのである。「さあ行こう、私たちは二度とそこには戻らない」。

この話の中には、実にすばらしい教訓がある。われわれは、「今、私はどこにいるのか？　私はまだ食べ続けているのか？　それともまゆの中にいるのか、それとも瞑想しているのか、あるいは翅を生やし始めているのか？」と自問しなければならない。それをやってみよう。そして、もしも自分がまだ食べ続けているのならそれをやめ、すでに中に取り入れてしまったものは処分した方がいい。楽しめば楽しむほど、われわれは縛られる。楽しんでいる間はわれわれは、よほどの知性を持たないかぎり叡智に耳を傾けようとしない。そんなことは知ったことではないと言うならば、自然はわれわれを窮地に追いやることによって教訓を与える。彼女（自然）は、われわれがそれ以上執着しないように、われわれを強く縛る。その本性をわれわれに知らしめるために。言い換えれば、彼女がわれわれを解放するのである。

解放の後は、自然の中にいてもわれわれはそれに縛られない。それは、どんな高圧の電流に触れてもびくともしない、分厚いゴムの手袋をしているようなものである。蛾の翅のように、その両の手袋が、〃ヴィヴェーカ〃と〃ヴァイラーギャ〃である。それが自分のものになったときには、何に触れようが危険はない。

自然の教訓を学び終えてしまったら、彼女はもうあなたには用がない。しかし彼女は、他のまだ学び終えていない人々のために存在し続ける。あなたは大学を終えた。でもあなたは先輩としてそこへ行く。後輩たちがうまくやっているかどうかを見るために。しかしあなたはもう執着していない。解脱した人は、この世に参入し、そこで役立つことができる。しかし彼はその影響を受けない。

(19) Viśeṣāviśeṣa liṅgamātrāliṅgāni guṇa parvāṇi.

グナの段階には、明確であるもの、明確でないもの、限定されるもの、限定され得ないものの四つがある。

ここでパタンジャリは、プラクリティについての考察をもう少し進める。彼は、自然の全体を四つの発展段階に分けてとらえる。彼が挙げたのとは逆の順序で言うと、まず、自然の静的な、つまり限定されない状態である〝アヴィアクタ〟、すなわち非顕現の段階がある。次が、わずかに顕現した限定されたものの段階。三つ目が、自然が微妙な感覚と知力（ブッディ）と心を形づくる、より展開の進んだ段階。そして四つ目が、聞き、感じ、見、触れ、嗅ぎ、味わうことのできる粗大なものの段階である。

普通われわれは、目に見えるものだけを理解する。しかし、微妙な知覚を発達させると、微妙なものも見ることができるようになる。たとえば〝花〟は目に見えるが、その〝匂い〟は、見るのではなく嗅ぐことができるだけである。だが匂いといえども、非常に微妙ではあるが物象であり、もしわれわれの微妙な知覚がそれに見合うほど十分に発達しているならば、ちょうど磁気のように放射している匂いを見ることができる。また、どんな人でもオーラを持っているが、われわれは通常、その幽《アストラル》体の色であるオーラは見ることができず、身体が見えるだけである。だがそれを見る微妙な感覚を発達させることも、可能である。

(20) Draṣṭā dṛśimātraḥ śuddho'pi pratyayānupaśyaḥ.

見る者とは見る力そのものであり、それ自体は純粋だが、心を通じて見るという現われ方をする。

プラクリティについて論じた後、パタンジャリは、〈見る者〉つまり〈プルシャ〉について述べる。光というものは、純粋で不変だが、自然という媒体のために変化するように見える。太陽の光線は、実際には曲がっていないのに、水の中を通過するときは曲がっているように見える。フィラメントの光は純粋でも、それを覆《おお》っているガラスが赤ければ、その光は赤く見える。それと同じで、われわれも同じ光である。しかしわれわれは、同じようには見えず、同じようには行動せず、同じようには考えない。それは、われわれの身体と心という自然のせいである。心がいくらかの法律的観念を蓄えていれば、その人は「弁護士」と呼ばれるし、医学的知識なら「医者」である。それが何の知識も蓄えていなかったら「馬鹿」になる。そのように、われわれはもともと本質は同じなのに、違って見える。

ヨーガ的な思考を通すとき、われわれはすべての人々を自分自身として見ることができる。われわれわれは、一人の例外もなく、すべての人々を抱きしめることができる。そこでは、最も罪深い人も愛されるであろう。それは、われわれ自身がかつては罪人《つみびと》だったからである。今日の罪人は明日の聖者である。かつては自らも同じ船上の人であったことを知るとき、われわれはけっして罪人を咎《とが》めない。逆にその人に救いの手をさしのべることができる。赤ん坊がおしめを濡らしたら、ベッドから抱き上げてきれいにし、新しいおしめをつけてやる。誰もその子を咎めはしない。それを咎めるようなら、その人にはその子の傍にいる資格はない。

だからヨーガは、われわれの生をあらゆる面で助けてくれる。それこそホワイト・ハウスからアウト・ハウス（屋外便所）に至るまで。それは、六十年間修行してはじめて何かが体験できるというようなものではなく、たった今、誰にでも恩恵をもたらしてくれるものなのだ。

(21) **Tadartha eva dṛśyasyātmā.**

見られるものは、見る者のためにのみ存在する。

前のスートラで見たように、自然はプルシャに経験を与えるためにこのように在るのだが、そのためわれわれはプルシャがその経験をしているのだと思ってしまう。しかし本当はプルシャは何も経験していない。それは単なる目撃者なのだ。ところが経験しているかのように見えてしまうので、われわれはそういうレベルからの理解を試みるより仕方がない。そのレベルから先へ進めば、プルシャは行為者でも享受者でもないということがわかって、見方や態度も変わるが、今は、自分たちのいるところから始めねばならないわけだ。

そもそも〝理解する understand〟ということばは、二つのことば〝下に under〟と〝立つ stand〟が結びついてできているわけで、理解するためには〝下〟に〝立た〟なければならない。では何の下に立つのか？　今立っているところより下に、である。それにはまず、今自分がどこに立っているかを知らなければならず、その後でその〝下に立つ〟ことを試みなければならない――もう少し深く進むために。理解を試みるとき、われわれは、必ずしも皆が〝同じ場所に立っている（stand）〟のではなく、それぞれの能力や好みや気質に応じてさまざまなレベルに立っているのだということを発見する。

人はそれぞれに独自の場所（立脚点）を持っている。私の理解は、あなた方のそれとは完全に違っている。同じ経典でも、各自がそれぞれの立脚点からの解釈を試みるから、人によって全然違ったもののように感じられる。というわけで、パタンジャリはここで、われわれは今は真の〈自己〉が何かを経験しているような印象下にあるが、ある日、その〈真我〉はけっして何かをするのでもなければ何を享受するのでもないということがわかるだろう、と言っているのである。

(22) Kṛtārthaṁ prati naṣṭam apyanaṣṭaṁ tad anya sādhāraṇatvāt.

それ【見られるもの】は解脱した者にとっては破壊されているが、他の者にとっては共有財として存在しつづけている。

ヴェーダーンタの用語を使うと、自然は〝マーヤー〟すなわち〝幻影〟と呼ばれる。だがそれは誰にとって幻影なのか？　それを理解している者にとってである。その他の者にとっては、それは依然として実在である。この世界は、ある種の工場のようなものである。工場には、材木とか鉄とかの原料が入ってくる。だがそれらは、いろいろな機械や工程を経ていくうちに、製品となって出てきて、展示場や売り場へ行き、最後には消費者のところへ行く。そしてそういう製品は、もう二度と工場には戻らない。だが工場の方は、今でも原料がその中を通過しつつあるので、動きを止めない。

世界はわれわれを作る工場である。われわれはそこを通過しつつ、一瞬ごとに違う体験をして、成型されていく。知識が発達するにつれて、われわれの精練の度合いは増す。そして最後には、世界を完全に把握して、もうその工場には用がなくなる。そのときわれわれは、「かつて私はこの世のすべてを実在だと考えていた、お金も名誉も地位も美貌も。しかし今、それらはどれ一つとして永遠ではないと知っている。私は、資産家が没落し、名だたる美人がシワだらけになっていくのを見てきた」と言う。その理解がやって来るとき、われわれはもうこの世の悦楽を信じず、その後も追わなくなる。そのように、われわれがこの世の後を追うのをやめたとき、この世の方がこう言うのである。「わかりました。私はもうあなたを煩《わずら》わせません。でもあなたが私をお使いになりたいときは、いつでもどうぞ」。そして、この世があなたの後を追ってくる。しかし、工場の助けがなかったら、われわれは自分自身を成型することはできない。だからわれわれは、まず、自然を知らなければならない。それが、「自然は〈母〉なり」と言われる所以である。われわれは〈母〉を通して〈父《ゴッド》〉を知る。母の助けがなかったら、およそ父を知ることはできない。彼女だけがわれわれに、われわれの父が誰なのかを教えてくれる。

まず自然をよく知ること。自然から逃げ出してはいけない。決してそれから逃げたり、脱落したりすることがないようにしよう。逃避は何の助けにもならない。今、あることを放置しておけば、後々もっと困難な形で、それに直面しなければならなくなるだろう。

もうひとつ大切なことは、いつも〝マーヤー〟を警戒し注視していなければならないということだ。世界はあらゆる仕方でわれわれを欺《あざむ》こうとする。それはどんなスキからでも忍び込み、われわれをだし抜こうと待ち構えている。世界と対峙《たいじ》するためには、全身に何千もの眼を持っておかねばならない。われわれはそれを正視し、それを理解し分析して、それが与える試練を解決しなければならない。

だが現実は、自分の抱えている問題が何なのかを知るのが恐いという人がほとんどだ。彼らは錠剤を口に放り込んで何もかも忘れてしまいたい。ところが、目が覚めたときには、新たな問題をいくつも抱え込んでいることになる。彼らはダチョウになりたいわけだ。ダチョウは危険を目にすると、砂の中に頭を突っ込む。しかし、それでは自分の問題を解決したことにはならない。問題を解決し、それを理解してしまえば、われわれは支配者になれる。支配者になってしまえば、われわれはもう自然によって縛られない。自然がわれわれに従ってくれるのである。

(23) Sva Svāmi śaktyoḥ svarūpopalabdhihetuḥ saṁyogaḥ.

所有する者【プルシャ】と所有されるもの【プラクリティ】の結合が、両者の本性と力《シャクティ》についての認識をもたらす。

〝サンヨーガ（結合）〟は、プルシャが自然の助けを借りて自らを悟るために、必要である。サンヨーガとは、完全な結合あるいは接合の意味である。しかしここで言う結合とは、個別的自己とより高い〈真我〉との結びつきではなく、プルシャとプラクリティ、つまり〈真我〉と自然とのそれである。それらは、完全に分離しているときは自身を表現しない。しかし、それらが繋《つな》がっていれば、われわれはその両方を知ることができる。それらは相補的なのだ。それは、白い文字を印刷したかったら、対照のために黒い背景を必要とするようなものである。白い背景に白い文字は書けない。プラクリティを通じて、われわれは自分がプルシャであることを知る。もしプラクリティがなかったら、われわれは自分自身を知ることができない。だからプラクリティは、多くの人々が考えているような単なる束縛ではない。それは必要なのである。

(24) Tasya heturavidyā

この結合の原因は、無知である。

ここでパタンジャリは、たった今述べたばかりの観念を一笑に付す。サンヨーガの原因は無知なりと。ちょっと混乱してしまいそうだが、きちんととらえていけば、どうということはない。つまり、前のスートラではわれわれはまだ世界の中にいて、自然なるものの不可思議を感じている。ところがプルシャが自らを知ってしまうと、「なぜこうした結合が生じたのか？　それは私が自分自身を忘れていたからだ。私は何と無知だったのだろう。この無知のために私はこの結合を生んでいたのだ」と考える。そういう人はそれを笑う。しかしこの態度は、実現〔悟り〕の後にしかやって来ない。それはちょうど夢を見ている人のようなもので、目が覚めてはじめて自分の見ていた恐ろしい夢を笑う。このスートラの裏の意味は、悟りの結果、理解されるのだ。そして、いったん悟ってしまえば、われわれは他の人々に助言することができる。「私は無知だった。私は恐ろしい体験をしていた。自然は実在《リアル》であり、幸福は実在《リアル》であると考えていた。そしてそれらを追い求めていた。しかし今、私はそれらが何なのかを知っている。私は苦しい道によって学んだ。あなたもまた、敢《あえ》てその苦しい道によって学ぶのか？　私の忠告を聞いたらどうか？」と。

これらのスートラは、ブッダの〝四つの高貴なる真理〟〔四聖諦《ししょうたい》〕を想起させる。それは、この世の悲惨〔苦〕、その原因〔集《じゅう》〕、その除去〔滅〕、そのために用いられる方法〔道《どう》〕である。パタンジャリの場合は、「苦は避けることができる」と言う。さらに、「その苦の原因は無知である」と言う。またスートラ(26)では、〝ハーナ〟と〝ハーノパーヤ〟つまり、〝苦を除去するもの〟と〝その方法〟ということばを使っている。こうして見ると、四聖諦とヨーガ・スートラは実によく似ている。どちらがどちらの真似をしたかなどという詮索《せんさく》は必要ない。真理はいつも同じなのだ。思いを深くめぐらせば、誰でも同じ答を得る。ブッダはそれを得た。パタンジャリもそれを得た。イエス・キリストもそれを得た。マホメッドもそれを得た。答はいつも同じである。ただそれを導き出す方法がいろいろあるだけである。

(25) **Tad abhāvāt saṁyogābhāvohānaṁ tad dṛśeḥ kaivalyam.**

この無知がなければ、そのような結合も起こらない。この境地こそが見る者の独存位である。

もっと簡単に言うと、無知によって生まれた繋《つな》がりが取り除かれてしまうと、〈見る者〉は自らの本性に安らう、ということである。一時はプラクリティに縛られているように見えはするが、本当は〈プルシャ〉はいつもそうなのだ。だがこのことは、ただ理論的に理解するだけではなく、われわれのすべての経験とすべての行動、すべての浮沈に際して思い出されなければならない。「私はこれによって汚されているのか？」「私は誰か？」「誰が幸せなのか？」「誰が不幸なのか？」と尋ねよ。そのように尋ね続けるならば、そしてそのように瞑想するならば、われわれは、われわれがただ知る者なのだということを発見する。われわれはさまざまなことが起こるのを知る。だがその知ることには、何の変化もない。

ヴェーダーンティン（ヴェーダーンタを奉ずる者）は、「われは永遠の目撃者なり（*Aham saksih*）」と言う。これは、たとえ理論的に知っているだけでも、われわれをさまざまな局面から救い出してくれる。たとえば何かを失って思い悩んでいるときは、「誰が思い悩んでいるのか？　誰が、私が思い悩んでいることを知っているのか？」と尋ねよう。答が現われるとともに、悩みは消える。悩みを分析すると、その悩みは対象化されて、もはや自分自身は巻き込まれない何かに変わる。

〝痛み〟についても同様の態度をとることができる。もし指を火傷《やけど》したら、「私は火傷をした！」と言ってしまわず、「『私は火傷をした！』と誰が言っているのか？　火傷をしたと誰が感じているのか？」と自問しよう。すると火傷は恰好の瞑想の材料になる。しかし要するにこれは、心をある対象から引き離して転換する手段にすぎない。

私はよくサソリに刺された人の手当てをしたものだが、サソリに刺されるととても痛い。その痛みから救う一番簡単で手っ取り早い方法は、その人の眼に塩水を二、三滴落としてやることだった。これは刺された箇所を治すこととは何の関係もないが、こうするとその人は足をバタバタさせて泣きわめく。刺されたところよりも眼の方に気をとられてしまうのだ。そして眼のヒリヒリするのが治まる頃には、刺された傷の痛みも忘れたように消えている。また、ちょっと不愉快なことがあって気持が沈んでいるときに、突然「事業に重大な損失が生じた」などという電報が入ったら、前の小さな悩みなど忘れてしまう。注意が一瞬にして転位するからだ。すべては相対的なのである。この世の体験はすべて心理的である。われわれは、ある事象の上に心を留めて「これは実にすごい！」などと言うが、注意が別のところへ移ってしまえば、そんなことは何でもなくなる。サンスクリット語で〝*Mana eva manusyanam*〟「人はその心次第である」と言われる所以《ゆえん》である。

〝バンダ（束縛）〟も〝モークシャ（解放）〟も、その原因はわれわれ自身の心である。もし縛られていると思うなら、われわれは縛られている。もし自由であると思うなら、われわれは自由である。あなたは自分が生きていると思っているから生きているのだ。もし、あなたの心を余すところなく「自分は死ぬ」という思いに注ぎ込むならば、あなたは死ぬだろう。われわれがこうした悶着《トラブル》から無縁となれるのは、心を超えたときでしかない。

心はプラクリティの代理人であり、同じプラクリティの精妙な部分である。われわれはまったく心とは別ものである、ということに気づかなければならない。われわれは永遠に自由であり、けっして縛られてはいない。しかしそれは単に怠惰になるという意味ではなく、われわれは自由であると気づいたなら、まだ縛られている他の人々のために働かねばならない。逞《たくま》しい男が荒れ狂う川を泳ぎ渡るときは、渡った後歩み去るのではなく、岸に残って他の人々を助け上げるだろう。この世界に幸福はないと知りながら、なお、そこにとどまっているたくさんの聖者や賢者たちがいる。彼らは他者のために働いているのである。

(26) Vivekakhyātiraviplavā hānopāyaḥ.
途切れることのない明敏な識別が、その除去の方法である。

それはサンスクリット語で〝ヴィヴェーカ〟と呼ばれる。あらゆるものの永遠の側面を見、理解して、永遠でない側面は見ないようにするのである。世界はすべて、この二つの側面を持つ。永続と非永続、つまり絶対に変化しないものと変化してやまないもの――。あらゆるものの精髄《エッセンス》は同じである。ところがその同じものが、さまざまな名称や形態をとって現われている。たとえば形態というレベルでは、今日のあなたは先週のあなたではない。一秒前でも、あなたは違う。身体は刻々と変化している。ある部分は死につつあり、ある部分は新しく生まれつつある。ヨーガの体系によれば、人間の身体は十二年を周期として入れ替わる。つまり、今のあなたの身体の中には、十二年前の細胞は一つもない。

識別というのは、砂糖と塩を見分けるというような意味とは違う。それはごく普通の理解である。真の識別とは、根源的で基本的な〈真理〉と、それが呈する変化してやまない名称や形態とを峻別《しゅんべつ》することである。この基本的な〈真理〉を常に忘れずにいることができるならば、われわれは名称や形態の変化に出遭ってもけっして落胆したり動揺したりしないだろう。心はいつも安定したままである。それを理解するためにわれわれは、「われわれを非実在から実在へ、闇から光へ、死から不死へとお導きください」と祈るのである。死ぬのは何か？　丸太が死んで何枚かの板になる。その板が死んで、椅子になる。椅子が死んで薪《たきぎ》となり、薪が死んで灰となる。そのようにあなたは、その同じ木がとるさまざまな形態にそれぞれ異なった名称を与えるが、基本的実質は常にそこにある。そのことをいつも忘れずにいるならば、われわれは何を失っても悲しまない。われわれは何も失わない、そして何も得ない。このように識別することによってわれわれは、不幸に終止符を打つのである。

次にパタンジャリは、自らの本性に安らうまで、プルシャが少しずつ上昇しながら獲得していくいろいろな段階について説明する。これは〝サプタダー・ブーミ〟、すなわち〝理解の七つの階梯〟と呼ばれている。

(27) Tasya saptadhā prāntabhūmiḥ prajñā.

最終段階の智は、七重である。【人は、㈠もっと知りたいという願望、㈡何かを遠ざけておきたいという願望、㈢何か新しいものを得たいという願望、㈣何かをしたいという願望、㈤悲しみ、㈥恐れ、㈦幻惑、の七つが終熄するのを体験する。】

まず、あちこち走り回って外界に求めようとしても、求める知は得られない、という結論に達する段階。知とは、内を向くことによって、内側から得られるものだ。内を向くというのは、内に進むこと、自分自身を知ること、まず〝汝自身を知れ〟ということだ。もし自分自身を知らなかったら、それ以外のことを知るにも間違いを犯す。われわれは、自分がどんな眼鏡で外界を見ているかを知らねばならない。それはきれいか？　色が着いてはいないか？　もし色が着いているなら、われわれは当然、色着きの外界を見ることになる。そういう色に見えるからといって、外の世界を責めることはできない。秤《はかり》の上に置かれた物の重さを正確に知りたかったら、その前に秤そのものの目盛を正確にしておくべきである。目盛が間違っていたら、重さも間違うに決まっている。だからわれわれは、物事が正しく判断できるように、自分の心が本来の位置にあるかどうか、よく確かめるべきである。

二つ目は、快楽と苦悩の体験はすべて、外界から来るのではなく、われわれ自身の心の〝翻訳〟なのだということを理解することである。心《いい》がこれらの経験を創り、これらの感覚を生み出すのだ。このような理解に到るとき、すべての悲嘆と苦悩は止む。それは、われわれがいかなる外在物によって苦しめられるのでもなく、したがって何ものもわれわれを不幸にすることはできない、ということがわかるからだ。そうした苦悩の原因は自分自身の心だということを知るとき、われわれは外の世界や他の人々を咎めるのではなく、むしろ自分の心そのものを正そうとするだろう。そして、事物を追い求める必要も、逆にそれらを避ける必要も感じないのである。

三つ目の見地は、心を完全に理解し、自然本来の心によって宇宙的な理解に達したときにやって来る。そのためには何を学ぶ必要もない。いかなる書物もそれを与えることはできない。聖者たちの多くは無学であった。彼らは学校というものが何かさえ知らなかった。そういう彼らの考えたことを、現代のわれわれが読むのである。ウパニシャッドの先見者たちは、カレッジにも大学にも行かなかった。彼らはただ木の下に座り、自然を見つめていただけである。しかし今、彼らのことばは至高の宝石である。その学びはどこから来たのか？　それは内から来たのである。内部に、知の富がある。聖典は言っている、〝それを知ることによって、すべてを知るであろうところの〈もの〉を知るべし〟。この、学ぶことによらない理解が、意識の第三のレベルである。

四つ目のステップは、自然とその働きを理解したときに来る。そこでは、われわれは、「為されるべきことはもう何もない」と感じる。その、〝宇宙の意図〟を理解すれば、われわれはあらゆる意味で行為者たることを超える。われわれには特別な〝義務〟はない、〝為すべきこと〟も〝為すべからざること〟も……。そのときわれわれが行為するのは、われわれの心が宇宙の〝心〟と繋がっていて、そのように行為することを促されるからにすぎない。つまりそこには個人的な行為がない。そのように促されるから、ただそのようにする。われわれはなぜそれをするのかを知らず、その善し悪しについて思い悩むこともない。聖典は問いかける、「〝べし〟とは何ぞ、〝べからず〟とは何ぞ？（*Ko vidhi ko nisedah?*）」と。しなければならないことはない、人がしなければならないことは何もないのだ、するべきこともすべからざることも。彼が何をしようとも、それは〈宇宙の意図〉の一部である。すなわちその人が何かをしているように見えても、実は何もしていない。彼は〝アカルタ〟すなわち〝非行為者〔無為〕〟となる。あるタミールの聖者が、このことを詩にうたっている。「おお〈主〉よ、私は私の全人格を、この身体を、この心を、そしてこの生涯を、あなたに捧げました――そしてそれをあなたは受け入れられた。この身体や心を通じて何かが起こったとしても、それは私の責任でしょうか？　善いことも起こるでしょう。悪いことも起こるでしょう。でもその責任は〈あなた〉にあります。〈あなた〉が私にそれをさせるのです。人々は言うでしょう、『あいつは悪い奴だ、あいつは悪いことをしている』と。でもあなたはご存じです、それをしているのは私ではないということを。それは〈あなた〉、私を通じて働いておられる〈あなた〉です」。

このようなことばは、自分は完全に〝より高い意思〟の手の中にあるのだ、と悟ってはじめて出て来るものである。祭壇の前に立って、「われは〈御身《おんみ》〉のものなり。すべては〈御身〉のものなり。〈御身〉の意思が行なわれんことを」と唱えるのはやさしい。しかし、本当にわれわれはそう感じているだろうか？　本当にわれわれは、完全に捨てているだろうか？　そのような状態にあれば、われわれには義務はない。われわれの義務はすべて〈神〉の義務であり、われわれに責任はない。しかしそういう状態は、単なる知的理解とは違う。それだったら誰かの頬《ほお》をなぐっておいて、「これは神の意思だ。私は神にすべてを捧げた。この手だって神のもので、神がそれを使っておまえをなぐったのだ」と言うこともできるわけだ。

仕事がうまくいっているときは、「これがビジネスっていうものさ。私はちゃんと時機を見てこれを買っておいたんだ。それが、今売れば一割ももうかる」。ところが仕事がうまくいかないときには、「ああどうなってるんだ、私は毎日神様に灯明を上げているのに。神様には眼がないんだろうか、まったく。神なんか信じたって何にもなりゃしない。神が慈悲深いって言うのなら、どうして私がこんなに大損をしなきゃならないんだ？」利益が上がったときは自分の手柄で、損をしたときは神様のせい……。そうではなく、態度は常に一貫させるべきだ。すべてにおいて、責任は自分にあるのか、それとも神にあるのか。責めるべきは常に大文字の〝I〟なのか、常に小文字の〝i〟なのか。時によって都合のいいように変える、というのはいけない。もしエゴイスティックでありたいのなら、万事についてエゴイスティックであれ。それを誰かが非難したら、その非難も自分で受けとめよ。すべてを〈神〉の意思に委ねるか、それとも完全に自分の意志だけにするか、どちらかにするべきだ。

五つ目の境地は、実は右のことを理解した後の余波である。「何も為すべきことはない」と知るに至ると、チッタは完全に印象から自由となる。それは解き放たれる。かつてそれは、自我の色合を帯びていたがために、それの欲するがままに行為していた。だが、いったんそれが切り離されると、それはつつましく単純な、印象から完全に自由な心となる。そこには古い印象が残ってはいるが、それらは心を乱す力を失っている。

六つ目のレベルでは、チッタそのものが失われる。これは〝マノ・ナーシャ〟あるいは〝チッタ・ナーシャ〟と呼ばれ、〝心が完全に放下《ほうげ》された〟という意味である。心が完全に消えてしまうとき、七つ目の、すなわち最後の境地が残る。それが、〈プルシャ〉のみが残って、それ自身の〝スワルーパ〔本質〕〟に安らっている状態である。ここに至って〈プルシャ〉は、それ以外に安らうべきところがないので、〈彼自身〉の内に安らうのである。「自己によって自己を見、人は自己に安息する（*Ātmanā Ātmanaṁ Pasyann Ātmani tusyati*）」と『バガヴァッド・ギーター』は言う。これが最も高いサマーディである。

われわれはすべて、ある日必ずその境地に至るのであるから、これがどういうものなのかを知っておくべきである。それが起こるときには、その徴候がある。人々はよく、予期せぬことに出会って驚く。たとえば瞑想中に突然肉体意識を失って、「何かが私に起こっている。私は死ぬのだろうか？」などと思ってしまう。そしてそのことが、瞑想そのものを乱してしまう。そういうことのないように、それらの徴候について知っておけば、われわれはそれらを素直に受け入れることができる。

以上が、ヨーガの道に沿って展《ひら》けるさまざまな場面である。最初の段階が達成されて、外界に何も期待しなくなり、内に向かうようになれば、われわれは鎖の最初の環をつかんだことになり、あとは鎖全体をたぐり寄せるために引っぱるだけのことである。だがとにかく、最初がなければ始まらない。

聖者チルムーラーは言っている。「ある人が光を探し求めて走り続けた。彼はそれをすることに全人生を費やした。しかし、結局彼は挫折して死んだ。彼はそれにたどり着くことができなかったのだ」。数知れぬ人々がそのように挫折して終わっていく。それは彼らが、光は内部にあるということを知らないからである。

チルムーラーはこうも言う。「たとえ八千年の間ヨーガを修行しようとも、あなたは〈光〉に達しないであろう」。それは外的なヨーガのことを言っているのである。本を読むとか、聖典を全部暗誦するとか、すべての寺院を巡礼して回るとか、世界中のアシュラムや教会を訪ねて回るとか――。それらはみな、〝バーヒャ〟つまり外的な修行である。そのような努力に何千年も費やす人々がいる。内を見さえすれば、あたかも鏡の中に自分自身の姿を見るがごとく〈光〉は見えるのに。

さまざまな宗教のすべてがそのことを言っている。それは外から得るのではない、と。内を向け、内を見よ、汝自身を知れ、と。〝教え〟はわずかに役に立つだけで、学び過ぎはあなたを混乱させるばかりである。少しを学び、それを実践せよ。内を向くというのは、感覚を内向きにすること、内側の何かを聴きとること、内のものを見ること、内を嗅ぐことである。すべての香りはわれわれの内にある。美しい音楽のすべてがわれわれの内にある。すべての芸術はわれわれの内にある。どうして現実の美術館や庭園を求め歩く必要があるだろう。あらゆる美術館が、あらゆる庭園が、われわれの中にあるというのに。

明け方と夕方、少しの間、内に向かう時間を持とう。そしてそれを少しずつ広げ、やがてはそれを、一日の生活のすべてに広げていこう。手や足が外側で何をしていようとも、心は内に繋ぎ留めておくことができる。前にも引用したヒンドゥーのことば、「手にて事を為し、心はラーマ（神）に置く（*Man me Rām, hath me kām*）」である。書物その他は単なる補助で、用がなくなったらためらわずに捨ててしまうべきものだ。屋根に登るには梯子の助けが必要だが、登ってしまえばそれはもう要らない。その梯子に花輪を飾って、いつまでも伏し拝んでいる必要はない。そういうふうに、しばしば人は象徴を熱愛し、崇拝する。彼らは、経典をビロードのケースに包んで祭壇に納め、行列のときにはそれをおしいただいて行進する。ところがその中の一行も読んだことがない。

象徴は、それを超えるよすがとして使われるべきである。われわれは、心をよすがとして心を超い、えるのだ。目的地に着いてしまったら、それは捨てて立ち去ればよい。そこに感傷を入り込ませてはならない。霊的補助は正しく使うべきだが、それらを後にして先へ進むことをためらってはいけない。飛行機の座席の座り心地がいいからといって、われわれは目的地に着いてもまだそこに座っているだろうか？　たとえば私は、たまたま駐車できそうな空間を見つけると、「これはいい。いったんここから車を出してしまったら、もう二度とここには入れられないぞ。公会堂へは歩いて行けばいいや」と言いたい誘惑にかられる。だが車は、駐車していたのでは何にもならない。それは使うべきなのだ。学生たちの中には、「この本は、開いたら綴じ目が痛む。開くのはやめにしよう。スワミジが下さったんだから、形見のように大切にしよう」などと考える人がいる。

そうではなく、そういうものは使うべきだ。それを一ページ一ページ大切に読む。よくかみしめて消化する。そしてそれが終わったら、誰かにあげればいい。それがあるべき態度である。いったん一つ目のステップに足を掛けたら、後はエスカレーターに乗っているようなもので、それがわれわれを七段目まで運んでくれる。

(28)　Yogāṅgānuṣṭhānād aśuddhi kṣaye jñānadīptir ā vivekakhyāteḥ.

ヨーガの諸支分を修練していくことによって、次第に不純が消え、そこに明敏なる識別へと導く智の光が明け初める。

ここから先、パタンジャリは、ヨーガの実修について今までとは少し違う観点から述べる。彼はそれを、八段階つまり〝八支〟に分けている。それがこの『ヨーガ・スートラ』が〝アシュターンガ・ヨーガ（八支分のヨーガ）〟と呼ばれる理由である。そこではこれまでに述べられたものと同じ観念が繰り返されるが、より実際的になっている。

(29) Yama niyamāsana prāṇāyāma pratyāhāra dhāraṇā dhyāna samādhayo' ṣṭāvaṅgāni.

以下がヨーガの八支分である。

一、ヤマ【禁戒】
二、ニヤマ【勧戒】
三、アーサナ【坐法】
四、プラーナーヤーマ【調気】
五、プラティアーハーラ【制感】
六、ダーラナー【集中】

七、ディアーナ　【瞑想】

八、サマーディ　【三昧】

(30) Ahiṁsā satyāsteya brahmacaryāparigrahā yamāḥ.

ヤマ〔禁戒〕は、非暴力《アヒンサー》、正直《サティヤ》、不盗《アスティヤ》、禁欲《ブラフマチャーリヤ》、不貪《アパリグラハ》より成る。

さて、〝ヤマ〟〔禁戒〕、すなわちアシュターンガ・ヨーガ（八支分のヨーガ）の最初の一支である。ここで忘れてはならないのは、これらの八支はいずれも同等に大切だということである。

〝アヒンサー〟は、〝苦痛をひき起こさないこと〟である。注釈家の中にはこれを〝不殺生〟と訳す人もいるが、そうではない。〝ヒンサー〟は〝苦痛をひき起こすこと〟、したがってアヒンサーは苦痛をひき起こさないことだ。殺すことと苦痛をひき起こすことは違う。苦痛をひき起こすことは、殺すことよりも悪い場合がある。また、ことばや思いによっても、苦痛はひき起こすことができる。

〝サティヤ〟は〝正直〟、嘘を言わないことである。〝アスティヤ〟は〝盗まないこと〟を意味する。

これらはたいへん初歩的《エレメンタリー》なことのように見えるが、実は重大《エレファンタリー》なことである。それらは、つまらないこととして軽視するべきではない。それらを完全にすることは、並大抵ではない。〝ブラフマチャーリヤ〟は〝禁欲〟あるいは独身生活を守ることである。そしてヤマの最後には〝アパリグラハ〟が来る。これには二通りの解釈の仕方がある。一つは、〝物を貪らない、貪欲でない、適切に使うことのできる範囲を越えた蓄積をしないこと〟である。もう一つの解釈は、〝贈与を受けないこと〟である。これら五つの原則が、ヤマすなわち禁戒を構成しているが、くわしいことは(35)から(39)までのスートラで論じよう。

(31) Jāti deśa kāla samayānavacchinnāḥ sārvabhaumā mahāvratam.

これらの大誓戒は普遍的なものであり、身分・場所・時間・環境等によって制約されない。

パタンジャリはこれらを〝大誓戒《マハーヴラタム》〟と呼んでいるが、それはいかなる理由によっても破られてはならない、つまり、時間や場所や目的、そして社会的なあるいは階級的な習慣に関わりなく、夏でも冬でも、夜でも昼でも、そして土地柄や国民性にも関係なく、守られねばならないからである。この指示は全時間を捧げるヨーギーのためにあるのであって、パタンジャリは、彼らに対してはいかなる例外的弁明も認めない。しかし、ヨーガの最終目標に対してそれほど強く集中していない人々には、これらの誓戒は、彼らの生活の場に応じた調整がなされてもよい。

(32) Śauca saṁtoṣa tapaḥ svādhyāyeśvarapraṇidhānāni niyamāḥ.

ニヤマ〔勧戒〕は、清浄・知足・受け入れても苦痛を起こさない苦行・霊的書物の研究・自在神への祈念《イーシュヴァラ・プラニダーナ》【自己放棄】より成る。

次の支分〝ニヤマ〟〔勧戒〕は、遵守《じゅんしゅ》すべき事柄である。ヤマの五項目は、ニヤマの五項目とともに、キリスト教やユダヤ教の十戒、そして仏教の十戒を想い起こさせる。事実、こうした道徳的・倫理的規範なくして、宗教はない。霊的生活はすべて、これらのことを礎《いしずえ》とするべきである。それらは、それなしにはけっして永続的なものを打ち立てることのできない礎石《そせき》なのである。

(33) Vitarka bādhane pratipakṣa bhāvanam.

否定的想念によって妨害されたときは、その反対の【肯定的】考えが念想されるべきである。

それがプラティパクシャ・バーヴァナである。

ここでパタンジャリは、いかにして心を制御し、われわれの望まない想念を防止するかの、非常に良い手がかりを与えてくれる。そしてその一番良い方法は、反対の想念を呼び起こすことだと彼は言う。もし憎しみが心の中にあったら、愛の想念をそこにもたらそうと努めよう。もしそれができなかったら、少なくとも自分の愛する人々のもとへ行き、その人々と共にいて憎しみを忘れよう。憎しみは湧き上がってくるが、環境を変えることによってそれが現われたり長くとどまったりするのを食い止めることができる。

そういう〝仕組み〟は夫婦間でよく見られる。たとえば二人の間で火花が散っても、彼らの赤ん坊がそばへ這って来たらどうなるか？　そういう経験をしたことのある人にはすぐにわかるだろう。火花は一瞬にして消えてしまう。どちらかがその子を抱き上げ、抱きしめる。それは二人ともその子を愛しているからだ。子供の姿で愛が現われ、怒りや憎しみが瞬時にして消えてしまうのだ。

肯定的《ポジティヴ》な気分というものは、神聖な絵画を見たり、われわれを鼓舞する書物を読んだり、特別な人に会ったり、あるいは単に煩わしい環境を離れるだけで創り出すことができる。これはたいへん実利的なポイントである。否定的《ネガティブ》な雰囲気の中にとどまって否定的な想念を制御することは、よほどの強さを持たないかぎり非常に難しい。一番簡単なのは環境を変えることだ。たとえば相手と諍《いさか》いを始めてしまったら、怒りが現われてしまう前に子供部屋に駆け込んで、眠っている子供の顔を見る。そうすると怒りなど全部吹き飛んで、多くの離婚は避けられるわけだ。たとえそういう理由であろうとも、家庭に子供を持つのがいい。あるいは自分の聖室に入って、祭壇の前に座り、良い本を読む。あるいは郊外に出かけて広々とした海を見る。環境を変えられるならどんな方法でもいい。そのようにして逆の想念を創り出すのである。

われわれを圧倒してしまう前に否定的な想念を制御するもう一つの方法は、それの後効果を考えることである。立ち止まって考えてみるのだ。「この想念が続くことを許してしまったら、どうなるだろう? 私は友人を失ってしまうだろう。あの人が強ければ、私の影響などまったく受けないかもしれない。ただ私のことを笑って去って行くだけかもしれない。いやそれよりも、私の怒りが彼に及ぶ前に、私自身がその影響を受けるだろう。私は神経を昂《たか》ぶらせる。そして私の血は煮えたぎるだろう」と。

(34) Vitarkā hiṁsādayaḥ kṛta kāritānumoditā lobha krodha moha pūrvakā mṛdu

madhyādhimātrā duḥkhājñānānanta phalā iti pratipakṣa bhāvanam.

暴力等のような否定的想念が引き起こされ、これが実行され、あるいはそれが容認されるだけであっても、——それらが貪欲・怒り・熱中のいずれによって駆り立てられたものであっても——またそれらが軽度・中位・過激のどんな程度によってなされたにせよ、それらは無知に根ざしており、確かな苦をもたらすものである。このように省察することも、プラティパクシャ・バーヴァナである。

ここでパタンジャリは、プラティパクシャ・バーヴァナの説明をさらに進める。たとえば誰かに苦痛をもたらす、あるいは他人に害が及ぶようなことをする。するとその反作用が来て、結局は無知と悲惨という結果をもたらす。そして、そういう反作用を起こすには、必ずしも直接自分で苦痛をもたらす必要はない。自分の強欲や怒りや無知のせいで、他人が苦痛をもたらすのを是認するだけでも、同じ結果をもたらすことはできる。

(35) Ahiṁsā pratiṣṭhāyāṁ tat saṁnidhau vaira tyāgaḥ.

非暴力《アヒンサー》に徹した者のそばでは、すべての敵対が熄《や》む。

この(35)スートラから始めて、パタンジャリは十の徳性のすべてを一つずつ挙げていく。アヒンサーの誓いに徹すると、その人は調和的なヴァイブレーションを放射するので、その人のそばではすべての敵対が熄む。たとえば二人の人間が互いに敵意を持ち合っていても、その人のそばにいると彼らは一時的にそれを忘れる。それがアヒンサーの功徳である。それを一定期間続けて、思いとことばと行為において実行すると、人格全体がそのヴァイブレーションを発するのである。

野性の動物でさえ、アヒンサーに徹した者のそばでは、その残忍性を忘れる。古いヒンドゥーの神話の中にそういう話があり、アヒンサーを守っている聖者や賢者たちの住む森の中では、動物たちは空腹のときしか獲物を殺さなかった。それ以外のときは、牛と虎が仲良く並んで水を飲んでいたという。ブッダはこの行を修めた。彼は赴《おもむ》くところどこにでも平和と調和と友愛をもたらした。聖フランシスもその一つの偉大な例である。マハートマー・ガンディーは、アヒンサーの実践と普及に全力をつくし、多くの人々を一つに結びつけた。もちろん彼の試みの中には失敗もあったが、「私は今も努力している、私はそれほど完全ではない」と認めている。彼の生涯はアヒンサーと〝サティヤ〟の誓いに基礎づけられていた。それは完璧ではなかったが、彼は偉大な平和の使徒としての名声を全世界から獲ち得た。そして、もしも彼の実践が完璧であったならば、暗殺者は彼の前に姿を現わしたとき、彼を撃とうという気持を失っていたかもしれない。そのように、完成度が低くとも、彼は世界中から称賛され尊敬されたのだ。アヒンサーをほんの少し実行するだけでも、われわれを高めるのに十分である。

(36) Satya pratiṣṭhāyāṃ kriyāphalāśrayatvam.
正直《サティヤ》に徹した者には、行為とその結果がつき従う。

正直の確立によってヨーギーは、彼自身と他者のために、事を為さずして事の成果に至る力を得る。言い換えるなら、物事がおのずから彼のもとへ来るのだ。自然はすべて、正直な人間を愛する。正直な人間は物事の後を追う必要がない。なぜならそれらの方が彼の後を追うからだ。そしてある人が常に正直であるならば、つまりその口から一言の嘘も発せられないならば、彼の言うことのすべてが現実となる時が来る。たとえ彼がふと口をすべらせた一言でも、それは起こるだろう。それは、サティヤの実行によってその言葉が純正で非常に強い力を持つようになるので、正直が彼に付き従うからである。それは、常に彼と共にあることを望む。呪咀《じゅそ》の言葉が発せられるならば、それは起こる。祝福の言葉が発せられるならば、それも起こる。正直な生活を送れば送るほど、われわれはより多くその結果を見、それがまたわれわれを励まして、さらなる正直へと向かわせる。

正直が確立すると、恐れのない状態がやって来る。その人は誰を怖れる必要もなく、常に開かれた生活を送ることができる。嘘のないとき、その生活の全体が、開かれた書物となる。しかしそれは、絶対的に正直な心を持ってはじめて可能なことである。心が静かで澄んでいると、真の〈自己〉が損われることなく映り出て、われわれは真理をありのままの像《すがた》で悟る。

絶対的な正直の誓願というのは、方便としての嘘も言わないということである。正直であることによって問題が生じたり、誰かに困難や不都合が生じるならば、われわれは沈黙を守るべきである。嘘をついて「私は知らない」と言うのではなく、率直に「私は知っているが言いたくない」と言えばよい。それは、罪人をかばえという意味ではなく、自分自身も嘘をつくべきではないが、他人にも嘘をつかせるべきではないからである。それを意識的にやるならば、自分自身も偽りの側にいることになる。実のところ、法律的には、刑罰は実際に手を下した人よりも、その犯罪の影にいる人に対しての方が重いのが普通である。

だから、まず真実に従うことだ。そうすれば真実があなたに従うだろう。それは、煙草を喫うのを覚えると〝後は煙草が教えてくれる〟のと同じである。はじめて煙草を喫ったときに、おいしいと思った人はいないはずだ。それは吸い込むのがたいへんだし、胸が悪くなってムカムカする。それがだんだん、煙を全然外へもらさずに吸い込むことができるようになる。そしてついには煙草がわれわれを〝喫い〟始める。最初はこちらが煙草を燃やしていくわけだが、やがてはじわじわとわれわれの身体組織を侵蝕しながら、向こうがこちらを〝燃やし〟始める。

ヨーガは、盲目的に信じてついて行かねばならない哲学ではない。始めるときは確かに信念や信頼を必要とするが、修練を続けていくと、一歩また一歩と進むたびに、より大きな希望がひらけて、ますます確信を深めていく。もしわれわれがただの一日でも真のヨーギーであるならば、われわれは変わり、もっとそうでありたいと願うだろう。それは他の習慣と同じで〝進展性〟なのである。だがはじめは、その恩恵の味を知るまで、何らかの努力をしなければならない。それはちょうど、子供が母親のさし出すちょっと変わったキャンディーを見て、「いや、いらない！」と言うのと同じである。ところが母親が何かの拍子にその子の口に押し込んで、その味を覚えさせると、それからはいくらでも欲しがるようになる。だから、その味を一度覚えたら、たとえ世界中がわれわれの前に立ちはだかっても、われわれが目標に向かって進むのを阻むことはできないだろう。

(37)

Asteyapratiṣṭhāyāṁ sarvaratnopasthānam.

不盗《アステヤ》に徹した者のところには、あらゆる富が集まる。

もしも世界一の富豪になりたかったら、これが非常に簡単な方法だ。株の売り買いに頭を突っ込む必要もないし、働きに行く必要もない。ただ不盗を実行するだけ。われわれはすべて盗人である。知ってか知らずか、われわれは自然から盗んでいる。一瞬一瞬、一息ごとに、われわれは自然からかすめ盗っている。誰の空気をわれわれは吸っているのか？　自然のである。だからといって、息をするのをやめて死ねと言っているのではない。そのかわり、一息一息を敬虔《けいけん》に受け取り、それを他者に奉仕するために使うのだ。そうすれば、われわれは盗んでいることにはならない。それを受け取っておきながら何も返さないならば、われわれは盗人である。われわれは貪欲だから盗む。われわれは、少しを行なって多くを得たい。会社へ行って、少しだけ椅子に座って、私的な約束をするために一日中電話を使う。倉庫から会社の備品を無断で持ち出しておいて、週末にはちゃんと給料小切手を受け取る。彼らはそのお金を盗んではいないか？　あるいはわれわれは、他人の考えを盗んではいないか？

もしわれわれが、持っている物だけで満足し、盗みや貪欲とはまったく無縁で、静かな心を保ち続けているならば、すべての富がわれわれのもとへ来る。もしわれわれがそれらの後を追わなかったら、やがてはそれらがわれわれの後を追う。われわれが貪欲でないことを自然が知れば、彼女は、われわれが彼女をけっして独り占めしようとしているのではないと知って、われわれを信頼する。

ところがわれわれにはたいてい、何かを手に入れたらそれに錠をかけて閉じ込め、鍵を安全な場所へ隠してしまう傾向がある。われわれはお金であれ財産であれ人間であれ、自分の持ち物を閉じ込める。たとえばお金を閉じ込めようとすると、そのお金は、「どうして？　私は自由に動きたいのに。だからどこへでも転がっていけるように丸く造られているのに。なのに私はこんなところへ閉じ込められてしまった。ああ悪い人のところへ来たものだ。チャンスがあったらすぐに転がり出て逃げよう」と思う。物惜しみが強くて絶対に金庫を開けようとしない人もいる。するとお金はその中でじっと耐えながら、「どうぞ誰か私を助けて」とお祈りをする。そのお祈りが聞き届けられないはずはなく、聞いた泥棒が救い出しに来る。

そうではなくて、もしわれわれが、「来たいなら来なさい。出て行きたくなったら出て行きなさい」という態度でいれば、どんなものでも、「どうして私を追い出そうとするんですか？　あなたのそばに居させてください。私を追い払わないで」と言うだろう。私自身、そういう経験をしている。私は何も閉じ込めない。ものはただ来て、とどまるだけだ。私が出ていくように言っても、それらは私と居させてくれと言う。こういうことは赤ん坊の様子を見ているとよくわかる。赤ん坊がわれわれのそばに来て、遊んでひざの上に乗る。ところがそこから離れたくなったら、どんなにわれわれが引き止めようとしても嫌がる。「どうして? こんなところへ来るんじゃなかった」。そして逃げて行ってしまう。その後その赤ん坊をいくら呼び寄せようとしても、「行きたくない。だってあの人は私を自分のところへ縛りつけておこうとするだけだもの」と思う。そうしないで、離れたくなったら離れさせておけば、彼らは必ずまた戻って来る。

盗みのもう一つの形態に、物を他人に使わせない、ということがある。たとえば千エーカーの土地を持っていて、それをほとんど使っていないとする。そこへ百エーカー買いたいという人が現われても、それをさせない。それは、その有用性を奪っているのである。もしある人のタンスの中に五十枚の衣服があって、その隣の人は一枚も持っていなかったら、前者は後者の使用を奪っている。ある種の人々が大量に物を買う力を持っているために、あまりお金のない貧しい人々にとっては、それが価格をつり上げていることになる。もし誰もが自分に必要な物だけしか買わなかったら、商品が店に余って、価格は下がる。世界中どこでも、経済の基本はそれである。合衆国では、小麦やジャガイモが何千トンも余って、それらが海へ捨てられているそうだ。市場の〝正常性〟を保ち、価格を維持するためである。そんなことをせずに、それらは供給されるべきだ。それをすると価格が下がるので、誰も飢餓に目を向けようとしないのだ。廃棄は罪ではないのか、盗みではないのか？

大地はすべての人のものである。オーストラリアの片田舎に住む人も、他の土地の人も、土地を持つ者として同格である。アメリカ合衆国で穫れた物は、まずそこに住む人々に分配して、それが余ったら他の誰にでも分け与える。われわれが、他への思いやり、分かち合いを知っていれば、貧困や飢餓はどこにも存在しなくてすむ。世界一豊かな国で、病院が資金不足のために閉鎖されていき、その一方で巨額のお金がロケットや宇宙船や爆撃機のために使われているのを見るのは、悲しいことだ。月へ行くことの方が、われわれの隣人を助けることよりも大切なのだろうか？　科学的な発明や進歩を否定しているのではない。それらはすばらしい。誰でもが月へ行ける。だがそれは、みんなが十分に食べることができ、着る物があり、教育を受けることができてからだ。

南インドの諺に、「胃はパンを欲しがって泣き、髪は花飾りを欲しがって泣く」というのがある。どちらがより大切だろう？　髪は花飾りがなくても生きていけるが、胃は一山のパンなしではやっていけない。だから、まず胃を満足させよう。そしてお金が余ったら、いくらでも花飾りを買えばいい。

そこに病み死んでいく人々がいるのに、一握りの人々は月へ行きたいと言う。われわれはいつ月へ行くべきか？　地上を幸福にしてからである。ここでいかに生きるべきかを知らない人々は、月へ行っても結局、同じ地獄を作るだけだろう。

政府は、何万何十万の人々の幸福と健康を奪っている。それは公然たる盗み、白昼の窃盗である。私はときどきニュース記事を読むが、まったくわけがわからない。何もかもが恐怖と自尊心と競争に基づいているのだ。弾道弾迎撃ミサイルというのは、まったく恐怖心の産物である。それは、「私はあなたが怖くてたまらない。だからこうやって爆弾やミサイルで武装しなきゃならないんだ」と言っているようなものだ。ところがその舌の根が乾かないうちに政府は、「友だちになりましょう、文化的な交流をしましょう」と言う。その二つがどうして両立するだろう？　それにおかしいのは、アメリカの右派の雑誌にいっぱい載っている〝秘密計画〟というやつである。私は前に、その弾道弾迎撃システムの作動や構想についての記事を読んだことがあるが、その理屈が私にはわからない。もし私が誰かを怖れていたら、「これが私の懐《ふところ》にある拳銃の設計図です」なんてことは言わないのだが――。

別の雑誌で私は、一人の男が頑丈な錠をかけていつも監視している、ホットライン電話の写真を見た。何たる苦悩！　今、科学者たちは、地球を回っている人工衛星のすべての破片のリストを作っている。どこかの国がそれをミサイルと間違えないように。ちょっとした間違いで全世界が破滅しかねないのだ。そして、人間というのは常に間違いを犯す。核兵器を積んだ爆撃機がどれだけ飛び回っているか、ちょっと考えてみよう。それらに何も起こらないという保証はあるだろうか？

現代のそういう発明品のために、われわれは本当に怖ろしい状況の中で生きている。馬の背や荷車に乗っていた祖先たちの方が、よほど幸せに思える。食物は粗末だったろうし、ラジオもテレビも電気製品も超音速輸送機もなかったが、精神的にはもっと幸せでもっと健康だった。こういう不安はもうなくさなくてはいけない時だ。こんなすさまじい緊張の中で、われわれはいつまでやって行けるだろう？

そういうことを考えると、豊かさは金銭的な富とは何の関係もないということがわかる。最も富める者というのは、冷静沈着で、緊張や不安から自由な心を持つ人である。そういう世界の状況を変化させる手段は、われわれの手中にはない。そういうものを全部やめさせようと言うのではない。われわれの手中にあるのは、まさに今ここで、喜びと平安を見出す力である。もしわれわれが現在に生きるなら、たとえ地球全体が瞬時に吹き飛んでもかまわない。われわれは緊張の中にあっても幸福であることができる。もしわれわれが幸福であろうと決意したなら、われわれを不幸にすることのできる者は誰もいない。どんなことでも起こるだろう。地震が起きて、世界中の人がたくさん死ぬかもしれない。しかしわれわれは未来を思い煩《わずら》う必要はない。そしてまた、過去を気に病む必要もない。それはすんでしまったのだ。今この瞬間に幸福であることがわれわれの掌中にある。

われわれは世界を変えようとするのではない。われわれは自分自身を変え、鳥のように自由だと感じることができるのだ。災厄のさなかにあっても冷静であることができ、その冷静さによって他の人々を鎮静させることができる。冷静さは〝感染〟する。こちらがほほ笑めば、相手もほほ笑み返す。そして、ほほ笑みにはお金は要らない。われわれはあらゆる人々に喜びを感染させるべきである。もしも今すぐに死ななければならないとしたら、幸福に笑いながら死んだらどうか？

しかしながら、何の思い煩いもない人生というのは、よく制御された、不安から自由な、私的欲望や私的所有のない心によって、はじめて可能なのである。

(38) Brahmacarya pratiṣṭhāyāṁ vīryalābhaḥ.

禁欲《ブラフマチャーリヤ》に徹する者は、精力を得る。

禁欲つまり独身生活を確立することで、われわれはエネルギーを温存する。〝ヴィーリヤ〟はエネルギーという意味で、〝ラーバ〟は利益である。ヴィーリヤの損失がないと、生命エネルギーが増す。これを蓄えることで何が得られるかは、知っておく価値がある。われわれはたびたび、「愛し、与える」と称してこのエネルギーを浪費し、心的・肉体的に涸渇《こかつ》する。心的・肉体的に強くないと、われわれは真の霊的富を得ることができない。現在、若者たちの間に広がっている混沌とした状況の主な原因は、このヴィーリヤについての無知である。彼らは、「愛していたら与えずにいられるだろうか？」と言うが、愛の発露として何を与えるべきかを彼らは知らない。だから性病を与えたりする。彼らは不健康になり、愛する人の健康をも損う。相手に血を流させ、その身体をまったく駄目にしておいて、それで愛していると言えるだろうか？　否である。もしあなたが子供を愛していたら、その子にキャンディーを一箱まるごと食べさせるだろうか？　それは愛ではなく、ただの無分別である。あなたが本当に子供を愛しているなら、「キャンディーはからだに良くないよ。たまには食べてもいいけれど、一箱全部は買ってあげないよ」と言うだろう。それで子供が不満に思っても、それでこそあなたは、本当に子供のためを思っていることになる。ブラフマチャーリヤの場合も同様である。精液は脳と神経に力とスタミナを与える。神経衰弱は、スタミナが流失して不足するから起こるのだ。

セックスだけが愛の形だというなら、兄弟・姉妹の愛がどうして可能だろう？　息子と母親は？　そして娘と父親は？　だから、それだけが愛を表わす方法ではないのだ。愛が肉体的接触のみに基づいているなら、心はけっして一人だけでは満足しない。今日の恋人はこの人で、明日はあの人、あさってはまた別の人ということになって、きりがない。

精液はわれわれの生命である。それは正しく保存されると多大なエネルギーをもたらす。それは身体に吸収されるとプラーナに変わる。女性においても、保存された性エネルギーはプラーナに変わる。真に人々を助け、良い人間関係を作ることを可能にしてくれるのは、この生命力である。多量のプラーナがなかったら、われわれは誰にも何も与えることができない。十分に充電されたバッテリーのみが力を与えることができ、弱いバッテリーにはそれができないように。ブラフマチャーリヤを守る中で、われわれはこのエネルギーを確立する。

ヨーギーたるものは、常にそのことを心に留めておかねばならない。ヨーガを教えることは、歴史や地理を教えることとは違う。教師は、生命力――ある微妙な流れ――を他者に注ぎ与えるのである。もし彼自身が弱かったら、もし彼が疲弊《ひへい》した、充電不足のバッテリーだったら、どうしてそれができるだろう。だからあなたのバッテリーにエネルギーをいっぱい蓄えよう。

だがそれは、セックスを完全に遠ざけておかねばならないという意味ではない。そうではなく、適度にせよということだ。できるだけ多くのエネルギーを保存しよう。セックスを、適切に、婚姻関係の中だけで営むこと。子供は一人か二人持とう。人生の良き伴侶を持つまでは、エネルギーを貯めておこう。どのみちあなたは、いつになったら相手に「一緒にやって行こう」と言えるのか？資金が十分に〝貯まった〟後でしかないだろう。

ヒンドゥーの考え方では、人生には四つの時期がある。それは、〝ブラフマチャーリヤ（梵行期）〟〝グリハスタ（家住期）〟〝ヴァーナプラスタ（林棲期）〟〝サンニャーサ（遁世期）〟である。人は教育を終えるまではブラフマチャーリー、つまり厳格な独身者である。彼は蓄えられたエネルギーで物事を正しくとらえる。彼の知力はたいへんダイナミックである。ところが今の高校や大学では、ほとんどの学生はセックス以外は何も学ばない。そうではなく、まず学業を終え、それから誰かと一緒の生活を始めるべきだ。

それがグリハスタの段階である。ここで知識と力を一つに結び合わせよ。美人だから一緒になるのではない。そんな美貌がいつまで続くというのか？　どんなに美しく身を飾っても、肉体的な美しさは長くは続かない。本当の美は内面にある——人格や高い理想や人生の目的の中に。高い理想をもった気高い子供は、あなたの世界への貢献となる。愛情を、過度になることなく表現するのは悪いことではない。それはいわば自然の要素である。子供を持つ意志のないカップルでも、制限は必要だ。動物だって自制する。雌犬は身ごもると他の雄犬を寄せつけない。雌のライオンは、一年に一度しか仔を産まない。ある種の動物は仲間の前では愛の営みをしない、たとえば象などは。だから、あなた自身のやり方で、あなたの人生の時期に応じた制限を設けよう。

ヒンドゥーの伝統の中では、グリハスタ期の次にヴァーナプラスタ期が来る。そこでは夫と妻は、世俗的な任務を終えて、完全な霊的探求の生活に入る。彼らは巡礼をしたりアシュラムに滞在したりする。それからある時点でサンニャーサに入って、世俗的な絆《きずな》を完全に断つ。もう彼らは妻でもなく夫でもない。またなかには、もしその人がそれに足るだけの識別力を持っていれば、ブラフマチャーリーやグリハスタの次に直接サンニャーサに入ることもある。

ところが昨今では〝婚前テスト〟に興味を持つ人が多い。それは、店へ行ってあれこれのりんごの値段を聞いているかのようである。「一ドルです」と店の主人が答えるので、「美味しいですか？」と聞く。「もちろん！」と答えると、「それをちょっと試食したいんですが……」店の主人はそんなことをさせてくれるわけがない。りんごの匂いを嗅いだり、形や大きさを確かめたりはさせてくれるが、買う前に食べてみるなんてことはさせてくれない。

人間はりんごより劣るのだろうか？　買われる前に誰にでも一口かじらせてやらねばならないのだろうか？　だから、もしあなたが誰かに自分自身を献げたかったら、それを純粋に、慎み深く行うことだ。あなたは非常に神聖な何かを献げようとしているのだ。そういう献げ物を、どうして他の人に汚させていいものか。結婚する前によく知り合いたかったら、友だちになればよい。それがわれわれの先人たちのやり方だった。ところが今は、自由という名のもとに、人々は極端に走る。

禁欲を守ることによって、肉体的なエネルギーだけでなく、心的・道徳的・知的な、そして最終的には霊的なエネルギーを温存することになる。温存された性エネルギーは〝オージャス〟と呼ばれる精妙なエネルギーに変わる。これは人格的な磁気のようなものである。それが人格全体を調整し、神経を鍛え、知力を増して、心を穏やかにする。このオージャスに似たことばが、英語の中にある。それは〝オゾン〟である。朝早く、太陽が昇る前に戸外に出ると、そのオゾンをいっぱい含んだ空気を吸うことができ、それが持つ特別なヴァイブレーションとエネルギーを呼吸の中に取り入れることができる。しかし太陽が昇ってしまうと、それは効力を失う。だから午前四時から六時までが〝ブラフマムフールタ〟つまりブラフマン性の時間帯、神聖な時間帯と呼ばれ、瞑想するべき非常に神聖な時間だと言われるのである。

そして〝オージャス〟は蓄えられると〝テージャス〟になる。テージャスとは〝オーラ〟すなわち光輝である。以前ある新聞記者が私のことを取材して、「人々を輝かせるスワミ」という見出しを付けていたが、なんでスワミが人々を輝かせるのだ？　何か特殊なヨーガのメークアップでもあるのだろうか？　いや、多量のオージャスを蓄えたなら、誰でも輝くことができ、そのエネルギーを発することができるのだ。普通の何でもない炭素でも、かなり長い間土中で高圧の気密状態にあると固くなり、色も変わってダイヤモンドになる。蜂蜜は長い間置くと結晶ができる。精液も同じように変化して、光を放散する。

だから、禁欲は非常に大切なヨーガの一部である。ほんの一握りの人でもいい、強い意志をもって前進すれば、不可能なことは何もない。一人のブッダが地球の半分を変え、一人のキリストが世界の三分の一を変えた。われわれはすべてその能力を持っている。だからブラフマチャーリヤの価値を知ろう。それは必ずわれわれを、強く幸福に、健康で豊かにし、至福に満たしてくれるのだ。

(39) Aparigraha sthairye janmakathaṁtā saṁbodhaḥ.

不貪《アパリグラハ》が確立されたとき、自らの誕生の様相と根拠について、全き智慧がもたらされる。

〝アパリグラハ〟は、貪欲と秘蔵——それは盗みの一種である——を慎むこと、あるいは贈与を受けないことである。人はよく、ただ恩返ししてもらうことを見越して贈り物をする。ある日誰かが贈り物を持ってやって来る。そして翌日電話がかかってきて、「あなたに贈り物をしたでしょう？　そこで一つお願いを聞いてもらえませんか？」するとこちらはそうしなければならない義務を感じてしまう。税務官でも、税金逃れをしようとする仕事上の贈与は受け取らない。それは本当の寄付ではないから。それらは、ただ見返りを受け取るために贈られただけなのだ。寄付というのは、名声や金銭や宣伝のためではなく、ただ与えるためにのみ与えられるもののことである。

贈与を受けることがわれわれを縛り、われわれの中立性を奪う。心は、「おまえは彼から贈り物をもらった。どうして彼に逆らうことができよう？」と言う。だが逆に、もしわれわれがそれを負い目に感じないほど強ければ、それは受け取ってもいい。「私は彼にお金を正しく使う機会を与えたのであって、それをもらっても私には何の義務もない。彼はそれを恩に着せて明日私のところへ来るべきではない」と感じればいい。そのときわれわれは縛られてはいない。

欲望や義務から自由であることによって、心が穏やかで明晰となったとき、欲望がいかにしてこの生をひき起こしたのかを知る能力を得る。その原因と結果の関係〔因果〕を直接的に知ることができる。それは、われわれがそれから離脱しているから、もうそれに縛られていないからである。

(40) Śaucāt svāṅgajugupsā parairasaṁsargaḥ.

浄化によって、自分自身の身体への厭《いと》わしさ、他人の身体に触れることへの厭わしさが生ずる。

〝シャウチャー〟すなわち清浄の戒が守られると、自分自身の身体さえ不浄だと感じるようになる。それは絶え間なく分泌物を出し、一瞬一瞬不浄なものを排出している。息が炭酸ガスを運び出す。皮膚からは汗が出る。よくよく考えてみると、われわれの住み処《か》は実に汚ないようである。どんなに香水をふりかけても、それは不浄を覆い隠しているだけのことだ。汗の嫌な臭いがすれば、デオドラント剤を吹きつける。肌が汚ないと、それを隠すためにお白粉をつける。だがいくら隠そうとしても、それらは再び現われる。それが本当にわかったとき、われわれはもう身体に興味を持たなくなる。だがそれは無視ではなく、もうそれに憧れなくなるということだ。そして、今まで身体のために使われていた時間が他の目的のために、つまりジャパや瞑想や霊的な書物を読むために使われるようになる。

自分の身体が汚れのかたまりだと思っているときに、どうして他の身体に魅《ひ》かれたりするだろう？　それへの魅力もだんだん薄れ、それによってわれわれは、間違いなく多くのトラブルを回避することになる。身体よりも深いもののためにより多くの時間を使うようになると、最後には霊的なものへと進み――自分はまったく身体ではなく真の〈自己〉であると悟り――われわれはもう二つの身体を結びつけることに興味を持たなくなる。そしてそれは、二枚の衣服をこすり合わせることと何ら変わらないと思うのである。なぜなら、身体と衣服の間には何の違いもないのだから。一方は皮のシャツで、一方は木綿のシャツだ。

本当の結合とは、二つの身体の結合ではない。女の身体とか男の身体とわれわれが呼んでいるものは何だろう？　それは肉体の形の違いである。二つの肉塊をくっつけ合ったらニルヴァーナ〔涅槃《ねはん》、解脱〕が得られるのだろうか？　とんでもない。霊的な結合というのは、肉体的な結合とは違う。

人々は〝タントラ・ヨーガ〟を、何か性的な結合と関係があるもののように誤解している。チベットのタントラ体系が言っているのは、シヴァとシャクティ――シヴァは男性原理、シャクティは女性原理——のことである。そしてそれは、身体的な形態のことではなく、各個人の中にある陽の力と陰の力を指しているのである。ハタ・ヨーギーはそれを〝太陽と月〟と表現する。〝ハ〟が太陽で〝タ〟が月である。内なる太陽があなたの太陽神経叢の中にあり、月が脊椎の付け根にある。〝結合する〟ためには、その二つが出会わねばならない。これは〝プラーナとアパーナの結合〟として知られるもので、『バガヴァッド・ギーター』は、〝プラーナ・アパーナ・サマーユクタ〟と言っている。下向きに働くエネルギーが上向きにされて、その源に戻されねばならない。瞑想によって生じた熱が上方に向かい、それがある霊的《サイキック》な腺を刺激する。するとそこから甘露が分泌され始める。それが脊椎の付け根から神経の中へと流れ込み、それらを強くし活性化して、ほとんど不死にする。サンスクリットの〝アムリタ（甘露）〟という言葉はもともと〝不死〟という意味である。あなたの身体が光——オージャスとテージャス——に満たされて、それはヨーギーの身体へと変化する。〝汝の甘露を祭壇に献げて……〟云々の言葉は、そこから来ているのである。ところが、お酒を飲むことに関心のある人は当然、ウィスキーの瓶を祭壇に献げ、後でそれを返してもらって〝プラサード（奉献された食物〟として飲むわけだ。まったく心というのは欺瞞《ぎまん》的である。

われわれは経典の中の秘儀的な意味を正確にとらえねばならない。その表面だけをとらえると、間違いに導かれる恐れがある。たとえば祭壇に果物を献げるのはなぜか？　誰がそれを所望しているのか？〈神〉がそれを食べたいとおっしゃるのか？　それは、自分の行為の果実を献げるという意味なのである。われわれは自然の中で育っていく木である。われわれのすべてのエネルギーは、行為も思いもことばも、すべてわれわれの人生の果実であって、それを〈主〉の名において、人類のために献げねばならない。そこで『聖書』のアダムとイヴの〝禁断の果実〟の話が出てくるのである。われわれはみんなアダムでありイヴである。それは、誰もが禁じられている行為の果実を自分で食べようとするからだ。『聖書』の中のこの物語は、昔アダムという者がいて禁断の果実を食べたから、今われわれは彼の犯した罪を刈り取っている、という意味ではない。それと同じことを今もここで、われわれはやっているのだ。

どんな経典も、物語の形をとった、それ独自の秘儀的な意味をもっている。それは古代には、適切な準備なしに誰もがその微妙な技術を知りそれを使うことは、望ましくないとされたからである。たとえば〝アーユル・ヴェーダ〟として知られる古いインドの医学には、〝カーヤ・カルパ〟と呼ばれる療法があって、それは全身の生気回復のために使われる。だがもしその方法が広く知られてしまうと、多くの人々はそれを、無欲に使うのではなく、単なる世俗的享楽のために自分の身体を若返らせようとして使うだろう。だからそれは、誰にでもすぐにわかってしまわないように、符牒《ふちょう》を使って説明されている。

もう一つ例をあげると、タミール語で〝ムスムスカイ〟と呼ばれる強い薬用植物がある。これは悪人の手に渡ると悪用される恐れのある非常に強い薬である。ところが〝ムス〟には〝猿〟という意味もあって、〝カイ〟には〝〜の手〟という意味がある。それでその調合は〝猿—猿—手〟というふうに言い表わされる。するとそれをうのみにして、二匹の猿の手を切ってきて薬を作る人が出てくるかもしれないが、無知のために自分自身や他人を傷つけてしまうことは防げるわけだ。

だが、心が純粋になってしまえば必ず誰かが現われて、われわれにそれらの本当の意味となすべきことを教えてくれる。「弟子の用意が整うと、グルが現われる」というのはよく知られたヒンドゥーの諺である。受信機がうまく調整されると、音楽が入ってくる。こちらから招待状を送る必要はない。われわれがしなければならないのは、自分自身を調整することだけだ。そうすると、一秒のズレもなしに、グルが何らかの形で現われる。もしこちらの準備が整っていなければ、まわりに何千人のグルがいたって何にもならない。グルはわれわれに何も押しつけることはできないからだ。われわれの方に受け取る用意がなければならない。ちょうど、ラジオの中に音楽はあっても、ラジオがスピーカーをむりやり振動させて音楽を出させることができないのと同じである。だからその準備が——ヤマとニヤマのような徳性を培うことが——非常に大切になってくるのである。

【このスートラは、霊的探求者の識別の特定段階として理解されるべきである。そこでは、人はより高い目標を目ざしているために、自分自身の身体に対して、また他者との性交について、自然に無関心となる。そしてこの〝厭わしさ〟は〝嫌悪〟と同じではないということ、またすべての賢者や聖典が言っているように、魂が霊的実現を遂げることができるのは、この生においてのみであるということを忘れてはならない。この実現によってわれわれは、身体は〈神聖意識〉の寺院である、本当は身体そのものも同じ〈神聖意識〉に他ならない、ということに気づくのである。】

(41) Sattvaśuddhi saumanasyaikāgryendriyajayātmadarśana yogyatvāni ca.

さらに、サットヴァの純粋性、心の愉悦、一点集中、感覚の統御、自己実現への適合性を得る。

まず身体について了解する、すると心も浄化される。心が純粋だといつも楽しい。心の集中は、そうしようと思わなくともおのずから来る。あちこち走り回るので何度も引き戻してやらねばならないのは、不純な心だけである。また、感覚もすべて制御され、〝アートマー・ダルシャナ・ヨーギャートヴァーニ〟すなわち自己実現への適合性、アートマーのヴィジョンがもたらされる。これらがニヤマの一つ目の〝清浄戒〟を守ることによって得られる恩恵である。ただただ、思いと、ことばと、行為において純粋であれ。なんと簡単なことだろう！　ところがわれわれは、簡単なことはやりたくない。ちっとも自慢にならないからだ。小川を跳び越えて何が自慢だ？　われわれは大河を跳び越えるような難事をやってのけたい。自我《エゴ》はどんなことでもおいそれとは受け入れない。だが、ただの一日でいい、この清浄戒を実行に移してみよう。そうすればその良さが本当によくわかる。試しに「今日は私は絶対に純粋で、絶対の独身で、絶対の正直であろう」と心に決めてみよう。一度それを体験すれば、われわれはきっと何度でもそうしたいという誘惑にかられるだろう。

(42) Saṁtoṣādanuttamaḥ sukhalābhaḥ.
知足《サントーシャ》によって、無上の喜びが得られる。

〝知足（足るを知ること）〟の結果として、人は無上の喜びを得る。ここでわれわれは、知足と満足との違いを理解しておかねばならない。知足とは、幸福を求めて外界に赴くことなく、ただあるがままであることである。もし何かが来るなら、来るがままにさせる、来なければ来ないで、それも良し。知足とは、好悪のないことである。

(43)

Kāyendriya siddhiraśuddhikṣayāt tapasaḥ.

苦行《タパス》によって、身体と感覚の不浄が消え、超自然力が得られる。

〝タパス〟の直接的な意味は、第二部のスートラ(1)で見たように、〝焼くこと〟である。われわれは断食という肉体のタパスによって、余分な脂肪とともに、身体に蓄積された毒を焼く。心のタパスによって、すべての古い印象を焼く。ことばのタパスすなわち沈黙を守ることによって、話すことを抑制する。〝焼く〟ときには何らかの熱と痛みがある。われわれは苦しみを味わう。したがってタパスは、苦痛を受け入れることでもある。ある人が苦しんでいるならば、彼は幸いである。なぜなら、その苦痛によって不純が浄化されるのだから。

心を清浄で堅固にするためには、われわれは苦しみを、痛みを、貧困を受け入れねばならない。そして苦しみを受け入れると同時に他者に幸いをもたらすならば、その恩恵はいっそう大きい。だから他者の苦痛を受け入れよう。われわれは苦痛を受け入れても何も失わない。苦痛が大きければ大きいほど、われわれの得るものは大きい。そして何の苦痛もなかったら、得るものも何もない。われわれは苦痛から逃げるべきではない。

生活の中にタパスの機会はいくらでもある。布でも、きれいになるためにはタパスをくぐらねばならない。私の着ているこの服を、洗濯屋はどうするか？　彼はそれをきちんとたたんで、白檀の香をつけて、その上に花でも飾って返してくれるだろうか？　いや、彼はまずそれを石けんの入ったお湯につける。次にそれをいろんな方向から叩く。それから洗濯機の中でぐるぐる回して、絞る。その後、熱い乾燥機で乾かして、アイロンをかける。それでやっとこの服の汚れや垢がとれる。それは純粋になるためにタパーシャ（タパス）をくぐるのだ。洗濯屋はべつに服が憎いからそうするのではない。彼はそれをきれいにしたいだけである。彼がそれに苦痛を加えるのは、それを愛しているからだ。

心もやはり、洗われて、絞られて、放られて、乾かされて、アイロンを当てられねばならない。誰かがわれわれを苦しめても、それはわれわれを憎んでいるからではなく、われわれ自身の浄化を助けてくれているのだと考えよう。そのようにとらえることができれば、われわれは真のヨーギーである。誰かに感情を傷つけられたら、その人にほほ笑みを返すべきである。「ありがとう、いくらでもそうしてくれ。君は私にできるだけ早く純粋になってほしいのだ。だから仲間を呼んできて私を苦しめてくれてもいい」と。そこのところを理解して受け入れることができたら、われわれを罵倒したり叱責したり侮辱したりする人をけっして咎めないだろう。もし美辞を喜び、侮辱に腹を立てるならば、それはまだわれわれの心が強くないからだ。侮蔑の一言がわれわれの弱さを教えてくれる。私の師は、「適応し、調整し、受け入れよ。侮辱に耐えよ。中傷に耐えよ。それが最も高いサーダナ（修行）である」と言われた。どこかに引っ込んでマントラを唱えるのは簡単なサーダナだ。それだったら誰にでもできる。しかし、侮辱されても静穏な心を保つならば、それは数珠を何千回繰ってマントラを唱えることよりもすぐれている。それがタパーシャである。

身体と感覚を制御する力は、タパーシャによってもたらされる。どんなことでも受け入れることができたら、われわれを動揺させるものがあるだろうか？　もし誰かが「馬鹿」と呼んだら、それを受け入れる。「すばらしい人」と呼んだら、それも受け入れる。

昔、一人の男が、ある聖者を怒らせてみたいと思った。そこで男は彼に罵言を浴びせ始めた。「薄汚ない詐欺師め！　おまえの教えとやらでどれだけの人間が破滅したか、わかっているのか？」しかし聖者は何も言わずに、自分を罵《ののし》る相手を見てほほ笑んでいた。「俺のことばがわからないのか？」と、男は言った。

「もちろんわかります」

「俺の罵りがわかったって？」男は信じられなかった。「じゃあどうして黙っていられるんだ？」

聖者は答えた。「息子よ、たとえばあなたが私に何かの果物を持ってきてくれて、それを私が辞退したとしましょう。そしたらあなたはどうしますか？」
「持って帰らなきゃしょうがないだろう」
「そうですね」と言って、聖者は続けた。「それと同じで、私はあなたの持って来たものを楽しみません。ですからそれは持って帰ってください」

物事をこのように扱うには、本当の勇気と強さが要る。ただ殴り返すだけの人は、肉体的には強いかもしれないが、心は弱い。心の強さはタパーシャによって、苦しみを受け入れることによって、もたらされる。そのとき、苦しみはもはや苦しみではなく、喜びである、なぜなら、われわれはその恩恵を知っているからだ。

そのすばらしい例が、すさまじい苦痛にもかかわらず、子供を産むことに非常に大きな喜びを感ずる母親である。彼女はけっして苦痛を避けようとはしない。むしろ彼女は、それは後に来る大きな喜びの代価なのだと知って、それを迎え入れる。

(44) Svādhyāyādiṣṭadevatāsaṁprayogaḥ.

霊的な書物を研究《スヴァディアーヤ》することによって、自らの望む神霊との霊交が得られる。

再び〝スヴァディアーヤ〟すなわち〝霊的な研究〟である。それは聖典の研究を意味するが、どんなものであれ、各自が個人的に手ほどきを受けたサーダナ〔精神修習・修行〕を行うことも意味している。規則的にやることが研究となる。それによってわれわれは、〝イーシュタ・デーヴァター・サンプラヨーガ〟――〈主〉のヴィジョンすなわち〝ダルシャン〔恩寵〕〟――を得る。絶え間ない努力によって、われわれは特定のマントラに結びついた神霊のヴィジョンを得る。というのは、それぞれのマントラにそれぞれの神霊があるからだ。別の言葉で言えば、それぞれの名にはそれぞれの形があるということだ。だから、ある一つの名に専念していると、最後にはおのずから形が現われる。それは人間の形をとって現われるかもしれないし、音や光であるかもしれない。

(45) **Samādhisiddhir īśvarapraṇidhānāt.**

神にすべてを委ねることによって、サマーディは達成される。

〝イーシュヴァラ・プラニダーナ〟は、献身の生活、すべてを〈主〉あるいは人類に献げる生活である。なぜ私はそこに人類を付け加えたのか？「神に何かを献げたい」と言うとき、〈神〉はわれわれが何かを献げるのをどこかに座って待っておられるのか？　その〈神〉はどこにおわすのか、そしてそれは誰なのか？　〈神〉は世界を創られた、そして、世界そのものが〈神〉である。この外界のすべてが〈神〉なのだ。だから、われわれがこの人生を人類のために献げるとき、それは〈神〉に献げていることになる。われわれのするどんなことでも、われわれの態度一つでたやすく〈神〉への礼拝へと変わる。だから、「最大限、世界に奉仕するのだ」という思いをもってするならば、それはどんなことでもよい、テーブルにでも椅子にでも、その他身のまわりの何にでも奉仕することができる。椅子をここから向こうに移動させるとき、手荒なことをしなければ、それは椅子への奉仕である。引きずられたら、それらは悲鳴をあげる。どんな物でも、ぞんざいに扱えば苦痛を覚える。何にでも優しく、ヨーガのタッチで触れよう、スプーンでもフォークでもお皿でも。

そのことで私は、わが良き友、ヴェネディクト派の修道士ブラザー・デーヴィッドの書いた文章を思い出す。彼は、「お皿を洗うとき、私は〈神〉がいかに話されるかを感じる」と語っていた。お皿をていねいに扱えば、それらはチンチンと美しい音を立てる、と彼は言う。だが無造作に放り出せば、それらは泣く。だからお皿を洗うことでさえ礼拝であり得る。私の師、スワミ・シヴァーナンダジは、「正しい態度という魔法の杖で、あらゆる作業をヨーガへと変えよ」と言われた。

われわれの多くは〝インスタント・サマーディ〟に関心がある。それなのだ、クンダリニー*を覚醒させてそれをサハスラーラ・チャクラ*に導くまでもなく、もしも自分自身を献げきることができるなら、われわれは今ここでそれを得ることができる。

すべてを献げてしまえばわれわれは放棄者であり、所有するものは何もない。所有するものが何もなければ、不安もない。すべての不安が生じるのは、愛執と、所有物への執着のためである。愛執とは心の執着のことである。われわれに必要なのは、物質的な無執着よりも、むしろ心的な無執着なのだ。だから、心が執着していなかったら、物質的には所有していてもかまわない。それが不断のサマーディである。サマーディというのは、どこかの隅で我を忘れて石のようにじっとしていることではない。本当のサマーディとは、すべてを献げて、あらゆる執着から完全に自由であるときにのみ可能な、心の静けさのことなのだ。

普通われわれは、何でも欲しがる。名声や名誉や、お金を。そして、そういう欲望に取り囲まれた状態にある。インドの諺で、「もし機織りに関心があるのなら、猿をペットにするな」というのがある。猿をペットにしていると、やっと少し布が織れたと思ってちょっとその場を離れると、その間に猿が少なくとも百目盛りはバラバラに引きちぎってしまう。それと同じで、もし平安に関心があるのなら、どうして欲望や所有にこだわるのか？　それらはけっして共存できない。いまだかつてどんな宗教も、どんな預言者も、どんな聖者も、平安と欲望の両方を同時に持てると言ったことはない。無欲な心だけが、すべてから完全に自由な心だけが、完全に赤裸の心だけが、平安を持つことができる。『ギーター』は、「あらゆるものを献げることによってのみ、汝には終わりなき平安がある（*Tyāgat śāntir anantaram*）」と言っている。何もかもを、世界に献げるか、同胞社会に献げるか、〈神〉に献げるか、である。

＊クンダリニー＝各個人の中にひそんでいる宇宙創造の原動力（シャクティ）。
＊サハスラーラ・チャクラ＝脊椎の各所に存在する霊的な中心のうちの一つで、脳天に位置する。その他には、アージュニャー・チャクラ（眉間の位置）、ヴィシュッダ・チャクラ（喉）、アナーハタ・チャクラ（心臓）、マニプーラ・チャクラ（臍）、スヴァーディスターナ・チャクラ（性器）、ムーラダーラ・チャクラ（尾骶骨）がある。〝チャクラ〟は〝輪〟という意味。

イーシュヴァラ・プラニダーナは、たやすい道である。『ギーター』の一節には、「あらゆることを〈私〉の名において行なえ。そのときあなたは平安と喜びを得るであろう」と述べられている。それを理解すれば、もはやこの『スートラ』を読む理由はない。しかし、人によって欲するものは違う。好みも人さまざまである。聖典がさまざまな道を示し与えているのはそのためである。

母親が子供に食事をさせるときには、ただ目先を変えるだけのために、ときどき器を変えたりする。だが、結局子供の口に入る物は同じである。われわれも、食べさえすれば、どんなお皿から食べようとかまわない。完全な献身という一点を極めるために、さまざまな道が用意されているのだ。さまざまな宗教、さまざまな哲学、その道の数は知れない。そのすべてが一つの究極の目的を持っている。そこにたどり着くために何をするかは、そこに着きさえすれば問題ではない。

以上の徳目（禁戒《ヤマ》と勧戒《ニヤマ》の十項目）のうちの一つを実行すると、残りのすべても自然に行なわれることになる。一つが完成されると、集中と瞑想、さらにはサマーディさえもがもたらされる。その美質の一つだけでも自分の特質となれば、心は清浄で静穏となる。そのときには瞑想をする必要はなく、われわれはいつも無意識に瞑想しているのである。

（46） **Sthira sukhamāsanam.**

アーサナ〔坐法〕は、快適で安定したものでなければならない。

アーサナとは、快適で安定感をもたらす姿勢を言う。そうした快適さと安定感をもたらすものなら、どんな姿勢でも〝アーサナ〟である。一つのポーズを完全にこなすことができたら、それで十分である。と言うと簡単そうに聞こえるが、実際のところ、快適で安定したポーズというのがいったいいくつあるだろう？　ある一つの姿勢をとるとすぐに、ここが窮屈だ、あそこが痛いと、あちこち動かさずにはいられない。いつも足や腕や腰や背骨のことが気になって仕方がない。身体が完全に健康で、毒素や緊張から自由でないと、快適なポーズは容易には得られない。身体の、そして心の毒素が、こわばりや緊張を生む。われわれをこわばらせるものは何でも、われわれを壊すこともできる。柔軟であるときにのみ、われわれは壊れない。

そういえば、一本の草と大木とのある会話を想い出す。両方ともジャングルの中の急流の土手に生えていたのだが、ある日その大木が、ちっぽけな草を見下ろしてこう言った。「おいチビ助！　なんでおまえは俺のそばに生えているんだ。そんなふうに俺と並んで生えていて恥ずかしくないのか？　見ろよ、この俺の立派なことを。なんて大きくて高いんだろう。なんて強くて堂々としているんだろう。象だって俺を倒せやしないぞ。ところがおまえときたら、ははは……。おまえはここへ来るべきじゃなかったんだ。人が見たらきっと、そのあまりの違いに大笑いするだろうよ。なんでどこかへ行ってしまわないんだ？」

草は頭を垂れて言った。「はあ、そんなふうに言われても……。私は別にそうしようと思ってここへ来たわけじゃありません。たまたまそうなってしまっただけで。たしかに私はあなたのように強くて頑丈ではありません。でも、どうぞ私をここにいさせてください」。

「いいだろう」大木は声をとどろかせて言った。「だが自分の分限をよくわきまえておけ！」このやりとりがあったのは雨の季節だった。そしてまさにその翌日、大雨が降ってジャングルは水浸しになり、怖ろしい洪水が起こった。川の水があふれ出すと、それは堤防を崩《くず》し、あらゆるものをなぎ倒して進んだ。水の勢いがそんなだったから、その大木も簡単になぎ倒してしまった。しかし草の方は、頭を垂れ、身体を水平にして水をやり過ごした。洪水がひくと、草は再び身体を起こし、あちこち見回して驚いた。「あの大木はどうなったんだろう？　姿が見えないが……」

遠くの方からその木の答える声がした。「俺は洪水に根こぎにされてしまった。俺もおまえのように謙虚で単純で柔軟であればよかった。俺はもう駄目だ……」。

われわれに必要なのは鋼《はがね》の強さであり、同時にまた、その柔軟さである――非常に固くて強いがもろい粗鉄ではなく。身体は、どの方向にも思いのままに曲げられるように、柔軟でなければならない。そういう身体は、いつも健康で緊張がない。そういう身体で瞑想すれば、座ると同時に身体のことを忘れてしまう。

そのような瞑想的なポーズを完成させるために、その予備訓練として、われわれはたくさんのポーズをとるのである。そのためにハタ・ヨーガがあみ出されたのだ。人々は静かに座ろうと試みたが、それができないことがわかった。彼らは、苦痛やこわばりや胆汁やガスなどに遭遇して考えた。「なぜこういうものがあるのか、また、どうしたらそれらを取り除くことができるのか?」彼らはそれが、悪い食物を、間違った時間に、量を誤って食べるせいだと知った。彼らはさらに熟考した、「毒素を残さない良い食物とは何か? 量はどれぐらいにすべきか? 食べるべき時間はいつか?」そして彼らは、肉や魚や卵、刺激的で過剰なスパイスの使用を避ける、ヨーガ的な食事法を確立した。

次の問題は、すでに身体の中にたまってしまっている毒素をどうするかだった。そしてそれは、身体をあらゆる方向に圧迫することで取り除くことができるという結論に達した。たとえば彼らは、肝臓や脾臓や腸を浄化する方法を発見した。それは前屈のポーズ、つまりパシチモッターナ・アーサナであり、身体を前に折り曲げて胃を少し圧迫する。それでも足りないときには、もう少し圧迫を強めるために、ヨーガ・ムドラーに進む。それでもまだ毒素が残っていれば、マユーラ・アーサナ、つまり孔雀のポーズが来る。それでも不十分なときのために、ウッディーヤーナ・バンダ、つまり胃の引き上げ、そしてナーウリ、つまり胃の攪拌《かくはん》が開発された。背骨が固くて動きが悪いときは、それを前後に曲げたり、左右に曲げたり、倒立したりするという姿勢をとった。ハタ・ヨーガは何千年も前のものだが、けっして時代遅れではない。それの持つ真理は、いつの時代にも通用する。それらは黄金のようなものだ。他の物は時代が変わるにつれて価値を失うが、黄金はいつも変わらない。

(47) Prayatna śaithilyānanta samāpattibhyām.

自然な傾向である落ち着きのなさを減じ、無限なるものに瞑想することによって、坐位《アーサナ》は修得される。

感覚がいろいろなものを味わうことを求めるために、われわれは身体組織に毒素をため込んでしまう。そうではなく、そういうものは抑制しなければならない。その上でわれわれは、無限のものに瞑想して、不動性を達成するのである。偉大なもの、巨大なもの、よく安定し、十分に確立されているものなら何であってもいい。小さなものは常に揺れ動く。だから地球のことを想うのもよいし、大山の不動性を想うのもよい。

ヒンドゥー教の伝統の中では、信者は〝アディセーシャ〟――世界をその頭上に支え持つと言われる、千の頭を持つ蛇《コブラ》――を念想する。それを言葉どおりに思い描けば馬鹿げたものになってしまうが、この蛇は、重力や、〝プラーナ・シャクティ〟つまり生命力を象徴しているのである。そういう力がコブラによって象徴されている。というのは、コブラは主に空気だけで生きていると信じられているからだ。

しかし、自分自身の伝統や信仰に従って何を想い描いても、それはいい。ニューヨークっ子なら、エンパイア・ステート・ビル。そのとてつもない礎石。その上に百階以上の建物を支え持つためには、それがどれほど堅固でなければならないか——。またヨーロッパ人なら、「私はジブラルタルの岩山のように不動であろう」でもいい。あるいはまた、自分を彫像や死体のように想ってもいい。

身体が静止していると、心を静止させるのも簡単である。私の師の一人、あるすばらしいタントリック・ヨーギーはよく言われたものだ。「祈りの文句を繰り返すことも、ジャパをすることも必要ではない。喧騒の中で三時間、微動だにせず、まばたきすらせず、ただ座れ。そうすればどんなことでも容易に達成されるだろう」と。それぐらい長く座っていると、心は自動的にわれわれの制御下に入る。

身体を通じて、心にブレーキをかけることができるのだ。心というものはいつも考えている。「映画に行く時間だ、さあ起きなくちゃ」とか、「お腹が空いた。何か食べなくちゃ」とか。しかしそこで、「私は三時間動かないぞ」と決めたなら、心は結局われわれに従わざるを得ない。何かを手に入れるためには、心は身体の協力を必要とするからだ。それが〝アーサナ・シッディ〟つまりアーサナ達成の恩恵である。

その他にも、心を制御するシッディにはいくつかの種類がある。〝ボージャナ〟つまり食べることのシッディもその一つである。それは、一日の一定の時間に一定の量だけ食べるというふうに、食べることを自分で制限するのである。〝スターラ・シッディ〟は、「私は一年間、このアパートから動かない」とか、「私は半年間はマンハッタンから出ない」というような誓いを立てて、自分の行動を制限する。するとたぶん次の日ぐらいに、誰かがカリフォルニア行きのただの切符をくれたりするわけだ。試練というのはすぐにやって来る。

こういう経験は誰にもあるだろう。断食しようと決心したとたんに、友だちが美味しそうな物を持ってやって来る。するとわれわれは残念でたまらない。「今日断食しようと決心したばかりなのに。彼女がこのケーキを昨日持って来てくれていたらなあ。うーん、断食は明日からに延期しようか」。そのようにしてわれわれは試験に落ちる。誓ったからには、それを守り抜くべきだ。それを破らせようとする誘惑テストは、いくらでもあるだろう。

ヒンドゥーの哲学体系の中に、特に南インドのシヴァ派の中に、一つの誓いを立てて、それを命がけで守り通すことによって真理を悟得した、ナーヤナールと呼ばれる六十三人のシヴァ・シッダーンタ派の聖者がいる。

その中の一人は王様で、彼は、「聖灰の施された額《ひたい》を見たら、それが誰であれ、私はその保持者をシヴァ神そのものとして扱おう。そして彼の求めのすべてに応じよう」という誓いを立てた。しばらくして試される時が来た。彼の敵である別の王様が、彼の誓いのことを聞きつけたのだ。そして哲学の教師のような身なりをして、額に灰を付け、美しい衣の下に鋭い短剣を忍ばせてお城へやって来た。彼は到着すると門衛に、王様にお目にかかりたいと申し出た。

中へ通されると、大臣のタータが、信任状を見せるように要求した。しかし彼は、「私はある特別な経典を御教示するために参ったのです。私は哲学の教師です」と答えた。大臣は、「何か変だな」と思った。彼はその顔に見覚えがあるような気がしたが、王様からは額に聖灰のある人は誰でも通すようにと命じられていた。それでその男を通して王様に、「私にはこの男が信用できません。ひょっとしたら陛下の宿敵なのではないでしょうか」と言った。

王様は答えた、「この方の額には聖灰が見られる。この方は私に何かの経典の教えを授けるために来られたシヴァ神だ。彼から学ばせてほしい」。そしてその変装した敵の方を向いて、「どうぞお掛けください」と言った。

やって来た王様は言った。「これは非常に神聖にして不可侵の、秘密の経典です。それは相応の人物にしか明かすことのできないもので、あなたはまさしくその人です。しかしあなたの大臣にはその資格がない。だから彼は席を外さなければなりません」。

王様が大臣に下がるように命じたので、ターターは、「本当に下がってもよろしいのですか?」と聞いた。

「そうだ、下がりなさい」。彼はやむなくその場を離れた。王様がニセの教師の前に頭を下げると、そのとたんに敵の剣は彼を刺した。王様の苦悶の叫び声が聞こえたので、ターターは自分の剣を抜いて突進した。しかし王様は言った、「ターターよ、その方はわが〈主〉である。彼に手出しをしてはならない。国中の誰にも彼を害させてはならない。彼を安全にお帰しせよ」。シヴァ神の聖なる御名を唱えながら、王様は倒れて死んだ。しかし最後の息をひき取るときに、彼は〈神〉の姿を見た。

ナーヤナールの六十三人の聖者たちは、ことごとく自分の命を代償として、こうした悟りを開いた人々である。あることを誓ってそれを守り抜くことの裏にある目的は、自分が自分の心の支配者になるということである。心にいかなる斟酌《しんしゃく》も与えてはならない。われわれは、いったん誓いを立てたからには、揺らぐことなくそれを守り通すべきである。

ヒンドゥーの婚姻制度は、この理念の上に成り立っている。いったん生涯の伴侶と決めたならば、妻となった人は夫にとって女神であり、夫は妻にとって神である。どちらか一方が先に死んだら、残された者は世捨人としてその人の思い出に生き、二度と結婚をしない。夫が飲んだくれでも悪党でも、妻は、「彼は私の〈主〉。〈神〉がこの人を私に与えられたのです。彼がどのような人であっても、私はそれを受け入れましょう」と言うのである。

それは大いなる苦行である。それに関する諺に「石くれであれ草であれ、その人はわが夫」というのがある。妻は、「私を適応させ、調整させ、受容させてください。彼と共に生きさせてください」と言うのである。そのようにして数多くの婦人たちが、彼女ら自身の〈主〉への信仰によって、罪深い夫たちを真の賢者へと変貌させてきたのである。

(48) Tato dvandvānabhighātaḥ.

以後その者は、二元性によって乱されることがない。

姿勢が安定して快適になると、あなたは二元的なものの影響を受けなくなる。あなたは、寒熱、毀誉《きよ》、得失に左右されない。あなたは中立なのである。祝福されても呪詛されても、ほめられてもけなされても、百万ドルを得ても失っても、あなたは局外中立である。ただの姿勢で、それだけで、二元性を超えることができるのだ。それは心が制御下にあるからだ。もしそれ（心）が泣きたいと思ったら、まずあなたの許しを求めなければならない、「ちょっと泣きたいことがあるんですが、泣いてもいいですか？」「ああいいよ。でないと人はおまえのことを狂っていると思うだろう。さあ少し泣きなさい」。この世で共に生きるには、他の人々が泣いていたらわれわれも泣かねばならないこともある。しかしそれでもわれわれは制御された状態にいることができるのだ。そして、怒りを見せねばならないこともある。しかしこれらの感情は、ただわれわれが使うためにのみ、かつわれわれの許しを得てはじめて、現われ出るべきである。

(49) **Tasmin sati śvāsapraśvāsayorgativicchedaḥ prāṇāyāmaḥ.**

それ【安定した坐位《アーサナ》】が得られたならば、呼気と吸気の活動が制御されねばならない。これがプラーナーヤーマ〔調気〕である。

姿勢がマスターできたら、吸う息と吐く息の動きをコントロールすることによって、プラーナをコントロールする訓練を行なう。〝プラーナーヤーマ〟というのは、吸い込んだ息をできるだけ長く、神経が張りつめるまで止めておくことだと思っている人がいるが、そうではない。呼吸は、いかなる乱れもなく、静かでゆったりした状態で完全に制御されていなければならない。たとえば〝ナーディーシュッディ〟という左右の鼻孔を交互に使って行なう呼吸法は、はじめのうちは息を止めずに、少しずつゆるやかに訓練を進めていく。そして息の保留は、もっと後になってからする。

〝プラーナ〟〔気〕は、それなしには何も動かず機能しない、宇宙的な力である。ガソリンなら、それが自動車を動かす。電気なら、それが電球を通して光を放つ。われわれの思考ですら、プラーナによって動かされる。プラーナーヤーマではそれを直接に扱うのだから、われわれは非常に慎重にならねばならない。プラーナをコントロールするのは容易ではない。それには時間がかかる。われわれすべての中に、プラーナの予備がある。自動車には、ガソリンを使い果たしてしまったら開けて使う予備のタンクがある。

〈神〉ははるかに思慮深く、われわれに、日常使うものの何百倍もある巨大な予備タンクを与えられた。それが〝クンダリニー〟すなわち〝とぐろを巻いた力〟と呼ばれているものである。人々はクンダリニーの覚醒について多くのことを語るが、自分自身の日々の小さな力のコントロールさえままならないというのに、そんなところに首を突っ込んでどうするつもりなのだろう？　それをするのはその資格ができてから、自分自身の用意が整ってからだ。このように言うのは、われわれ自身の安全のためである。適当な時期が来れば、この予備タンクは自動的に開かれる。それは、未熟なままで、難しい呼吸法を乱暴に行うことによって、目覚めさせるべきではない。

(50)　Bāhyābhyantara stambhavṛttirdeśakāla saṁkhyābhiḥ paridṛṣto dīrghasūkṣmaḥ.

気息の変化〔ヴリッティ〕は、内向的・外向的・静止的のいずれかである。それらは時間と部位と数によって調整され、また長・短のいずれかである。

ここでパタンジャリは、吐いた後あるいは吸った後の息の保留について述べる。しかし、この息の保留については、われわれは非常に慎重にならねばならない。それは適切な個人的指導のもとで行なわれなければならないし、また、教えられたこと以上に進むべきではない。プラーナは非常に強力なエネルギーである。傍にコブラの正しい調教師がいなかったら、コブラと戯れてはならない。

パタンジャリによると、プラーナーヤーマには三つの型がある。それは〝バーヒヤ・ヴリッティ〟、〝アビヤンタラ・ヴリッティ〟、〝スタンバ・ヴリッティ〟、つまり吸息と呼息と保息である。普通、プラーナーヤーマでは、簡単で安全な、息の内部保留（息を吸ってから止めること）だけを教える。そしてその効果を経験してから、外部保留（息を吐いてから止めること）をする。

パタンジャリは、それらは〝デーシャ〟・〝カーラ〟・〝サーンキャ〟つまり時間・部位・数によって変化がつくと言う。〝部位〟というのは呼吸するときに意識を置く場所、つまり脊椎の付け根であるとか、その中ほどとか上部とかいう意味である。〝時間〟というのは、息の保留の長さである。〝数〟というのは、息を取り入れながらあるいは吐き出しながら数える数、また、息を止めている間に数える数のことである。普通、ナーディ・シュッディの場合は、それは一対二の割合である。つまり、五つ数えながら息を吸い込んだら十数えながら吐き出す。といってももちろんそれは二倍の量の息を吐き出すという意味ではなく、取り入れたときの二倍の時間をかけてゆっくり吐き出すという意味である。このように、われわれは呼息を制御することができる。普段のわれわれの呼吸は、吐くときの方が吸うときよりも短い。だからこの訓練では、吸息と呼息の長さを逆転させ、不随意筋を支配しようとするのである。

プラーナを調整することによって、われわれは心を調整する。なぜなら、その二者は常に同行するからだ。したがって、一方がコントロールされたら、もう一方もおのずからコントロールされる。そのためにパタンジャリはプラーナーヤーマに言及しているのであって、それは本当に大切なのだ。制御《コントロール》と規律は、われわれの生活に不可欠のものである。規律がなかったら何もなされ得ない。世界はすべて、規則的な、秩序だった仕方で機能している。もし何もかもがただの偶然だったら、科学の偉大な発明もあり得ないし、それらの必要性もないわけだ。もし太陽や月や地球が規則正しい仕方で運行していなかったら、ロケットを打ち上げる計算はどうやったらいい？　もし地球が突然、「私はこの速度で回転するのがいやになった。もう少し早く回転したっていいだろう？」などと言い出したら、アポロ計画はどうなっていた？　科学者たちが原子を分裂させることができるのも、それらが特定の速度で秩序だった動きをするからだ。

自然界のすべてを通して、規律を観察することができる。〝自由〟の名のもとに、「何でもしたいことをしたらいいんだ。規律なんてまっぴらだ。誰にも私を縛らせやしないぞ」などと言うのは、人間だけである。もしわれわれがある規律に則る方法をすでに知っているなら、誰にもわれわれを縛らせる必要はないし、やり方を教えてもらう必要もない。だがそれを知らないなら、知っている人からどうしたらいいのかを聞かねばならない。「私の車は時速百二十マイル出すことができて、私はそれをちゃんと運転することができる。どうして後生大事に五十五マイルの制限速度なんか守らなきゃならないんだ？　どうして交通信号なんか見て走らなきゃならないんだ？」そういう規則はわれわれを縛るためにあるのだろうか？　違う、それらはわれわれの安全のためにあるのだ。私も、もしレーダーとかヘリコプター・パトロールの規制がなかったら、アクセルを踏み込みたくて足がムズムズする方だ。私には性格的にそういう弱点があるので、そういう規制を施いてくれた人たちに感謝している。でないと私は見境がなくなるから。もしそういう規律の意味を正しくとらえたなら、われわれはそれらを歓迎するはずだ。

〝スカー・プールヴァカ〟は簡単で快い呼吸法で、吸息と呼息の割合を一対二で行なう。はじめは吸いながら五数え、吐きながら十数えるが、徐々に十対二十まで伸ばしていく。そこまで行ったら、間に少し保息をはさむ。つまり十で吸い、五の間保息して、二十で吐く。次に、十対二十の割合はそのままで、保息だけを五から十五へ、さらに二十五へと増やしていって、四十まで行ったらそこまでにする。その時点からはプラーナーヤーマの回数の方を増やす。

ヨーガの本を見てすぐに吸息一、保息四、呼息二の割合で練習を始める人がいるが、それは健康に良くないし、危険である。大切なのは、このプラーナーヤーマをするときの割合ではなくて、一度にできるプラーナーヤーマの量である。だから、たとえ保息なしでも、一度に三十回から四十回のナーディ・シュッディができれば、効果は非常に高い。

(51) Bāhyābhyantara viṣayākṣepī caturthaḥ.

プラーナーヤーマには、内的なあるいは外的な対象に集中しているときに起こる、第四の型がある。

プラーナーヤーマの四つ目のタイプは、自動的に起こる。そこでは、ある対象または観念に心を集中させるだけで自然に息が止まるので、意識的に保息する必要がない。これは〝ケーヴァラ・クンバカ〟とも呼ばれる無作為の楽な保息で、瞑想が深まると自然に起こる。心が停止状態になっているときは、プラーナにも同じことが起きている。たとえば本を読んでいてその中の何かに深くひき込まれていると、息が止まる。そういうときの自分の息をふり返ってみると、ほとんど呼吸していないことに気づく。そういう集中が何かで乱されると、その保留の埋め合わせとして深い溜息をつく。同じように、たとえば突然悪い知らせを受け取ったりすると、息が完全に止まってしまう。そしてその後、深い溜息をつく。それは、突然の知らせが心を止め、それと一緒に息も止めてしまうからだ。

ジャパや瞑想をしているときに息の保留が起こったら、それはいいことだ。それは身体の用意が整わないと起こらない。(ジャパや瞑想が)十分に深ければ、息は二、三分止まることもある。サマーディでは何時間も止まる。しかしそこにはエネルギーの消費がないので、人は死なない。エネルギーは温存されているのだ。

通常われわれはたくさんのエネルギーを消費するので、それをどんどん身体に送り込んでやらねばならない。それは車を動かすのと同じで、車は、点火装置や警笛や方向指示器などの電流を、すべてバッテリーから取っている。そしてバッテリーはそのようにしてエネルギーを流失している。ところがエンジン・ルームのダイナモがそれと同時にどんどん電流を送り込んでいるので、バッテリーは寿命を保つ。もしそのダイナモがあまりにもたくさんの電流を送り込んだら、バッテリーはオーバーヒートして駄目になる。だがそこには、それを避けるために、オーバーヒートする前にバッテリーとダイナモを切り離す安全装置がついている。だから、ダイナモが発電し続けても電流は流れ込まない。残念ながら、われわれ人間には安全装置がない。われわれを制限するのは、われわれ自身でしかない。

エンジンのスイッチを切って車を止めると、バッテリーのエネルギーを消費しなくなるので、それ以上エネルギーを送り込む必要もなくなる。それと同じで、たとえばおしゃべりをするとわれわれは、人間電流つまりプラーナを使うので、それを補給しなければならない。呼吸器系がわれわれのダイナモである。われわれは、バッテリーを一定レベルに保つためにプラーナを取り入れようとして息を吸う。もししゃべらなかったら、それほど息をする必要はない。また、手や足を動かすと、もっと多くのエネルギーを取り入れなければならない。身体をじっとさせていれば、エネルギーは保存される。しかしそれでも心は動いているので、わずかながらエネルギーを消費し、やはり息を吸う必要がある。もしその考えることもやめてしまったら、エネルギーの消費が全然ないので、呼吸の必要がなくなる。そこでクンバカが自動的に成立することになる。

聖者チルムーラーは、「心の赴くところどこへでも、プラーナは従う」と言った。それらは分かつことができない。まず心が制御されれば、息も制御される。しかし、心と息とではどちらがより精妙か？　そしてその精妙なものと粗大なものとでは、どちらがより扱いやすいか？　当然、粗大なものである。氷と水と水蒸気ではどれが一番扱いやすいか？　氷をある場所に置いておくためには、ただそこに置きさえすればよい。水だったら何らかの容器が要る。しかし水蒸気の場合はそれでも不十分で、密閉できるシリンダーが必要だ。氷も水も水蒸気もまったく同一の化合物だが、それらは異なった段階にある。それと同様、プラーナも、精妙な顕現状態にあるときよりも粗大な状態のときの方が扱いやすい。だからわれわれは、まず物質的なものである身体を制御することを学んでから、次に息の動き、次に感覚、そして最後に心というふうに進むのである。それが非常に科学的で、段階的で、やりやすいのである。

(52) Tataḥ kṣīyate prakāśāvaraṇam.

その結果、内なる光を覆い隠していた面紗《ヴェール》が破壊される。

さて、パタンジャリが次に述べるのは、プラーナーヤーマの恩恵である。われわれは内なる光を覆い隠しているヴェールを破壊するのである。内なる光〝プラカーシャ〟は、心の闇というヴェールによって覆われている。そのヴェールを取り除く最良の方法は何か？　糸を、なくなってしまうまで、一本一本抜くのである。

心は思いいによって織られたヴェールである。心は、それ自身が実体なのではない。思いを一本ずつ抜いていけば、全部抜いてしまったときにはもう心は残っていない。それは〝一山の砂糖〟みたいなものだ。砂糖の粒を一つずつ取り除いていけば、〝山〟は存在しなくなる。本当は〝山〟という言い方はおかしい。実際には〝山〟などなく、そこには〝砂糖〟があるだけなのだから。木は、さまざまな形に整形されて、他のいろいろな呼び方をされるようになる。椅子とか、テーブルとか、ベンチとか、薪とか。外見が異なると、名前が変わる。しかし変わるのは外見だけで、基本となるものはけっして破壊され得ない。われわれの基本となるものは〈真我〉である。われわれは、自分自身を身体や心だと思っているかぎり、自分を滅びるものだと感じる。プラーナーヤーマはわれわれに、間接的に〈一なるもの〉を、けっして変わらない〈もの〉を、理解させてくれる。それは、それがヴェールを取り除くからである。そしてその修練はやりやすい。現に、瞑想のクラスにはあまり多くの人は来ないが、アーサナとプラーナーヤーマのクラスには非常に多くの人々が集まる。

(53) Dhāraṇāsu ca yogyatā manasaḥ.

そして、心がダーラナー〔集中〕への適性を得る。

〝プラカーシャ・アーヴァラナ（光を覆うもの）〟が取り除かれると、心は、完全に滅びてはいないがその濃度が薄くなり、〝ダーラナー〟の修練に、より適したものとなる。

(54) Svaviṣayāsaṁprayoge cittasya svarūpānukāra ivendriyāṇāṁ pratyāhāraḥ.

諸感覚がその対象から撤退し、いわば心の本質を模倣するとき——それがプラティアーハーラ〔制感〕である。

プラーナーヤーマによっても心はまだ完全な適性には至っていない。そこには心をあちこちへひっぱろうとする他のもの、すなわち感覚があるからだ。それらが常に心に語りかける。「おお、ショーケースにとてもいいものがある。ねえ、買おうじゃないか」とか、「いい匂いがするだろう？　さあ手を洗え。すばらしいごちそうが待ってるぞ」とか。たとえ心が静かにしていても、鼻は心をそっとしておいてはくれない。そして鼻が「何か用意されてるぞ」と言えば、舌はすかさず「唾液の準備ＯＫ」と言うし、眼は、「ちょっとそれを見たいな」と言う。われわれはこれらの騒々しい感覚に対して、うまく手綱を引いてやらねばならない。

『バガヴァッド・ギーター』の中では、感覚との戦いが戦場になぞらえられて、秘儀的に説かれている。戦場とは世界、つまりわれわれの気を散乱させる騒々しい生活である。個人的自己であるアルジュナは、それに困惑し、主クリシュナに助けを求める。

彼は、「主よ、私の力には限りがあります。私はひとりでこの戦いに勝つことができるのでしょうか？　あなたが手綱を取って、私の戦車をお進めください。私をあなたの背後に静かに座らせ、あなたの御心のままになさってください」と言う。

クリシュナが御者になると、アルジュナはより揺るぎなく冷静となる。戦車を引く白い馬は、〝パンチャ・インドゥリヤ〟と呼ばれる眼・鼻・舌・耳・情緒の五つの感覚器官である。これらの器官は、〈主〉への奉仕のために差し出されなければならない。そのような仕方で働くときにのみ、それらは制御される。それらは、正しい働きに就いていないと、常に心を外界にひっぱるのである。

心が感覚対象から引っ込むと、感覚器官もそれぞれの対象から退く。そしてそのことが〝心を模倣する〟と言われるのである。感覚は、外を向くことを許されると、外界を把握し、描こうとする。だが内に向けてやると、心の純粋性を見て、外界の色をとらない。

感覚は鏡のようなものである。外向きにすると外を映し出し、内向きにすると純粋な光を映し出す。それら自身は無垢であるが、外を向くことを許されるとどんなものでも惹きつけて、それらのメッセージを心に伝え、それを落ち着かなくさせる。そして内に向けてやると、心そのものの形をとることによって安らぎを見出す。

感覚とは、要するに外界が心の中に入って来る門である。たとえば、「飾り棚を見る」と言うとき、心がそれの形をとってはじめてわれわれはそれを「飾り棚だ」と理解する。それが認知の原理である。〝聖なるもの〟に集中したとき、心がその形をとるのはそのためである。心がそれを保持していると、それは夢の中にまで現われる。感覚を制御することができれば、われわれは心に、われわれの望む形だけをとらせることができるのだ。

ヒンドゥーの思想体系の中では、感覚は霊的探求という仕事に従事させられる。寺院の内部はどこも色とりどりのもので飾られている。美しい装飾、愛らしい花、女神たちを飾るすばらしい衣裳、輝く黄金の馬――それらはすべて眼への饗宴である。香が焚かれて鼻に供される。プラサードによって舌が満たされる。だが人々はそれらのすべてを、〈神〉の名において、〈神〉に感謝しつつ、見、食べるのである。インドで、無料ですばらしい音楽が聞きたかったら、宗教的な祭礼に行けばよい。寺院でだったら同じ音楽家の演奏を無料で聞けるのに、それ以外のときには何千ルピーも払わなければならない。彼らは〈神〉に向かって演奏するのであり、人間に向かってするのではない。そして食物も、まず〈神〉のために用意され、その後なら誰が食べてもよいことになっている。

プラティアーハーラは、心を制御するもう一つの方法である。しかしそれを修得するのは容易ではない。一年や二年の修練でそれが修得できたなどと思うのは早計である。いつでも滑り落ちる可能性がある。たとえば厳格な禁欲を守ることに関心のある人は、女性との間に距離を保つべきである。女性を忌避《きひ》する必要はない。だが彼は彼女らと、姉妹に対してするような接し方、たとえば何気ない抱擁とか接吻も、するべきではない。口は彼女らを「姉妹」と呼んでも、感覚はその行為を違ったふうにとらえるだろうから。

ヨーガの真価に到達するためには、これらの〝予防措置〟を忠実に守り、その資格を獲得しなければならない。『ギーター』は、「ヨーガは、食べすぎる人のためにあるのではなく、まったく食べない人のためにあるのでもない。ヨーガは、眠りすぎる人のためにあるのではなく、まったく眠らない人のためにあるのでもない」と言っている。つまり極端に走らず、程度を知れということである。

さて次は、第二部最後のスートラである。

(55) Tataḥ paramā vaśyatendriyāṇām.

それにより、五感に対する無上の統御が得られる。

プラティアーハーラの修練を適切に行なうことによって、感覚は完全な支配下に置かれるようになる。それらは、どこへでも好きなところへ連れて行ってくれる従順な馬となる。あなたは完全に感覚の主人となるのだ。感覚的な享楽を避けることで、何かを失うと考えてはならない。感覚がわれわれをひっぱろうとしたら、「いや、私はおまえを満足させるつもりはない」と感じなければならない。はじめは少し緊張するかもしれない。しかしそれはほんの一時である。その後でわれわれは本当に誇りに思うだろう、「ああ、私はこれを統御したのだ」と。感覚を満足させてしまえば、一時の楽しみは得られるだろうが、後でもっと大きな落胆が訪れる。統御によって得た喜びは、一時的な喜びよりも長く続く。われわれはすべて、主人となるべきである。それが本当の自由であり、真の勝利である。どんな人でも、自分自身の心と感覚から自由であれば、その人を縛ることのできるものは何もない。その人は本当に自由である。国家権力も、独裁者も、けっしてその人を縛ることはできない。その人は、何も恐れない。

そしてそれは、少数の人々だけの特権ではない。それはすべての人々のものである。しかし、われわれはまず、心にけっして後戻りを許すことなく自分自身の統御を確立しなければならない。もしわれわれがそのような制御《コントロール》を得たなら、欲することはどんなことでもできる。そして内なる平安と喜びを見出すことができ、それと同じものをすべての人々と分かち合うことができる。

विभूतिपादः

第三部　ヴィブーティ・パダ（成就部門）

Vibhūti Pāda

この第三部は〝ヴィブーティ・パダ〟と呼ばれている。〝ヴィブーティ〟とは、ヨーガ修練の副産物として現われる成果のすべてを言う。それらは〝シッディ〟すなわち〝超自然力〟と呼ばれることもある。これらの力は、ラージャ・ヨーガの最後の三支、すなわち、ダーラナー〔集中〕、ディアーナ〔瞑想〕、サマーディ〔三昧〕を修めることによって現われ始める。

＊第三・四部では、スートラそのものは全部掲載しているが、解説は省いたものがある。解説をつけたのは、ヨーガを求める人々の理解のためにきわめて有用だと思われるものだけにした。

(1) Deśabandhaścittasya dhāraṇā.
集中《ダーラナー》とは、心を一つの場所、対象、あるいは観念に縛りつけておくことである。

チッタすなわち心の総体が、一つのものや一つの場所に縛られているとき、それは〝ダーラナー〟の状態にある。言うなればダーラナーで、あなたは心を〝しつけて〟いるのである。そしてそれが瞑想の始点である。集中は瞑想の始点であり、瞑想は集中の極点である。いずれにせよ、それらは切り離すことができない。

通常われわれの心は、あちこちさまよっている。それを一か所に固定しようとしても、たちまちその場所を離れてしまうことがわかる。

たとえば、美しいバラの花に心を固定しておきたいという場合。それを始めるときの一番良い方法は、眼の前に実物のバラの花を置くことである。心にとってはその方が簡単だから。最初に取りかかるときは、具体的な対象、象徴、偶像などがあるとたいへんやりやすい。抽象的なものを把握したり、ましてや視覚化したりすることは、心にとってそう簡単ではない。だから、バラとか、ろうそくとか図像を、眼の前に置く。

集中したいものが観念であるときには、少なくともそれを想起させるような具体的な物を置く。

そしてそれを見ながら、それと関係のある観念を想い浮かべる。そうするとそれが、〝トラータカ〟すなわち〝一点凝視〟の便法ともなる。

〝トラータカ〟とは、実際にある物を見つめること、ときにはまったくまばたきせずに見つめることである。しかし、眼を緊張させないこと。対象を、できるだけ長く、ただ見つめる。そのとき、その対象の背後のものに心を置くと、より長く見つめることができる。たとえばその美しさとか、イバラの茂みからなんとすばらしい贈り物が出現したのだろうとか。そのようにして、関連のある観念が次々に現われる。それらの中に没頭していると、その〝凝視〟という行為そのものが忘れ去られるが、それでもあなたはまばたきせずに見つめている。だが、凝視のための凝視にならないように。でないとすぐに眼が疲れてしまう。

しばらくしたら静かに眼を閉じて、集中対象を心の中に描き出してみる。まずそれは外にある。次にそれを心の中に持ち込む努力をする。しばらくはそれができるだろう。そして消える。そうしたらまた眼を開く。それを徐々に、心の中だけでできるようにする。それは、心の中に印象されたものを発達させる（現像する）ということだ。それは写真術のようなものである。まず、画を撮る。するとそれは、フィルムの上にある。それが本当に撮れているかどうかを知るためには、どうしたらいいか？　現像する。だが、そこで何の像も現われてこなかったら、もう一度撮り直さなければならない。トラータカの場合も同じである。

あなたが考えるとおりに、あなたはなる。あなたがバラのことを考えると、その心はバラの形をとる。しばらくすると、外部の具体的な対象の助けなしでも、それが簡単に内に見えるようになる。その段階になると、祭壇その他はもう必要ない。

それは〝プージャ（礼拝式）〟においてもなされることになっている。つまり、まずプージャを身体的に行ない、それを終えたら、その全情景を心の中に描き返す。プージャを始めるときには何をしたか？　その次は何だったか？　そしてその次は……？　というふうに、その手続きのすべてを、順を追って再現する。そしてそれが簡単にできるようになってしまえば、もう具体的な対象、つまりプージャそのものが必要なくなるわけだ。

これらはすべて、ダーラナーの一部である。バラの花を見ていると、心はそれを離れてどこか別のところへ行こうとする。始めたと思ったらすぐに「ああそうだ、去年の私の誕生日に、彼女がこんなバラの花を贈ってくれたっけ」と心が言う。そうだろう？　そしてバラの花はもうどこかへ行ってしまって、代わりに〝彼女〟がそこに居座っている。そして次には、「その後私たちは夕食に出かけた。ああ、すてきな食事だったなあ。それから映画を見に行った。何の映画だったっけ？　『キング・コング』だったかな？」二分以内に、必ずそうなる。バラの花からキング・コングへ行くまでに二分、いや、二分もかからないかもしれない。そうすると、今あなたは何に瞑想していることになるのか？　バラではなくてキング・コングに、だ。

心とはそういうものである。しかしそれでもかまわない。それが心の性質なのだから。それで落胆することはない。そういうときには少なくとも、「神よ、ここはどこなのですか？　私は、バラの花からキング・コングへ、なんて遠くまで来てしまったんでしょう？　恥ずかしいなあ！　さあバラの花のところへ戻ろう」と言えばいい。

けっして諦めてはいけない。そしてけっして「私は瞑想には向いていないのだ」などと思わないこと。それは多くの人々が犯す最大の誤りである。彼らは、座って眼を閉じたらすぐに何もかもうまくいくと思っている。もし心があちこち動き回ったなら、「瞑想なんて性に合わない」と言う。違う、それはピアノの練習や、ギターを弾くときや、料理のようなものなのだ。あなたは何度、野菜ではなくて指を〝料理〟してしまったか？　何でもそう簡単にできるようにはならない。自転車の乗り方を覚えるとき、あなたは何回転んだか？　だから、試み続けよう、粘り強く。パタンジャリが第一部の(14)スートラで言っていることを思い出そう。「修習は、長い間、休みなく、大いなる真剣さをもって励まれるならば、堅固な基礎を持つものとなる」。

それをしていくこと自体が、集中と呼ばれるのである。心が走る、引き戻す、また走る、また引き戻す。あなたは猿を飼いならしているのだ。いったん飼いならしてしまえば、それはちゃんと言うことを聞くようになる。「よし、そこでじっとしていろ」、そう言えばそれはちゃんとそうしている。そのときあなたは瞑想していることになる。それまでは、瞑想するように自分自身をしつけているのだ。瞑想できるように心を訓練することが、言うところのダーラナーである。

(2) Tatra pratyayaikatānatā dhyānam.
瞑想《ディアーナ》とは、そうした対象へ向かう認識の絶え間ない流れである。

ヒンドゥーの聖典は、この〝絶え間ない流れ〟を非常にうまくたとえている。それは、油を一つの壺から別の壺に注いでいるようなものだと言うのである。それは一筋の糸のように流れる。それには切れ目がない。心は固定されている。瞑想者と瞑想対象の間の連絡は、不動である。それがいわゆる〝ディアーナ〟である。通常われわれが瞑想と称して行っているのは、ダーラナーである。ダーラナーの長い訓練の後に、〝認識の流れ〟が徐々に長く伸びていって、ディアーナになるのである。

では、自分が本当に瞑想していることがわかるのは、いつか？　それを知るための目安がある。たとえば四時半に座って瞑想を始めるとする。瞑想には一時間を当てておくとする。そして、五時半にベルが鳴る。そのときもし、「え？　こんなに早くベルを鳴らすのは誰だ？　座ってからまだ五分じゃないか」と感じたら、それは瞑想だったと言ってよい。ところが五分間を一時間に感じたら、それは瞑想ではない、それはまだ集中していたのだ。

瞑想では、時間には何の意味もない。そして空間も失われる。あなたは自分がどこにいるのかを知らない。だから、突然瞑想が破られたら、あなたは、「私の身体に何が起きたのだろう？」と不思議に思うだろう。真の瞑想では、身体さえも忘れ去られる。あなたは時間と空間を超える。あなたは身体を脱け出す。〝身体を脱け出す〟と言っても、空中を浮遊するというような意味ではない。心が身体意識を超えるという意味である。

その点で、瞑想は睡眠に似ている。睡眠中は、身体があるということがわからない。それは確かにあるわけだが、それに気づかないのだ。睡眠が本当に深いときには、誰かがあなたの身体を別の場所へ移動させても、そのことにすら気づかない。そして眼が醒めたとき、「私はソファで寝ていたはずだが……誰が私をベッドに運んだのだろう？」と言う。

瞑想である徴《しるし》は、他にもまだある。初めのうち、身体を超えるとたいへん軽く感じる。また、瞑想の対象と関係したすばらしいヴィジョンを得ることもある。ときには、関連はなくとも、非常にすばらしく、高揚的なヴィジョンであることもある。またときには、ヴィジョンではなく、単に美しい光であったりする。美しい月光を浴びているように思えたりもするだろう。あるいは海鳴りとか、鐘の音とか、美しいフルートの音色とかいうような、音であるかもしれない。これらはすべて、出遭うかもしれないいろいろな徴である。しかし、普通私はこうしたことをあまり話さないことにしている。それは、そういうことを聞くと、「そういうことが今私に起こっているんだ」というふうに想像してしまうからである。それは起こすのではなく、ただ起こるのである。

（3） Tad evārthamātra nirbhāsaṁ svarūpa śūnyam iva samādhiḥ.
三昧《サマーディ》とは、〔瞑想という〕形がなくなったかのように〔瞑想の〕対象のみが輝き出るときの瞑想《ディアーナ》をいう。

これについては、語ることは多くない。それは少し体験すればすぐにわかる。瞑想《ディアーナ》は、〃サマーディ〟の状態で頂点に達する。サマーディは、修習するのではない。誰もサマーディを意識的に修習することはできない。われわれの努力は瞑想までである。あなたは、ダーラナーにあらゆる努力を傾ける。そしてディアーナではそれが無努力となり、あなたはただ、自分が瞑想状態にあることを知りつつそこにいるだけである。

ところがサマーディにあっては、あなたはそのことさえ知らない。それを知る〝あなた〟はそこにはいない。なぜならあなたがそれなのだから。あなたははじめ、たくさんの妨げを伴いつつ念想をする。それがダーラナーである。そうしてあなたは、あなたが念想するところのものとなる。それがサマーディである。瞑想には、三つの要素がある。つまり、瞑想者と瞑想と瞑想される対象である。しかしサマーディには、対象か瞑想者かの、どちらかしかない。そこには、「私はこれこれのものに瞑想している」という感じがない。

科学的にたとえてみよう。酸の溶液にアルカリの溶液を垂らしていくと、ある時点でその溶液はアルカリになる。そのときはもうアルカリにアルカリを加えているだけで、酸はどこにもない。与え手と受け手が一つになる。はじめ受け手は〝酸性アタマ《アシッド・ヘッド》（ＬＳＤの常用者の俗称）〟で、与え手はアルカリだった。だが、あなたのリトマス試験紙で調べながらそのアルカリを一滴ずつ加えていくと、ある時点で突然あなたは、もう自分が〝酸性アタマ〟ではないことに気づく！　ではいったいあなたは何だろう？　あなたの〈神〉と同じ、アルカリである。あなたと〈神〉とが一つになる。それが、言うところのサマーディである。

それをことばで言い表わすのはたいへん難しい。しかし、ただやり続けていけば、サマーディとは何かがわかる。もちろんそこには、種々の、低位のサマーディがある。第一部で論じたように、達成してはまた戻るレベルのものが。これらは、形、観念、至福、純粋我に結びついたサマーディである（サヴィタルカ、サヴィチャーラ、サアーナンダ、サアスミターの各サマーディ）。これらの四つにはまだ、隠された欲望を持つ心の一部が残っている。あなたはまだ完全には自由ではない。その心の中の想いは、完全には焼かれていない。それらはまだ、再び発芽し得る。それが、これらの四つがサビージャ・サマーディと呼ばれる理由である。ビージャとは種子である。それらには種子がある。だから、これでもうきれいになった、もう大丈夫、などと思ってはならない。確かに、種が袋の中にあるうちは罪はなさそうに見える。ところが一粒それを取り出して、小さな穴を掘り、そこに埋めて水をかけると、それはすぐに頭をもたげる。発芽する傾向が、そこにはまだ残っているのだ。

そういう傾向を残しているかぎり、あなたはまだサビージャ〔有種子〕あるいはサヴィカルパ〔有分別〕・サマーディの段階にある。しかしあなたを完全に〝焙《い》って〟しまうと、その発芽能力も消えてしまう。種子は確かにそこにある。外見はまったく変わらない。しかしそれらは、土に埋めて水をやっても発芽しないのである。

それはどういうことを意味しているか？　すべての想念、すべての欲望が無私になる、ということである。利己性が発芽の胚、「私はそれを欲する」と言って芽を出す胚である。その利己性が完全に取り除かれてしまうと、あなたは無胚となる。それがニルビージャ〔無種子〕あるいはニルヴィカルパ〔無分別〕・サマーディと呼ばれるのである。

これを達成した人は、他の誰ともよく似て見える。しかし、その人の心的種子が焼かれているというところが、普通の人間と〝ジーヴァン・ムクタ〟〔生前解脱者〕とでは違うのである。彼らもやはり、食べ、眠る。そして他の誰とも同じように、どんなことでもする。しかし、どんなことをしていても、彼らは彼らのしていることの影響を受けない。そこには、発芽をひき起こす執着という湿気がない。彼らは生きながら解放された人々である。解放〔解脱〕は、死の時に経験する何かではない。あなたは生きている間に解放されるべきである。ジーヴァン・ムクタの〝ムクタ〟は〝解放された〟という意味、〝ジーヴァン〟は〝生きながら〟という意味である。

それがサマーディの最終段階である。それは、一部の人々が考えているような、じっと座って目を閉じていることではない。もし石像のようにじっとしていることがサマーディだと言うならば、庭にある石はすべて深いサマーディにあると言わねばならない。そうではなく、あなたは有用であるだろう。そして行動的――他の人々よりもずっと行動的であるだろう。あなたの行為は、他の人人のそれよりも完璧であるだろう。あなたは動的である、だが静的であるように見えるだろう。対極は出会い、両極はよく似ている。回っていないコマには、動きがない。全速力で回っているコマも、動いていないように見える。光の欠如は、闇である。光を増加させ続けると、目がくらんで再び闇となる。完全なサットヴァの人の外見は、非常に静かである。そして完全にタマス的な人の外見も、そうである。

(4) Trayam ekatra saṁyamaḥ.

同一の対象についてこれらの三支【集中《ダーラナー》、瞑想《ディアーナ》、三昧《サマーディ》】がなされることが、サンヤマ〔綜制〕と呼ばれる。

これを行なうことから、シッディが生まれる。対象または対象となる観念の奥深くへ突き進むと、それ（対象）はその秘密を解き放つ。科学者というのは、ある意味で、原子に対して〝サンヤマ〟を行なっていたのである。原子はそれらのエネルギーを解き放ち、科学者はその知識を手に入れた。彼はその奥にひそむ真理に到達したのだ。サンヤマは通常、何らかの結果につながる対象あるいは観念に対してなされる。そしてその結果が生じたとき、それをシッディ〔霊能〕とかヴィブーティ〔祝福〕と呼ぶ。

(5) Tajjayāt prajñālokaḥ.
サンヤマの修了によって、知の光が生まれる。

これは、〝サンヤマを施すと、その対象の背後にある真理が知られる〟という意味である。それがいわゆる〝発見（discovery）〟である。その真理は、以前は〝覆い隠されて（covered）〟いた。今われわれはその〝覆いを取る（discover）〟。誰かが何かを新しく創り出すのではない。何らかの真理が隠されていて、サンヤマによってそれが何だったのかがわかった、ということだ。それが〝発見〟の真の意味である。

(6) Tasya bhūmiṣu viniyogaḥ.

サンヤマは、段階的になされるべきである。

(7) Trayam antaraṅgaṁ pūrvebhyaḥ.

これらの三支【集中・瞑想・三昧】は、それ以前の五支〔禁戒・勧戒・坐法・調気・制感〕よりも内的である。

アシュターンガ・ヨーガにおいては、ダーラナー、ディアーナ、サマーディは、より〝アンタランガ〟すなわち〝内的〟な修行である。ヤマやニヤマを行なうためには外部世界が要る。毀損すべき外界がなかったら、どのようにして不毀損を実行するのか？　ヤマとニヤマを通じて、どのように外界に対処すべきかが教えられる。身体でさえあなたにとっては外界であって、あなたはアーサナで身体を扱い、プラーナーヤーマでプラーナを扱い、プラティアーハーラで感覚を扱う。しかし、ダーラナー、ディアーナ、サマーディは完全に内向きである。それらは心のレベルにかかわるものだ。それが、パタンジャリが「これらの三支は先行の五支よりも内的だ」と言うことの意味である。

(8) Tad api bahirangaṁ nirbījasya.

これらの三支さえも、種子のない三昧《ニルビージャ・サマーディ》にとっては外的である。

これらの三つは、前の五つの段階に比べるとより内的である。しかしニルビージャ・サマーディに比べると、それらはまだ外的で粗大である。

(9) Vyutthāna nirodha saṁskārayor abhibhava prādurbhāvau nirodha kṣaṇa cittānvayo nirodha pariṇāmaḥ.

普通に生起してくる印象〔サンスカーラ、雑念〕は、抑止の努力の出現によって止滅されるが、今度はそれが新たな心の作用を生み出すことになる。心とこの新たな作用との結合の刹那が、ニローダ・パリナーマ〔止滅転変〕である。

(10) Tasya praśānta vāhitā saṁskārāt.

ニローダ・パリナーマの持続状態は、習慣づけによって確実となる。

(11) Sarvārthataikāgratayoḥ kṣayodayau cittasya samādhipariṇāmaḥ.

〔心の〕散漫さが減衰し、一点集中《エーカーグラター》が実現すると、サマーディ・パリナーマ〔三昧転変〕が現われる。

(12) Tataḥ punaḥ śāntoditau tulyapratyayau cittasyaikāgratā pariṇāmaḥ.

また、鎮静していく過去の想念と、今まさに生起しつつある想念が一致しているならば、それがエーカーグラター・パリナーマ〔専念転変〕である。

(13) Etena bhūtendriyeṣu dharma lakṣaṇāvasthā pariṇāmā vyākhyātāḥ.

これ【前述した三つのスートラ】によって、物質元素と感覚に関する、目に見える特徴の転変、時間要素の転変、および様態《ダルマ》の転変についても説明された。

(14) Śāntoditāvyapadeśya dharmānupātī dharmī.

そもそも潜伏状態・生起状態・非顕現状態の諸相を通過していくのは、実体【プラクリティ】なのである。

(15) Kramānyatvaṁ pariṇāmānyatve hetuḥ.

それらの異なった位相の連なりが、転変の諸段階に相違が存在する理由である。

(16) Pariṇāma traya saṁyamād atītānāgata jñānam.

転変のその三段階にサンヤマ〔綜制〕を施すことによって、過去と未来についての知が生まれる。

これ以下のスートラでパタンジャリは、いろいろなサンヤマと、その結果として生ずるシッディについて述べる。

(17) Śabdārtha pratyayānām itaretarādhyāsāt saṁkarastatpravibhāga saṁyamāt sarva bhūta ruta jñānam.

普通は、語と、その意味と、その語の表象内容が重なり合っているために、混乱が生ずる。いかなる生類により創られた言葉【音】でも、それにサンヤマを施すことによって、それが意味する知識を獲得することができる。

(18) Saṁskārasākṣātkaraṇāt pūrvajātijñānam.

サンヤマを通じて自らの心的印象〔サンスカーラ〕を直観することにより、前生についての知識が得られる。

(19)
Pratyayasya paracitta jñānam.
他人の身体の目立った特徴にサンヤマを施すことによって、その人の想念を知ることができる。

(20)
Na ca tat sālambanaṁ tasyāviṣayī bhūtatvāt.
だがそれは、その人の心の中でその想念を支えているもの【たとえばその思いの背後にある動機等】にまでは及ばない。それはそのサンヤマの対象とはならないからである。

(21)
Kāyarūpa saṁyamāt tadgrāhya śakti stambhe cakṣuḥ prakāśāsaṁprayoge'ntardhānam.
自らの身体の形態にサンヤマを施し、観察者の眼の光を遮《さえぎ》ってその認知能力を阻止すると、身体を見えなくすることができる。

なんと、透明人間になりたくはないか、というのだ。何かを見ようとするときは、その形が網膜に届き、そこに映し取られて、それではじめてその像《すがた》が見える。そういうことがなされないと、ものは見えない。だから、もし私が私の身体にサンヤマすることによってあなたがたの網膜に作用する光を断ち切れば、あなたがたの網膜の上には何の像も結ばれず、したがって姿は見えないだろう。

(22) Etena śabdādyantardhānam uktam.

同様にして、音【触感・味・香など】の消失も説明される。

(23) Sopakramaṁ nirupakramaṁ ca karma tat saṁyamād aparānta jñānam ariṣṭebhyo vā.

カルマには、速やかに発現するものと、徐々に発現するものとの二種類がある。それらに、あるいは死の前兆にサンヤマを施すことによって、死期を知ることができる。

(24) Maitryādiṣu balāni.

友愛やその他の徳性にサンヤマを施すことによって、それらを伝播させる力を得る。

(25) Baleṣu hasti balādīni.

象その他の動物の強さにサンヤマを施すことによって、それらの強さを得ることができる。

これはつまり、非常に力の強い動物、たとえば象などにサンヤマをするということだ。すると、象が現われるというのではなく、その強さがあなたに現われる。ジブラルタルの巨岩にサンヤマをすれば、あなたは本当に岩のようになる。つまり、それほどあなたは重くなる。普通に体重計の上に乗るだけなら、あなたは百十ポンドだ。ところがジブラルタルの巨岩にサンヤマしながらその上に立つと、たちまち針がとんでしまう。反対に、羽毛にサンヤマをすると、目盛はゼロを指したままだろう。あなたは自分自身を重くすることもできるし、軽くすることもできる。サンヤマによって、実にそういうことが達成されるのだ。それをやってみよう。試してみよう。面白いことが起こるだろう。

(26) Pravṛttyāloka nyāsāt sūkṣma vyavahita viprakṛṣṭa jñānam.

内なる光へのサンヤマによって、微細なもの、秘匿《ひとく》されたもの、遠方のものを知ることができる。【たとえば、原子のように微細なもの、隠された財宝、遠隔の地など】

(27) Bhuvanajñānaṁ sūrye saṁyamāt.

太陽にサンヤマを施すことによって、太陽系全体を知ることができる。

(28) Candre tārā vyūha jñānam.

月にサンヤマを施すことによって、星の配置を知ることができる。

(29) Dhruve tadgati jñānam.

北極星にサンヤマを施すことによって、星の運行を知ることができる。

(30) Nābhicakre kāyavyūha jñānam.

臍《へそ》の神経叢《チャクラ》にサンヤマを施すことによって、身体の構造を知ることができる。

エックス線は必要ない。太陽神経叢は身体の中心だから、身体全体のこと、その構造がわかる。太陽のことがわかれば太陽系全体のことがわかる、というのと同じようなものである。

(31) Kaṇṭha kūpe kṣut pipāsā nivṛttiḥ.

喉の奥にサンヤマを施せば、飢えと渇きが止まる。

これらのシッディの中のいくつかは簡単で、やろうと思えば誰にでもできる。パタンジャリは、台所のお母さんを大いに喜ばせそうな、この素敵で簡単なシッディを与えてくれた。注意のすべてを喉の奥に注ぐ、そうすればあなたは台所をのぞきに行かなくてすむ。こういう例はみな、主に、自分自身をテストするために与えられる。それらを達成するには、それほど長くはかからない。

(32)
Kūrmanāḍyāṁ sthairyam.
クールマ・ナーディ【喉の下方にある、亀の形をした精妙な管】にサンヤマを施すことによって、瞑想の坐位の不動性が達成される。

(33)
Mūrdha jyotiṣi siddha darśanam.
脳天の光【サハスラーラ・チャクラ】にサンヤマをなすことによって、神人《シッダ》たちのヴィジョンが得られる。

(34)
Prātibhād vā sarvam.
また、【純粋な生活を通じて】自発的に開花する知《プラティバー》の中で、すべての力はおのずから訪れる。

(35)
Hṛdaye citta saṁvit.

心臓にサンヤマをなすならば、心の働き〔チッタ〕を知ることができる。

(36) Sattva puruṣayor atyantāsaṁkīrṇayoḥ pratyayāviśeṣo bhogaḥ parārthāt svārthasaṁyamāt puruṣajñānam.

知性〔サットヴァ〕とプルシャ（あるいはアートマン・真我）とはまったく別のものであり、知性がプルシャのために存在するのに対して、プルシャはそれ自身のために存在する。これを峻別しないことがあらゆる経験をもたらす原因であって、この区別にサンヤマを行なうことによって、プルシャの知が現れる。

(37) Tataḥ prātibha śrāvaṇa vedanādarśāsvāda vārtā jāyante.

この知《プラティバー》から、自然に起こる直観を通して超自然的聴覚・触覚・視覚・味覚・嗅覚が生ずる。

(38) Te samādhāvupasargā vyutthāne siddhayaḥ.

これら【超自然的感覚】は、【ニルビージャ】サマーディにとっては障害であるが、世俗的追求においてはシッディ【力、霊能】である。

(39) Bandhakāraṇa śaithilyāt pracāra saṁvedanāc ca cittasya paraśarīrāveśaḥ.

【心を身体に縛りつけている】原因を解くことによって、また、心の働きのしくみを知ることによって、他人の身体に進入することができる。

(40) Udāna jayāj jala paṅka kaṇṭakādiṣvasaṅga utkrāntiś ca.

ウダーナ気【上向きの生命の気】を支配することによって、水、沼沢、イバラなどの上に浮揚することができる。そして意のままに肉体を離れることができる。

(41) Samānajayāj jvalanam.

【生命の気を均等化する】サマーナ神経流を支配することによって、身体が光輝に包まれる。

(42)
Śrotrākāśayoḥ saṁbandhasaṁyamād divyaṁ śrotram.
耳と虚空《エーテル》との関係にサンヤマをなすことによって、超常的な聴覚が得られる。

(43)
Kāyākāśayoḥ saṁbandha saṁyamāllaghu tūla samāpatteścākāśagamanam.
身体と虚空との関係にサンヤマをなすことによって、綿の繊維のように軽くなり、かくして虚空を飛ぶことができる。

(44)
Bahirakalpitā vṛttirmahāvidehā tataḥ prakāśāvaraṇakṣayaḥ.
身体の外にあって【マハー・ヴィデハ、大脱身】〔身体によっては〕確認できない想念波動にサンヤマを施すことによって、真我の光を覆う面紗《ヴェール》が破壊される。

(45)

Sthūla svarūpa sūkṣmānvayārthavattva saṁyamād bhūta jayaḥ.

粗大および微細な元素と、それらの本質、相関性、その目的にサンヤマを施すことによって、それらの元素に対する支配が得られる。

(46)

Tato'ṇimādi prādurbhāvaḥ kāyasaṁpat taddharmānabhighātaśca.

それにより、アニマその他のシッディ〔霊能〕がもたらされ、身体の完成が遂げられて、諸元素の影響による身体機能の妨げを受けなくなる。

【ここで触れられている八大シッディは、以下の通り】

①アニマ――身体が非常に小さくなる

②マヒマ――身体が非常に大きくなる

③ラギマ――非常に軽くなる

④ガリマ――非常に重くなる

⑤プラプティ――どこにでも達することができる

⑥プラカーミア――すべての望みがかなう

⑦イーシャットヴァ――何でも創り出すことができる

⑧ヴァシットヴァ――何に対しても命令し、支配することができる

(47) Rūpa lāvaṇyabalavajrasaṁhananatvāni kāyasaṁpat.
端麗、優雅、強靭、金剛石のごとき堅固頑丈さが、身体的完成である。

(48) Grahaṇa svarūpāsmitānvayārthavattva saṁyamād indriya jayaḥ.
自身の認知能力や生来の特徴、また自我意識と感覚器官の目的との相関にサンヤマを施すことによって、これらに対する支配が得られる。

(49) Tato manojavitvaṁ vikaraṇabhāvaḥ pradhānajayaśca.
それにより身体は、心と同じ速さで動く力、感覚器官の援助なしに機能する能力、そして根本原因【プラクリティ】に対する完全な支配力を獲得する。

(50) Sattvapuruṣānyatākhyātimātrasya sarvabhāvādhiṣṭhātṛtvaṁ sarvajñātṛtvaṁ ca.

サットヴァ【純粋な知性】と真我との相違を認識することによって、存在のあらゆる様態と形式に対する至上位【全能】を得る――それが全知である。

(51) Tadvairāgyādapi doṣabījakṣaye kaivalyam.

それ【これらすべてのシッディ】に対してさえ無執着であることにより、束縛の種子が破壊され、かくしてカイヴァリャ【独存】の状態が顕現する。

これが意味するところは、これらすべてのシッディ（超自然力）は実にすばらしいが、それらはわれわれを縛る、ということである。それはシッディが心の所産であるからだ。欲するのは心なのだ。それは、あれもこれもモノにしたいと思う。何のために？　それを誇るためだ。それが自我《エゴ》を育てる。それが〝私〟と〝私のもの〟を大きくする。つまりそこにはまだ利己的な欲望がある。もしあなたが幽体飛行《アストラル・トラベル》や千里眼や天耳通《てんにつう》のようなシッディを求めているならば「それはなぜか？」と私は聞きたい。あなたは、「ええ、それで私は人々を助けることができるだろうと思うのです」と答えるかもしれない。私は、それはただの言い訳だと思う。あなたはあることができることを人に示したいのだ。あなたはそれを誇りたいのである。

ではシッディは悪なのか？　だとすれば、どうしてそんなものがあるのか？　私に言わせれば、それらは悪くはない。それらはすばらしい。それらは善である。だがそれはどういうときだろう？　それらの方があなたのところへ来るときである。あなたがそれらの後を追いかけるときは、それらは悪い。それだけの違いである。シッディに来させて、「何かお手伝いさせていただけませんか？」と乞わせよ。そのときそれらはすばらしい。もしもあなたがそれらを追い求めず、それらを切望しないならば、それらは〝あなたのもの〟ではない。彼らがあなたを〝彼らのもの〟にしたい、あなたと共にいてあなたに仕えたいのだ。そういうとき、それらはオーケーである。だから、『聖書』の中にもそういう力のことが出てくるのである。「すべてがあなたのもとに来るだろう」と。それはどういうときか？　あなたが神の国を求めるときである。「汝、まず天国を探し求めよ。そのとき、その他のすべてが汝に加えられるであろう」。それらを一つずつ追いかける必要はない。ボスになれば何もかも手に入るのだから。小さな仕事《もの》を追いかけ回すことはない。

それはこうした〝ヴィブーティ〟や〝シッディ〟に限ったことではなく、美や金銭や権力や強さや科学的知識など、何でもだ。こうしたもののすべてが、今や誤用されるようになってきて、そのために世界は恐怖におののいている。それはなぜか？　われわれがまず〈神〉を求めないからだ。〈神〉とは何か？　平和であり、足るを知ることであり、エゴのないことだ。だから、われわれは本当はシッディを咎めているわけではない。それらは〈神〉の力、〈神〉の探究の副産物である。それらをあなたの後について来させよ。

心がそれほどまでに清らかで静穏となったとき、そのときこそあなたはそれらを、あなたの自我《エゴ》のためにではなく、良い目的のためにうまく扱うことができるようになる。あなたは、「私にはこれができる、あれができる」と言って自分の太鼓を打ち鳴らさなくなるだろう。シッディはそんなことのためにあるのではない。だからパタンジャリは、科学者として、事実は事実として学ぶ者の前に示さなければならないから、これらのことをはっきりと説明しているのである。だがそれは、シッディを獲得せよと奨励しているのではない。それがパタンジャリのいいところだ。彼は何も隠さない。そして「これらはすべて間違いなく起こり得る。しかしそれらを追い求めるな。でないとあなたはそれらによって傷つくかもしれない。それらにあなたの後を追わせよ」と言うのである。

(52) **Sthānyupanimantraṇe saṅgasmayākaraṇaṁ punaraniṣṭa prasaṅgāt.**

ヨーギーは、天人からの称賛といえども、これを受容したり慢心の笑みを浮かべたりするべきではない。ふたたび望ましくないものに捕捉される恐れがあるからである。

(53) Kṣaṇa tat kramayoḥ saṁyamād vivekajaṁ jñānam.
連続する瞬間の一刹那にサンヤマを施すことによって、識別知が現われる。

(54) Jāti lakṣaṇa deśairanyatānavacchedāt tulyayostataḥ pratipattiḥ.
かくして、種類、特徴、場所など、よく似ていて見分けのつかないものが識別できるようになる。

(55) Tārakaṁ sarvaviṣayaṁ sarvathāviṣayamakramaṁ ceti vivekajaṁ jñānam.
あらゆる対象のあらゆる状態を同時的に理解するその識別知が、解放をもたらすところの直観知である。

(56) Sattva puruṣayoḥ śuddhi sāmye kaivalyam.

静穏《サットヴァ》な心が、真我と同等の清浄さに至ったとき、そこにカイヴァリャ〔絶対、独存〕がある。

われわれは、あれこれの小物《こもの》をつかむためにここにいるのではない。あなたが捕えることのできる最大の魚は何か？　それは〝小さな自己〟という魚（self-fish）である。その魚を釣り上げよう。そうしたら、たぶんでっかい水槽を持つことになるだろう。その魚を殺すことはない、水槽でそれを飼っておくのだ。「どうだい、これが私の魚だよ」と言ってそれを他の人々に見せるといい。それはきっと最高の水族館になる！

こうした見地を見失って小さな物で満足すべきではない。絶対に。それはまずい。そんなつまらない小物で満足してはいけない。

そういう小物がときどき針にかかって、あなたを誘惑する。「ほら、ここだよ、ここへおいで。私をお使いなさい」。そうしたらあなたは言うのだ、「いや、私の目指すものはそれではない。私はまっすぐに進む。私はそんなところで道草を喰って二番手の見世物を見るつもりはない」と。

私がこのように言うのは、霊的な探究の道を進むにつれて、そういう亜流の見世物があなたを誘惑してくるからである。それはいうなれば、王様が、何でもあなたにあげようと言って、行く手に待ち構えているようなものなのだ。彼はあなたをパーティに招待してくれていて、「友だちになろう」と言っている。そこへあなたは向かっているのだ。その途中では実にいろいろなバラエティー・ショーをやっている、奇術や手品や音楽を。しかしあなたは承知していなければならない、彼らもすべてパーティに向かう途中なのであり、王様の命令に従って演じるためにそこへ行くのだということを。あなたがそこに着いたら、彼らもやはりそこにいるだろう。あなたは王様の横に座って、彼らを見物することができるのだ。ところがそれを忘れてしまうと、舗道に突っ立って彼らを見るだけで、肝心の王様には会えない。

けっして、けっしてそういうちっぽけなもので満足してはいけない。われわれのゴールは非常に高い何かなのだ。それは、永遠の安らぎ、永遠の喜びだ。小さな安らぎや小さな喜び、小さな幸福にとどまってはいけない。

कैवल्यपादः

第四部　カイヴァリヤ・パダ（絶対部門）

Kaivalya Pāda

第四部は〝カイヴァリヤ・パダ〟という標題が付き、〈絶対性〉について語られる部門である。〝カイヴァリヤ〟の語根は、〝特性や条件のない〟という意味の〝ケーヴァラ〟であり、それは〈宇宙性〉〔広大無辺〕のことである。ケーヴァラの性質を持つ者は〝カイヴァリヤ〟と呼ばれる。それは、絶対性・無限性の体験である。

（1） Janmauṣadhi mantra tapaḥ samādhijāḥ siddhayaḥ.
シッディ〔霊能〕は、前生においてなされた修行、あるいは薬草、マントラの反復、苦行《タパス》、サマーディによってもたらされる。

パタンジャリはこの部門を、ヨーガを行なう者がシッディを獲得する方法を再確認することから始める。この生で何も修行しなくともシッディを得る人々がいる。彼らは、どのようにしてそうした力を持つに至ったかを知らない。それは、彼らが過去の生において、今生でこうした能力を持つに価するような何かをしてきたことの証拠である。またパタンジャリは、ＬＳＤやマリファナによってある種の体験をする人々についての、理解の手がかりをも与えてくれる。あなたがたの言ういわゆる〝グラス〟は、薬草ではないだろうか？　マッシュルームもやはり薬草とみなすことができる。

シッディは、マントラ・ジャパ〔真言《マントラ》の反復〕や苦行によってもたらされる。苦行すなわちタパスは、苦痛を喜んで受け入れることを意味する。そのようにして意志の力を鍛え、心に対する制御の力を獲得していくのである。

そして最後にパタンジャリは、集中と瞑想という正しい手続きを経て得られるサマーディからも、そのシッディは生まれると言う。

だから、心霊能力《サイキック・パワー》を獲得する方法にもいろいろあるのである。しかし概して、サマーディ以外のものはすべて不自然とみなすことができる。たとえば薬草を使うということは、ある種の外的刺激物を使ってシッディを誘発させるということだ。それは有機的《オーガニック》なシッディではない。それは、現われても消えてしまう。だからシッディは、外的刺激物を使ってではなく、ヨーガの正規のプロセスの中で生じて来るべきである。

(2) Jātyantarapariṇāmaḥ prakṛtyāpūrāt.
一つの生類から他の生類への転変は、自然《プラクリティ》の流入によってひき起こされる。

(3) Nimittam aprayojakaṁ prakṛtīnāṁ varaṇabhedastu tataḥ kṣetrikavat.
付随的な事象は、直接的には自然の進化をひき起こすものではない。それらは、農夫のように【農夫が自分の田に水を引き入れるために、水路を塞いでいる物を取り除くように】、障害物を取り除くだけである。

ここでパタンジャリは、農夫が田に水を引く方法は、単に水路を塞いでいる物を取り除くだけだ、というたいへん良いたとえをあげている。あなたの心も、もとの静けさへと還流するのを望んでいる。しかし、その流れを妨げている障害物がある。

そこであなたの修練とあなたの師が、その農夫の仕事をする。〝グル〟というのは実際、何ら新しいものをもたらすものではない。彼はただ、意識の流れが滞ることのないように、その水が始源へと流れて行けるように、障害物を取り除くだけである。水はもともと用水路を流れているのだ。耕す者はただ、障害物がないかどうかを見て回り、それを取り除くだけでよい。いったんそれらが取り除かれてしまえば、水に向かって「流れよ」と言う必要はない。それは、戸外にはいつも太陽があって、いつでもあなたの家の中に入って行く用意があるのと同じである。それを妨げているのは、閉じられた窓と扉だ。あなたがそれを開けさえすれば、光は中に射し込んでくる。

（4） Nirmāṇacittānyasmitāmātrāt.

ヨーギーの自我意識《アスミター》のみが、【その他の人為的に】創り出される心の原因である。

(5) Pravṛttibhede prayojakaṁ cittamekamanekeṣām.
創り出される多くの心の作用はさまざまだが、ヨーギーの大もとの心は、それらすべてに対する主導者である。

(6) Tatra dhyānajam anāśayam.
瞑想から生じた心だけが、カルマの印象を免れている。

(7) Karmāśuklākṛṣṇaṁ yoginastrividhamitareṣām.
ヨーギーの行為《カルマ》は白〔善〕くも黒〔悪〕くもない。しかし他の者の行為には、善と悪、そしてそれらの混じり合ったものの三種類がある。

白と黒の秘儀的意味は、善と悪、あるいは浄と不浄である。しかしヨーギーの場合は、浄のカルマも不浄のカルマもない。彼の行為は非常に平静になされるので、それらをどちらの範疇《カテゴリー》にも持ち込まないのだ。彼は善と悪を越えている。他の人々は彼の行為を分類するかもしれないが、彼にとってはただ、それらは為されねばならない何事かなのであり、それらは起こっているのである。

それは何かの道具の場合のようなもの――たとえばナイフである。ナイフとは、ただ切るものである。そしてそのナイフが、果物を切ったらあなたはそれを善であると言い、喉を切ったら悪であると言う。しかしナイフにとっては、切ることは切ることである。どこを切ろうと、何を切ろうと、関係がない。そのナイフをふるう人間が、善あるいは悪の反作用に直面するだけだ。そのように、ヨーギーは、彼の行為の〝行為者《エージェント》〟ではない。彼はそうした二元性を超えている。しかし普通の人間にとって、行為には三種類ある。善と悪と、それらの混じり合ったものである。ある行為の、一部は善いが一部は悪い。たとえば、何かすばらしいことをするとしても、その背後に少し利己的な動機があるという場合、その行為は良い、しかし動機は悪い。それは他者にとっては良い、しかし自分自身にとっては悪い。だから、ヨーギーのカルマとその他の人々のカルマには違いがある。その他の人々は、「これは良い、私はそれを完璧に行なった」とか、「ヘマをしてしまった」とか、「これはまあまあだ」とか言う。しかしヨーギーについては、そういう分類はできない。

（8）Tatastadvipākānuguṇānāmevābhivyaktirvāsanānām.

これらの【行為の】うち、実を結ぶための好条件がそろったヴァーサナー【潜在記憶】だけが、特定の生において発現する。

(9) Jāti deśa kāla vyavahitānām apyānantaryaṁ smṛti saṁskārayorekarūpatvāt.
欲望とその成就は、身分・場所・時間によって異なってはいるが、それらには一連の関係性がある。【欲望の】印象〔潜在力〕と【欲望の】記憶とは、同一だからである。

(10) Tāsāmanāditvaṁ cāśiṣo nityatvāt.
生存欲に終わりがない以上、印象にも始まりはない。

(11) Hetu phalāśrayālambanaiḥ saṁgṛhītatvādeṣāmabhāve tadabhāvaḥ.
印象は、原因・結果・基盤・支持によって成立しているので、それら四者の消滅にともない、これら〔残存印象〕も消える。

(12)
Atītānāgataṁ svarūpato'styadhvabhedāddharmāṇām.
経過の違いによってそれぞれの特徴を表出する対象の、その真の姿の内に、過去と未来が存在している。

(13)
Te vyaktasūkṣmāḥ guṇātmānaḥ.
表出された状態であれ精妙な状態であれ、それらの特徴はグナの本質に属している。

(14)
Pariṇāmaikatvādvastutattvam.
事物の真実性は、グナの転変が一貫していることに基づいている。

(15)
Vastusāmye citta bhedāt tayorvibhaktaḥ panthāḥ.
対象が同じであっても、それを受けとめる心がさまざまに違っているため、認識はさまざまに異なるのである。

(16) Na caika citta tantraṁ vastu tad apramāṇakaṁ tadā kiṁ syāt.

また、対象の存在は、ただ一つの心に依存しているのではない。もしもそうであるならば、その一つの心が認知しない場合、その対象はどうなってしまうのか？

(17) Taduparāgāpekṣitvāccittasya vastu jñātājñātam.

対象が認められるか否かは、心がそれによって色づけされるか否かにかかっている。

(18) Sadā jñātāścittavṛttayastatprabhoḥ puruṣasyāpariṇāmitvāt.

心の変化は、その主であるプルシャには常に知られている。プルシャは不変だからである。

ここでパタンジャリは、心《チッタ》の変化のことを言う。チッタは絶え間なく変化する。それがチッタの自然な性向だからである。心は、変化してやまない自然の一部なのだ。われわれがいかに賢明であろうとも、心を静かにしておくことができるのはほんのわずかの間だけだ。だから、われわれが目指さなければならないのは、心を平和に保つことではなく、その心を超え、常に平和である真我を悟ることだ。

〈プルシャ〉は心の所有者、すなわちパタンジャリが言うように、それの〈主〉である。〈彼〉は、心の中で起こるすべての変化を知っている。もし〈彼〉もまた変化しているのであれば、どうして〈彼〉が心の変化を知り得よう? 変化しているものは、他の変化しているものを認識することができない。ちょうど狂人が他人の狂気を認識することができないように。〈プルシャ〉は、変化しないので、心は変化するものだということがいつもわかっている。

(19) **Na tat svābāsaṁ dṛśyatvāt.**

心は、自ら輝くものではない。それはプルシャに知覚される対象だからである。

ここでもだいたい同じことを言っている。心というものは主体ではない。それは〈プルシャ〉という一つの主体の対象物なのだ。心の作用とは、〈プルシャ〉としてのあなたが知覚（把握）するものなのだ。知覚されるものは知覚するものにはなり得ない。その逆もまた、真である。ある知覚者が何かによって知覚されるのなら、彼はもはや知覚者ではなく被知覚者である。真にこのことに、つまり知覚者と被知覚者が分離していることに気づいていることが、ヨーガなのである。

それは、簡単そうに見える。では、なぜ常にそうであることができないのか？　それは、心の質がそれほど澄明でないからである。それがやはりわれわれを引きずり下ろす。それがわれわれを、心から離れさせておいてくれない。〝マーヤー（幻影）〟がわれわれを騙《だま》すのである。

昨日あなたは、心レベルである経験をして、それが永続的な満足をもたらすものではないということがわかった。そして、「もういやだ。もうあんなものは要らない。ああいうものを追い求めるのは、これが最後だ」と言う。ところが、二日後にはまたしても同じものを追っている。それはどういうことなのか？　ある時点で真の知識が現われるが、マーヤーがまたしてもあなたを騙す。「そうだ、確かに昨日はそれが苦しみをもたらした。しかし今日はうまくいくだろう。よーし！」と。

それは、そこにはまだ自我《エゴ》が残っていて、それが心の基盤《ベース》になっているからだ。実にそれが、自分が誰なのかを知ることを妨げ、自分が真の自分になることを妨げている。だからあなたは、自分が〈プルシャ〉であるにもかかわらず、必ずしも常にそれを体験しないのだ。たとえばあなたが誰かを傷つけたとき、あなたは、「いや、私がそれをしたのではない。それをしたのは私の心だ」と言う。それなら誰かがあなたを傷つけたときにも、あなたは同じように感じるべきである。「あなたが私を傷つけたのではない、あなたの心がそれをしたのだ。だから私は、あなたに対して腹を立てることはできない」と。

ところが、自分がそれをしたときには心のせいにする。そして他人がそれをしたときには「よくもこんなことを！」と言う。シャヴァ・アーサナ（ハタ・ヨーガの、死体のポーズ）をしているとき、「私は身体ではない。その身体が、ここに横たわっている」とあなたは言う。しかし起き上がったとき誰かが、「君はなんて太っちょなんだ」などと言ったら、あなたは平静を失うだろう。「何だって？」と。その人はあなたのことを太っちょと言ったのではなく、あなたの身体を太っちょと言ったのだ。

自覚というものは、持続しにくい。われわれはその気づきを常に保持していなければならない。それは滑り落ちるものだから、何度も何度も引き戻さねばならないのだ。それがいわゆる霊的な修練である。

(20) Ekasamaye cobhayānavadhāraṇam.

心は、主体と客体を同時に知覚することはできない。【そのことから見ても、心は自ら輝くものではないことがわかる。】

心は外界の対象を知覚する。またそうでないときには、もしも心が十分に清浄であれば、内を向いて〈プルシャ〉を反映することもできる。だから心は、主体であるか客体であるかのどちらかである。主体として、それは他のいろいろなものを見る。客体として、それは〈プルシャ〉に見られる。しかし〈プルシャ〉が両方になることはあり得ない。それは常に主体である。

(21) Cittāntara dṛśye buddhibuddheratiprasaṅgaḥ smṛtisaṁkaraśca.

もし、一つの心が別の心によって知覚されると仮定するならば、それら〔心〕は数限りなく在ることになって、結果として記憶の混乱が生ずるであろう。

(22) Citerapratisaṁkramāyāstadākārāpattau svabuddhisaṁvedanam.

プルシャの意識は不変である。それの反映を受けて、心は真我を自覚する。

(23) Draṣṭṛ dṛśyoparaktaṁ cittaṁ sarvārtham.
心は、見る者と見られるものの両方から染められることによって、あらゆるものを理解する。

(24) Tad asaṁkhyeyavāsanābhiścitramapi parārthaṁ saṁhatyakāritvāt.
無数の欲望を持ってはいるが、心は他者【プルシャ】のために存在するのである。それ〔心〕はプルシャと連繫してはじめて機能することができるからである。

(25) Viśeṣadarśina ātmabhāva bhāvanā vinivṛttiḥ.
心とアートマン〔真我〕の区別を知る者は、心をアートマンと考えることが永遠に熄む。

(26) Tadā hi vivekanimnaṁ kaivalya prāgbhāraṁ cittam.
そのとき、心は識別知《ヴィヴェーカ》の方へと傾き、独存《カイヴァリヤ》に引き寄せられる。

(27) Tacchidreṣu pratyayāntarāṇi saṁskārebhyaḥ.
その間隙にも、過去の印象《サンスカーラ》から来る雑念が生ずることはある。

(28) Hānameṣāṁ kleśavaduktaṁ.
それらは、前述の【第二部(1)・(2)・(10)・(11)・(26)】諸障害の除去と同様の方法によって、除去することができる。

(29) Prasaṁkhyāne'pyakusīdasya sarvathā viveka khyāterdharmameghaḥ samādhiḥ.
完全なる識別知によって、最も高い報償に対してさえまったく無欲となった者は、不断の、特異な洞察の内にとどまるものであり、それはダルマメガー・サマーディ【法雲三昧】と

呼ばれる。【〝ダルマ〟には、美徳、正義、法、義務、道徳、宗教、宗教的な価値、神意などの意味がある。】

ここでパタンジャリは、〝ダルマメガー・サマーディ（法の雲のサマーディ）〟と呼ばれるサマーディについて述べる。〝ダルマメガー〟とは、〝すべての美質がそこにある〟という意味である。人は、「高まりたい」という欲望すら消えたときに、その境地に至る。それはなぜか？　誰が「高まりたい」と思うのか？　それは、すでに高きに在る者だろうか？　違う。「高まりたい」という渇きがあるかぎり、あなたは高きにはおらず、本当に高きに至ったときには、その渇きが消えているからだ。達成されるべきものを達成すると、すべての欲望が抜け落ちる。あなたが完全に解き放たれるのは、そのときでしかない。

聖者チルムーラーは、「〈神〉をさえ、求め給うな」と言う。それは、求めることそのものが束縛だということである。究極的には、〈神〉を得たいという欲望さえ消えなければならないのだ。そのときはじめて、あなたは〈神〉を得るだろう。ではそういう欲望は、いつになったら消えるのか？〈神〉を得たとき、か？　それでは言葉の遊びである。この欲望の達成と、無欲になることとは、同時に起こるのである。それは、「私は眠りたい、眠りたい」と言っているようなものなのだ。ある時点が来ると、あなたはひとりでに眠りに落ちる。つまり、その「眠りたい」が消えたとき、あなたは眠っている、ということだ。

だからこのダルマメガー・サマーディも、努力することによって達成されるものではない。ある時点までは、あなたはあらゆる努力を傾ける。そして本当にそこまで行ったときには、その努力もなくなって、無努力になる。その時点では、さらなる努力はかえってあなたを低い状態にとどめることになる。

その段階に至るまでは、いわゆる望ましくない欲望から自分自身を遠ざけておくために、ある種の良い欲望を持つことは、何ら弊害にはならない。そして望ましくないものが除去できたら、良い方を除去するのも簡単である。

それはまったく、布を洗うときに石けんを使うのと同じである。たとえばあなたが、きれいな、真白な布を持っていて、なぜだかそれが汚れてしまったとしよう。あなたは、汚れを〝求める〟ことから、その布を遠ざけておきたい。で、あなたはどうするか？　石けんを〝求める〟。石けんとは何か？　それもある種の汚れではないだろうか？　それは、見かけは良くて、匂いも良くて、手に入れるのにお金も要る。しかしそれでも、汚れは汚れだ。さて石けんを手に入れたらどうするか？　その買ってきた汚れを、ただの汚れにくっつけてやる。そして適当なときに、望ましくない汚れが新参の汚れとうまくやっているのを見計らって、水の中で布をすすいで、それを取り出す。するとどうなる？　どちらの汚れも洗い流されている。

それと同じように、悪い欲望を追い出すためには良い欲望を持たなければならない。古い欲望の出ていく準備が整ったときには、良い方も出て行くものだ。「いいだろう、私の仕事は終わった。あなたを放してあげよう」と。それをせずに、別の望ましくない欲望の助けを借りて同じ望ましくない欲望を追い出そうとすると、それは最初のものを取り除くためにはいいかもしれないが、後のものが居残ってしまう。たとえば例をあげると、われわれの政府がヘロイン中毒の治療対策の中でこの間違いをやっている。そこでは、ヘロインを追い出すためにメタドンを処方している。それは確かに効く。しかし、その後どうなるか？　メタドン中毒が残る。そこでまたそれを治すために、何か他のものが必要になってくる。それは悪循環である。

もう一つ例をあげると、これは歴史上よくあることで、ある政府が自国内の望ましくない集団を排除するときには、他の望ましくない集団の力を借りる。かつて回教徒が、インドのある地域を支配しようとしたことがある。彼らはイギリスに援助を求めた。イギリスは回教徒のインド支配を助けるためにやって来たが、いざ回教徒が勝利を治めると、イギリスは「君たちを勝たせてやったのだから、君たちはわれわれに何らかの特典を与えるべきだ。さもないとわれわれは君たちを追い出す」と言ったのだ。そうなるといったいどちらが本当の支配者なのか？　回教徒は、イギリスに助けてもらえばインド人を押さえて万事うまくいくだろうと思ったのだが、結局はイギリスにアゴで使われる羽目になってしまった。

だから、日常生活の中でも、国家の命運にかかわることでも、何かの助けを借りようとするときには、その前に、それが果たして正しい援助なのかどうかをよく見きわめなければならない。でないと、後々それがわれわれを縛ることになる。

(30) Tataḥ kleśa karma nivṛttiḥ.
そのサマーディによって、すべての苦悩〔煩悩〕とカルマ〔業〕は終熄《しゅうそく》する。

ダルマメガー・サマーディによって、心に影響を及ぼすすべてのものが消える。人はジーヴァン・ムクタとなる。そのような人は、何からも影響を受けない。彼がそこにいて、物事が起こる。彼は絶えざる目撃者である。解脱以前に十分に鍛練された彼の身体と心は、ただその〝プラーラブダ・

カルマ〟すなわち〝生存のカルマ〟のゆえに、ある種の機能を続けているだけである。

カルマの働きについてふり返ってみると、われわれのすべての行為は三つのグループに分けることができる。周知のように、為されたカルマはすべて、その結果を残す。それらの結果は〝カルマ・アーシャヤ〟と呼ばれる大きな袋、文字どおり〝カルマの袋〟に蓄えられる。

プラーラブダ・カルマは、現世において経験されるべくその袋から取り出された分である。あなたは以前にも数多くの身体を生き、たくさんの行為をしてきた。そしてその結果が今、カルマ・アーシャヤの中に一まとめになって入っている。〝サンジタ・カルマ〟は、その、あなたの過去のカルマすべての合計である。プラーラブダは、この生で経験するべく当てがわれたもの全体である。あなたがたがこの世にさまざまな資質の身体や心を持って生まれてくるのは、そのプラーラブダ・カルマによるのである。あなたが少女で私が少年なら、それはあなたのプラーラブダがあなたには女性の身体を与え、私のプラーラブダは私に男性の身体を与えたということで、それはわれわれがそれぞれに、そういう型の身体を必要とするある種の経験をくぐらねばならないからである。

そしてそれが、ときには身体に欠陥の見られる理由である。生まれてきた赤ん坊が障害を背負っていることの理由は、他にはない。魂がそういう結果に苦しまねばならない身体をもつべく、何らかのカルマが行なわれたのである。

プラーラブダを経験しつつ、われわれは新たなカルマをも行なっている。そのプラーラブダと、新たなカルマである〝アーガミー〟とは、どのようにして見分けたらいいのだろう？　どんなことであれ、予期せぬ、不測の事態が起こるのは、プラーラブダのせいである。また、わかっていて意図的に行なったことはすべて、新たなカルマである。意図的に石を蹴ってつま先をケガすれば、それはアーガミー・カルマである。ところが、ただ歩いていて偶然石にぶつかってケガをしたら、それはプラーラブダのせいである。つまり、カルマには、サンジタとプラーラブダとアーガミーの三種類がある。

ジーヴァン・ムクタの場合は、彼はそのプラーラブダのゆえに、人間の身体をもってこの世に生まれてきた。そして解脱するまでは、彼は他の人とまったく同じである。だが今や彼は、その〈自己知〉によって、もう自分自身を縛るようないかなる新たなカルマをも行なうまいと決意した。だから彼にはアーガミー・カルマはない。しかしそれは、彼が何もしないということではない。何かが起こっているようには見える。彼はいろいろなことをしているように見える。しかし彼はしていない。身体と心から離脱しているがゆえに、彼は、彼が行なっているように見える行為の反作用の影響を受けないのである。すべてのカルマを行なうのは、心である。

自分自身を〈プルシャ〉であると悟ったとき、あなたは、いかなるカルマもすべて心に属するのだということを知る。この離脱すなわちカイヴァリャの状態が来るとき、サンジタは焼かれる。というのは、何かをやり続けようとする刺激が、心にも身体にもないからである。そのサンジタはその人に作用することができないから、彼にとってはもう再生はない。しかし、その身体と心とをこの世に送り出したプラーラブダはまだ残っている。それが尽きるまでは、身体も心も機能する。

ジーヴァン・ムクタはその行為を、非難されるべきでもなく、称賛されるべきでもない。ただ他の人が彼の行為を見ているように、彼も彼自身を見ているだけである。すべての称賛と非難は、ジーヴァン・ムクタではなく、その身体と心に向けられるのである。

「ジーヴァン・ムクタは死んだらどうなるのですか？」という質問を、学生たちからよく受ける。彼はまた戻ってくるのだろうか、それとも他の惑星で進化し続けるのだろうか、それとも他に何かあるのだろうか？　彼はそんなことには頓着しない。そんなことを知りたいとも思わない。彼は自由なのだ。もし知りたいと思ったならば、彼はジーヴァン・ムクタではない。

「それでは、ときどきわれわれの中に現われる聖者や預言者というのは、どうなのだろう？」とあなたがたは思うだろう。彼らは、そういう欲望を持っていたから戻って来たのかもしれない。であるならば、彼らはジーヴァン・ムクタではない。しかし、ときにはジーヴァン・ムクタがこの世に送り返されてくることもある。それは彼らがそれを望んだからではなく、〈普遍的な法則〉がそれを望んだからだ。「おまえは良い見本である。行って、人々の真っ只中で生きよ。彼らに、おまえが行為していなくとも行為しているがごとく見せよ」と。〝師〟が、ときどきそのようにして送られてくる。

シュリー・ラ*ーマクリシュナ・パラマハンサは、このことについて美しいたとえ話をしている。あるとき、数人の人が美しい庭園を訪れた。そこにはとてもすばらしい、大きな果物が実っていると聞いていたのだ。しかしその庭は、高い塀でまわりがすっかり取り囲まれており、中がどんな様子か、見ることすらできなかった。一人が苦心してやっと塀の上によじ登り、中を見た。そして彼は、そのあまりに美味しそうな果物を見るが早いか、中へ飛び込んでしまった。次に登った人も同じようにすぐに飛び込んだ。最後に三人目がよじ登った。しかし彼はそれを見て、「わあすごい！　でも私は飛び込んでもいいのだろうか？　下には、お腹を空かせて、ここに何があるのかも、どうして登ったらいいのかもわからない人々がたくさんいるのに」と思った。そこで彼は、塀の上に坐って言った、「おーい、ここにたくさんの果物があるぞ。登っておいで。君たちも精いっぱい頑張れば私のように登って来られる」。彼は人々に手を貸して引き上げた。

このような人々が師と呼ばれるのである。彼らはそこに何があるのかを知っているが、自分だけそこへ行ってそれを味わおうとは思わない。彼らは、できるだけ多くの人々を、自分の力に応じて引き上げるために、待っていようと思う。そしてそのような配慮をするのは、宇宙的な意思、宇宙的な法則である。そういう人がその塀を飛び越えてしまいたいと思っても、〈神〉は、「だめだ、おまえはそこにとどまれ。おまえは飛び込んではならない。そこで人々の手助けをせよ。それがすむまでは飛び込むことはまかりならぬ」と言われるのだ。彼らは、宇宙の法則には従うより他ない。

＊ラーマクリシュナ・パラマハンサ＝万教同根を体現した近代インドの神人。（一八三六－一八八六）

ではジーヴァン・ムクタは、どうしたらそれとわかるのだろう？　それはジーヴァン・ムクタになることによってしかわからない。その時が来るまでは、あなたには彼が他の人と同じように見えるかもしれない。しかしそれでもわれわれは、ある種の人々の中にその匂いをかぎつける。そしてそこに何かを見て取って、その人がジーヴァン・ムクタだと思ったらその人について行く。しかしわれわれは、自分自身のやり方で、自分自身の想像《イマジネーション》に従って彼を理解しているのだということを、忘れてはならない。それが〝神〟や〝宗教〟についての難しさなのである。一人一人が、彼あるいは彼女自身のやり方で、想像不可能な〈神〉を想像し、その想像が一人一人全部違う。だからわれわれは争うのである。しかし、それでも自分を導いてくれる悟った人物が欲しいというときは、結果によって判断する他はない。誰それがジーヴァン・ムクタであるという想像に従ったことで、自分の人生がどう変わったか？　前より不幸になったのなら、その人にはもうついて行かないことだ。

より良く、より幸せになったのだったら、続けよう。プディングの味は食べてみないとわからない。少しなめてみて、どんな味がするかを試す。もし美味しかったらもう少し食べてみる。それが大切だ。あなたがたはなぜ私とここにいるのか？　あなたがたは私の中に何を見たのか？　そしてあなたがたはすべて、私の中に同じものを見たのだろうか？　何人が正しく私を見たか？　その人たちは、私が誰であるかを本当に知っているか？　否である。あなたがたは、自分自身の思うところに従って私をなめてみたのだ。「おお、これは私を案内するのに良い人間のようだ」。そういうことなのだ。それはあなたがたの〝想像《イマジネーション》〟である。グルというのはかくかくのものだと想像する。そしてその人があなたがたの期待したものすべてにそぐえば、「これが私の捜していた人だ」と言う。実に、蛇のみが蛇を知り、聖者のみが聖者を知るのである。

(31)　Tadā sarvāvaraṇamalāpetasya jñānasyānantyājjñeyamalpam.

かくして、知のすべての覆いと汚れが完全に取り除かれる。この知は無限であるので、知られるべきことはほとんど残っていない。

〝汚れ〟とは何だろう？　それはフィルムの感光膜のようなものである。〝私〟とか〝私のもの〟

という被膜が、われわれの心の上にかぶさっている。そしてそれが、眼に入るものを何でも〝つかまえ〟たがる。だが感光フィルムがなかったら、何を見てもわれわれは影響されない。何も〝録画〟されないのだから。ジーヴァン・ムクタの心には被膜《コーティング》がなく、雲母のように透明だ。確かにカメラの中には入って来て、撮影されるのだが、何も録画されない。後の過程が何もないのだ。現像も、定着も。つまりそこには〝執着（定着）〟がないということだ。

(32) **Tataḥ kṛtārthānāṁ pariṇāmakramasamāptirguṇānām.**

そのとき、三つのグナはその目的を遂げたので、転変の連鎖を終える。

このスートラがわかると実にすばらしい。三つのグナ（サットヴァとラジャスとタマス）は絶えず混じり合っている。そしてそのようにしてプラクリティは働いている。なぜそれらはそうなのか、つまりなぜ自然は働くのか？　自然は、反映したプルシャ（〝心〟と言い換えてもよい。聖典は〝プルシャ〟としか表現しないことがあるが、それは〝心に映ったプルシャ〟という意味である）に経験を与えるために働くのである。

ところが不幸にして、心という鏡を作っているプラクリティそのものが、三つのグナから成り立っているので、それ（プルシャそのものとその映像）が必ずしも一致しないのだ。それはいわば、サイケデリック・ミラーのようなものである。たまには真っ直ぐになることもあるが、たいていはゆらゆらと揺れている。だから、あなたがその前に立つと、まるで自分自身が絶えず変化しているように見える。本当の姿はめったに見られず、ほとんどいつも醜い姿ばかりなので、あなたはそれ（自分の本当の姿）を忘れてしまう。その変化する映像を自分だと思い込み、「ああ私はひどく醜い、私はひどく不幸だ、私はひどくああだ、こうだ」と言う。つまりあなたは自分自身をその映った像の位置に置いているのだ。だから、プラクリティの役割というのは、魂をあらゆる方法でとことん叩きのめすまで苦しめることなのだ。

そしてあるところまで来ると魂《プルシャ》は、「いや、私はこうしたことのすべてに影響されるはずはない。離れていよう」と言う。そのように理解すると、魂はこの世を捨てる。「私はもうおまえを欲しくない。おまえのところへ来ても、たちまち私を困難に陥《おとしい》れるばかりだ。おまえは少しも私をそっとしておいてくれない。ときどき小さな幸せを与えてくれたりはするが、たいていは不幸をもたらしているように思われる」。それがいわゆる〝サンニャーサ〟つまり〝出家〟、「私は欲しない」である。

人々はなぜ私の話を聞きに来るのか？　ナイトクラブにいることを欲しなかったから、マイアミビーチに、ラスベガスにいることを欲しなかったからだ。彼らがここで聞くことを欲したという事実そのものが、何か別のことを欲しなかったということを意味している。それはなぜなのか？　もうたくさんだからだ。この前のスートラにあったように、魂が自身を引き離すと、そこにはもう〝汚れ〟がなくなる。

するとプラクリティはどうなるのだろう？　それを説明するために比喩を用いよう。たくさんの子持ちのお母さんがいるとする。子供たちはみんな外で遊んで汚れてしまう。帰って来たときはみんな真っ黒だ。それで彼女は、彼らをバスタブに入れて、シャワーを浴びさせる。もちろん彼女は、彼らをいっぺんにきれいにすることはできないから、一人ずつ洗う。チビさんが一人きれいになったらどうするか？　バスタブから出して、「さあ、身体を拭いて、ベッドに行きなさい」と言う。それで彼女の仕事は終わりだろうか？　いやいやまだ汚ないのがバスタブの中にたくさんいる。母なるプラクリティはそれに似ている。彼女はきれいになった子供に対しては働きをやめる。

「はい、きれいになりましたよ。もう戻ってくるんじゃないよ。あなたにしてあげることは終わったのだから。でも私にはまだ、他の汚ない子供たちへの仕事が残っている」。それがこのスートラの意味である。プラクリティ――諸特性と、それらの絶え間ない転変――は、自由な魂に対してはその目的が果たされたので、働きをやめる。それらはプルシャに経験を与えつくしたのである。

(33) Kṣaṇapratiyogī pariṇāmāparāntanirgrāhyaḥ kramaḥ.

【前述の】連鎖とは、刹那の途切れのない連続のことである。そしてその刹那は、その転変の終極においてはじめて把握される。

(34) Puruṣārthaśūnyānāṁ guṇānāṁ pratiprasavaḥ kaivalyaṁ svarūpa pratiṣṭhā vā citiśakter iti.

かくして、もはやプルシャに仕えるという目的のなくなった三グナは、プラクリティに帰還し、独存という無上の境地〔カイヴァリヤ〕が現われる。あるいは【別の角度から見れば】、純然たる意識の力が自らの純粋な本性の内に安住するのである。

パタンジャリはここでグナとプラクリティがまったく別のものだと言っているのではない。グナとして分離・発現していないときは、それをプラクリティと呼ぶのである。グナとして発現すると、プラクリティはプルシャに働きかける。その仕事が終わるとグナは、プルシャに働きかけるのをやめる。別の言い方をすると、〝純然たる意識の力が、自らの純粋な本性の内に安住する〟。それは、グナがその仕事を終えて退くと、プルシャは――完全に浄化され終わって――徘徊することをやめる、ということだ。彼は安息している。彼は、自らの本性そのものが幸福なのだ。彼はもう幸福や平安を外界に求めない。自分こそが具体化した幸福なのだということを如実に知っているからだ。

さてここで『ヨーガ・スートラ』の最初の部分をふり返ってみると、第一部のスートラ(2)には〝ヨーガ・チッタ・ヴリッティ・ニローダ――心の作用（様態、動き）を止滅（制御、抑制）することがヨーガである〟とある。また、スートラ(3)には、〝タダー・ドラシュトゥ・スワルーパ・ヴァスターナ――そのとき、見る者はそれ本来の状態にとどまる〟とある。今までの四つの部門はすべて、この二つのスートラの説明だったわけである。〝チッタ・ヴリッティ・ニローダ〟が修練であり、〝スワルーパ・ヴァスターナ〟が経験されることである。それが、彼が最後のスートラで再びその経験について述べる理由である。「あなたはただ、あなた本来の状態に安らう。あなたはずっとゲームを続けてきたのだが、今それをすべて経験し終え、安らうのである」。この〝安らう〟というのは、身体や心は動いていても、真のあなたは安らっているという意味である。

それは必ずしも、身体や心が常に休んでいるという意味ではない。それらは仕事を――それをするためにこそそれらは創られたのだ――し続けなければならない。プラーラブダに従って、ちょうど回りだした車輪のように、運動量《モメント》は与えられた。あなたが初めに〝一押し〟を与えたために、その身体と心は、今やプラーラブダとしてその一押しと向き合っているのだ。あなたがジーヴァン・ムクタの状態を達成すると、その〝押す手〟は取り除かれる。だが車輪はすぐには止まらない。それは運動量が尽きるまでは回り続ける。その運動が続く間は、あなたは安らいつつ、目撃者として、起こることを見ているのだ。それは、子供たちを見守っているものの、彼らに影響されてはいない老爺のようなものだ。

あなたは、ある意味では目撃者であり、ある意味では行為者である。それは、あなたが自分自身をどの位置に置くかによる。本当はあなたは目撃者なのだ。しかしその〝本当〟を見失うと、あなたは行為者になる。行為者になったときには、行為の責任はあなたにある。目撃者であるときには、行為の責任はあなたにはない。なぜなら、あなたは行為していないからだ。だから、行為して責任を負うか、心と身体に行為させて目撃者でいて、完全に自由であるか、どちらかなのだ。

心と身体が悪いことをすれば、それらは何らかの苦痛を味わわねばならない。もし私の心が私の指を火の中に突っ込むことを欲すれば、私はそれを見ている。私の心が私の指を火の中に突っ込んだのだ。しかし、私は何もせずにそれを見ていただけだからといって、その指が火傷《やけど》をしないわけではないし、心が苦痛を覚えないわけではない。心が「火傷をした！」と言って痛がっても、それでも私はそれを見ていなければならない。指が傷ついた、心が苦しんでいる、と。

しかし通常、ヨーギーというものは他者のために行為する。彼は自分自身のためには何もしないので、それらの影響を受けない。どんな結果であろうとも、それは他者のところへ行くのだ。カルマ・ヨーガ――個人的な期待のない無私の奉仕――は、心によって行なわれる。本当のことを言えば、ヨーガの修練を行なうのは本当のあなたではなく、あなたの心なのだ。だからわれわれは〝本当のあなた〟についてはほとんど語らないのである。あなたは〝本当のあなた〟など放っておけばよい。ヨーガを必要とするのは〝想像上のあなた〟〝自我《エゴ》であるあなた〟である。教えが与えられるのは、その自我《エゴ》であるあなたに対してだ。「もしもおまえが静穏であり幸福でありたいならば、他者のために行為せよ」と。本当の〈自己〉はいかなる聖典も必要としない。これらの修練のすべては、自我《エゴ》つまり低位の自己、個人的自己のためにあるのである。

だから、より低い自己つまりチッタを、エゴイスティックな行動から解き放とう。そのとき、〈真我〉を反映して、チッタもまた安らぐ。心は、常に働いていなければならないというものではなく、またもし働いていているとしても、喜び、安らいつつ働くことができるのだ。そのときには、心が働くことは重荷ではない。ヨーギーが何かを為すときは、彼はそれを楽しむ。行為することは遊戯《プレイ》であり、ゲームなのだ。〈真我〉について語る聖典は、単なる知的理解のためのものだ。だが自我《エゴ》のための実践上の真理は、非常に単純《シンプル》だ。ただ無私たることを学べ、献身的な生活を送れ、何を為すにも、それを他者のために為せ、献身する者は常に平安を享受する、ということだ。私が聖典についてあまり多くを語らないのはそのためである。私の学生たちは、私が『ヨーガ・スートラ』について本を書くことを望んだ。だから私はこれらのすべてを語ってきたわけだが、私自身としては、本当はわれわれには聖典は要らないと感じている。生活のすべてが、開かれた書物すなわち聖典である。それを読もう。土を掘りながら、木を挽きながら、あるいは食物を調理しながら、学ぼう。日々の行動から学べなくて、どのように聖典を理解しようというのだ?

最後に、あなたがた一人一人が、ヨーガの偉大なる達人パタンジャリ・マハリシの助力と恩寵によって、ヨーガの平安と喜びを体験され、あなたがたすべてが、彼の『ヨーガ・スートラ』の指し示すその無上の境地への到達を果たされんことを心から祈る。あなたがたが、机上の知識を超えて、あなたがたの日々の営みそのものにおけるこころの純粋性によって、悟りを遂げられんことを。

オーム・シャーンティ・シャーンティ・シャーンティ
オーム・タット・サット。

モ

モークシャ（***mokṣa***）= liberation ——【解脱】【解放】〔197〕

ヤ

ヤマ（***yama***）= abstinence（the 1st of the eight limbs of *Aṣṭāṅga Yoga*）——【禁戒】《②-㉙, ②-㉚》〔209, 210〕

ラ

ラーガ（***rāga***）= attachment; liking, desire; tune ——【執着】《①-㊲, ②-(3), ②-(7)》〔113, 147, 155〕

ラジャス（***rajas***）= activity; restlessness（one of the three *gunas*）——【活動】〔73〕

リ

リタムバラー・プラジュニャー（***ṛtaṁbharā prajñā***）= absolute true consciousness ——【絶対的な真理意識】《①-㊽》〔130〕

ヴ

ヴァイラーギャ（***vairāgya***）= dispassion, detachment or non-attachment ——【離欲】【無執着】

《①-⑿, ①-⒂, ①-⒃》〔47, 54, 63, 184〕

ヴァーサナー（***vāsanā***）= the impression of actions that remains unconsciously in the mind and induces a person to repeat the action; subconscious impressions, latent potentials ——【習気】【潜在記憶】《④-⑻》〔317〕

ヴィデハ（***videha***）= bodiless ——【離身】《①-⒆》〔77〕

ヴィブーティ（***vibhūti***）= blessing or power ——【祝福】

〔288, 306〕

ヴィヴェーカ（***viveka***）= discrimination of the real from the unreal ——【識別】《②-㉖, ②-㉘》〔184, 198, 208〕

ヴリッティ（***vṛtti***）= mental modifications ——【様態】【動き】

《①-⑵, ①-⑷, ①-⑸, ②-㊿》〔23, 30, 34, 261〕

マ

マナス（***manas***）= the desiring faculty of the mind-stuff ——【意】【心】《①-㉟, ②-53》〔24, 73, 110, 268〕

マハー・ヴィデハ（***maha-videha***）= great bodilessness ——【大脱身】《③-44》〔302〕

マーヤー（***māyā***）= illusion ——【幻影】〔190, 192, 322〕

マントラ（***mantra***）= a sound formula for meditation（that makes the mind steady）——【真言】《④-⑴》〔93, 313〕

プラカーシャ（**prakāśa**）= illumination; *sattva*
——【照明】【内なる光】《②-⑱, ②-(52)》〔176, 268〕

プラクリティ（**Prakṛti**）= the Nature ——【自性】【自然】
《①-⑲, ②-⑰, ②-(23), ③-⑭, ④-⑵, ④-(34)》
〔68, 73, 77, 174, 177, 193, 292, 314, 340〕

プラティアーハーラ（**pratyāhāra**）= sense control; withdrawal of the senses from their objects（the 5th of the eight limbs of *Aṣṭāṅga Yoga*）——【制感】
《②-(29), ②-(54)》〔209, 269, 272〕

プラティバー（**pratibhad**）= spontaneous intuitive light-flash, luster, illumination, pure presence of mind

プラティパクシャ・バーヴァナ（**pratipakṣa bhāvana**）= practice of substituting opposite thought forms in the mind
——【反対のもの】《②-(33), ②-(34)》〔212, 215〕

プラーナ（**prāṇa**）= the vital energy ——【気】【息】《①-(34)》〔108〕

プラーナーヤーマ（**prāṇāyāma**）= the practice of controlling the vital force, usually through control of the breath（the 4th of the eight limbs of *Aṣṭāṅga Yoga*）——【調気】
《②-(29), ②-(49), ②-(51)》〔209, 259, 264〕

ブラフマチャーリヤ（**brahmacarya**）= continence, sense control, celibacy（one of the *yamas*）; the stage in life of the celibate student ——【梵行】【禁欲】
《②-(30), ②-(38)》〔141, 210, 226〕

プルシャ（**Puruṣa**）= the divine Self which abides in all beings; self, soul ——【真我】【真の自己】
《①-⑯, ①-(24), ③-(36), ④-⑱, 》〔63, 73, 81, 300, 320〕

《① - (39), ② - (11), ② - (29), ③ - (2)》〔114, 161, 210, 281〕

テージャス (***tejas***) = illumination; the aura of a *brahmacari*
—— 【オーラ】【光輝】〔232, 236〕

ト

ドゥヴェーシャ (***dveṣa***) = aversion, dislike —— 【嫌悪】
《② - (3), ② - (8)》〔147, 156〕

トラータカ (***trādaka***) = gazing, concentration practice
—— 【一点凝視】〔278〕

ニ

ニヤマ (***niyama***) = observance (the 2nd of the eight limbs of *Aṣṭāṅga Yoga*) —— 【勧戒】
《② - (29), ② - (32), ③ - (7)》〔209, 212, 289〕

ニルヴァーナ (***nirvāna***) = (lit. nakedness) in the Buddhist teachings, the state of liberation —— 【涅槃】【解脱】〔235〕

ニローダ (***nirodha***) = cessation, restraint —— 【止滅】【抑制】
《① - (2), ① - (12)》〔23, 47〕

ニローダ・パリナーマ (***nirodha parināma***) = the moment of conjunction of a thought and one's effort to restrain it
—— 【止滅転変】《③ - (9)》〔290〕

フ

プージャ (***pūjā***) = worship service —— 【礼拝式】〔279〕

ブッディ (***buddhi***) = intellect; discriminative faculty of the mind
—— 【覚】【識別能力】【知覚】《④ - (21)》〔24, 73, 324〕

タ

タパス（***tapas***）= spiritual austerity; accepting but not causing pain (one of the *niyamas*) ——【苦行】【禁欲】【自己錬磨】

《②-(1), ②-(32), ②-(43), ④-(1)》〔139, 212, 241, 313〕

タマス（***tamas***）= inertia, dulness（one of the three *guṇas*）——【惰性】【沈滞】〔74, 98〕

ダーラナー（***dhāraṇā***）= concentration（the 6th of the eight limbs of *Aṣṭāṅga Yoga*）——【集中】

《②-(29), ②-(53), ③-(1)》〔209, 269, 277〕

ダルマ（***dharma***）= virtue, justice, low, duty, morality, religion, religious merit and steadfast decree ——【法】【様態】

《③-(13)》〔291, 327〕

タンマートラ（***tanmātra***）= subtle element ——【唯】

〔69, 70, 72〕

チ

チッタ（***cittam***）= mind-stuff ——【心の総体】

《①-(2), ①-(33), ③-(1), ④-(18)》〔23, 24, 103, 277, 320〕

チッタナーサ（***citta-nāśa***）= death of the mind; dissolution of mind in meditation

チット（***cit***）= the principle of universal intelligence or consciousness ——【純粋意識】

テ

ディアーナ（***dhyāna***）= meditation（the 7th of eight limbs of *Aṣṭāṅga Yoga*）——【瞑想】

シ

シッディ（***siddhi***）= mastery, perfection, accomplishment, psychic power, occult power ——【霊能】【超自然力】

《③ - ⑶⑻, ③ - ⑷⑹, ③ - ⑸⑴, ④ - ⑴》

〔287, 293, 301, 303, 305, 313〕

ジーヴァンムクタ（***jīvanmukta***）= liberated living soul ——【生前解脱者】〔134〕

シャウチャー（***śauca***）= purity（one of the *niyamas*）——【清浄】

《② - ⑶⑵, ② - ⑷⑽》〔212, 234〕

シャブダ（***śabda***）= sound, word or name ——【ことば】

《① - ⑼》〔44, 126〕

ジャパ（***japa***）= repetition of a *mantra* ——【反復誦唱】

《① - ⑵⑻》〔93〕

ジュニャーナ（***jñāna***）= wisdom of the Self; knowledge, idea ——【知】《① - ⑷⑵》〔125, 126〕

ス

スティッティ（***sthiti***）= inertia; *tamas* ——【惰性】【不活性】【停滞】《② - ⑴⑻》〔176〕

スヴァディアーヤ（***svādhyāya***）= spiritual study（one of the *niyamas*）——【霊的な研究】

《② - ⑴, ② - ⑶⑵, ② - ⑷⑷》〔139, 142, 212, 244〕

スワミ（***swāmī***）= renunciate; member of the Holy Order of *Sannyās*

ニルヴィチャーラ・サマーディ（***nirvicāra samādhi***）＝ *samādhi* without reflection
——【無伺三昧】【洞察を伴わない三昧】
《①-(44)，①-(47)》〔127，130〕

ニルヴィカルパ・サマーディ（***nirvikalpa samādhi***）＝ *samādhi* without thought or imagination ——【無分別三昧】
〔286〕

ダルマメガー・サマーディ（***dharmamegha samādhi***）＝ cloud of virtue samādhi ——【法雲三昧】
《④-(29)》〔326，330〕

サマーディ・パリナーマ（***samādhi pariṇāma***）＝ development in *samādhi* ——【三昧転変】《③-(11)》〔291〕

サンサーラ（***saṁsāra***）＝ round of births and deaths; family
——【輪廻】〔174〕

サンスカーラ（***saṁskāra***）＝ mental impression
——【行】【残存印象】【雑念】【潜在状態にある想念】
《①-(18)，①-(50)，②-(15)，③-(9)，③-(18)，④-(9)》
〔63，75，134，169，290，293，318〕

サントーシャ（***saṁtoṣa***）＝ contentment（one of the *niyamas*）
——【知足】《②-(32)，②-(42)》〔212，240〕

サンヤマ（***saṁyama***）＝ practice of *dhārāṇa*, *dhyāna*, and *samādhi* upon one object, usually for the attainment of a particular power
——【綜制】《③-(4)，③-(16)，③-(17)》〔287，292，293〕

サンヨーガ（***saṁyoga***）＝ perfect union ——【完全な結合】
《②-(17)，②-(25)》〔174，195〕

サアーナンダ・サマーディ（***sa-ānanda samādhi***）= *samādhi* on the *sattvic* mind

——【有楽三昧】【歓喜を伴う三昧】〔69, 71〕

アサムプラジュニャータ・サマーディ（***asaṁprajñāta samādhi***）= undistinguished *samādhi*

——【無想三昧】【識別なき三昧】

《①-⒅, ①-⒇, ①-㉑》〔68, 75, 79〕

サムプラジュニャータ・サマーディ（***saṁprajñāta samādhi***）= distinguished *samādhi* ——【有想三昧】【識別ある三昧】

《①-⒄》〔67, 68, 72〕

サビージャ・サマーディ（***sabīja samādhi***）= *samādhi* with seed ——【有種子三昧】【種子のある三昧】

《①-(46)》〔128, 285〕

ニルビージャ・サマーディ（***nirbīja samādhi***）= *samādhi* without seed, seedless

——【無種子三昧】【種子のない三昧】

《①-(51), ③-⑻》〔135, 286, 290〕

サヴィタルカ・サマーディ（***savitarka samādhi***）= *samādhi* with reasoning ——【有尋三昧】【思慮を伴う三昧】

《①-(42)》〔69, 125〕

ニルヴィタルカ・サマーディ（***nirvitarka samādhi***）= *samādhi* without deliberation, without reasoning

——【無尋三昧】【思慮を伴わない三昧】《①-(43)》〔126〕

サヴィチャーラ・サマーディ（***savicāra samādhi***）= *samādhi* with reflection ——【有伺三昧】【洞察を伴う三昧】

《①-(44)》〔69, 71, 127〕

クリヤー（***kriyā***）= action, practice;（Hatha Yoga）cleansing practice; *rajas* ——【実践】【活動】【行動】

《②-⑴, ②-⒅》〔139, 176〕

クレーシャ（***kleśa***）= obstruction or obstacle, affliction, trouble ——【苦悩】【障害】【煩悩】

《①-㉔, ②-⑵, ②-⑶, ②-⑿》〔81, 146, 147, 163〕

ケ

ケーヴァラ・クンバカ（***kevala kuṁbhaka***）= natural, automatic breath retention during deep meditation

——【息の自動的な停止】〔110, 265〕

サ

サーダナ（***sādhana***）= spiritual practice ——【修行】【精神修習】

〔243, 245〕

サティヤ（***satya***）= truthfulness（one of the *yamas*）——【正直】

《②-㉚, ②-㊱》〔210, 217〕

サットヴァ（***sattva***）= purity; balanced state（one of the three *guṇas*）——【純粋性】【静謐】

《②-㊶, ③-㊱, ③-㊿》〔74, 100, 177, 239, 300, 305〕

サマーディ（***samādhi***）= contemplation, superconscious state, absorption ——【三昧】【観想】

《①-㊶, ②-⑵, ②-㉙, ③-⑶》〔68, 117, 146, 210, 283〕

サアスミター・サマーディ（***sa-asmita samādhi***）= *samādhi* on the egoity alone

——【有我想三昧】【自己意識を伴う三昧】〔69, 71〕

preservation of sexual energy ―― 〔231〕

カ

カイヴァリャ（***kaivalya***）= independence, absolute unity, perfect isolation, detachment of the soul from matter, experience of absoluteness; non-qualified experience ――【絶対】【独存】
《②-(25), ③-(51), ③-(56), ④-(34)》〔195, 305, 309, 340〕

カルマ（***karma***）= action and reaction; result of action ――【業】【行為とその反作用】
《②-(12), ②-(14), ③-(23), ④-(6), ④-(7), ④-(30)》
〔163, 168, 295, 316, 330〕

カルマ・アーシャヤ（***karmāśaya***）= reservoir, womb, or bag, of *karmas* ――【業遺存】【カルマの子宮】
《②-(12)》〔163, 164〕

プラーラブダ・カルマ（***prārabdha karma***）= the *karma* which has coused one's present birth ――【生存のカルマ】
〔165, 330〕

アーガミー・カルマ（***āgami karma***）= *karma* being performed in the persent ――〔165, 332〕

サンジタ・カルマ（***sanjita karma***）= *karma* awaiting another lifetime to bear fruit ――〔165, 331〕

ク

グナ（***guṇa***）= one of the qualities of nature（balance, actibity and inertia）――【グナ】
《①-(16), ②-(15), ②-(18), ②-(19),》〔63, 74, 169, 176, 185〕

アヒンサー（*ahiṁsā*）= nonviolence, non-injury（one of the *yamas*）——【非暴力】《②-(30), ②-(35)》〔210, 215〕

アビイアーサ（*abhyāsa*）= spiritual practice ——【修習】【実修】《①-(12), ①-(13)》〔47, 48〕

アビニヴェーシャ（*abhiniveśa*）= clinging to bodily life ——【生存欲】《②-(3), ②-(9)》〔147, 157〕

アヴィアクタ（*avyakta*）= unmanifested ——【非顕現】〔72, 186〕

アルタ（*artha*）= meaning, object, form; wealth ——【意味】【客体】〔86, 126〕

イ

イーシュヴァラ（*Īśvara*）= the supreme cosmic soul; God ——【神】【自在神】【宇宙意識】《①-(23), ①-(24), ①-(25), ①-(27)》〔80, 81, 85〕

イーシュヴァラ・プラニダーナ（*Īśvara praṇidhāna*）= worship of God or self-surrender（one of the *yamas*）——【自己放棄】【神への献身】【自在神への祈念】《②-(1), ②-(32), ②-(45)》〔80, 139, 212, 245, 248〕

エ

エーカーグラター・パリナーマ（*ekāgrata pariṇāma*）= mental modification of one-pointedness ——【専念転変】《③-(12)》〔291〕

オ

オージャス（*ojas*）= the subtle energy resulting from the

サンスクリット語句の英語訳注

○サンスクリット語句のニュアンスを理解するための一助として、原著の英語訳注を掲げました。
○本文中のカタカナ表記を、概ねアイウエオ順に配置提示しましたが、便宜上、同属の概念は一まとめにしました。
○その語句に該当する日本語訳を、【　】内に示しました。
○語句が使われている主なヨーガ・スートラの番号を《　》内に、ページを〔　〕内に示しました。

ア

アーサナ（**āsana**）= pose（the 3rd of the eight limbs of *Aṣṭāṅga Yoga*）; seat ——【坐法】《②-(29)，②-(46)》〔209，249〕

アシュターンガ・ヨーガ（**Aṣṭāṅga Yoga**）= the Yoga of eight limbs; another name for Rāja Yoga ——【八支分のヨーガ】《②-(29)》〔209，289〕

アシュラム（**āśrama**）= a spiritual community where seekers practice and study under the guidance of a spiritual master ——【修道場】【僧院】〔15〕

アスティヤ（**asteya**）= non-stealing（one of the *yamas*）——【不盗】《②-(30)，②-(37)》〔210，220〕

アスミター（**asmitā**）= egoity，ego sense，egoism，I-ness ——【我想】【自我意識】《②-(6)，②-(3)，④-(4)》〔147，154，315〕

アーナンダ（**ānanda**）= bliss ——【歓喜】《①-(17)》〔67，71〕

アパリグラハ（**aparigrahā**）= non-greed，non-hoarding，non-acceptance of gifts（one of the *yamas*）——【不貪】《②-(30)，②-(39)》〔210，232〕

アハンカーラ（**ahaṁkāra**）= ego sense，ego feeling，I-ness ——【我慢】【自我】〔24〕

訳者紹介

伊藤久子（いとう　ひさこ）

一九四八年岐阜県生まれ。

大阪外国語大学卒業。

三〇歳のときヨーガと出会う。

本書にもある「聖典は登るための梯子である」という考えを大切に思っている。兵庫県在住。

新版 インテグラル・ヨーガ
パタンジャリのヨーガ・スートラ

二〇二〇年二月二五日　初版第一刷発行
二〇二三年五月　一　日　初版第四刷発行

著　者　スワミ・サッチダーナンダ
訳　者　伊藤久子
発行者　梶原正弘
発行所　株式会社めるくまーる
東京都千代田区神田神保町一－一一
電話　〇三－三五一八－二〇〇三
URL https://www.merkmal.biz/
装　幀　竹中尚史
印刷・製本　ベクトル印刷株式会社

ISBN978-4-8397-0177-2　Printed in Japan

योगसूत्र

The Yoga Sūtras of Patañjali

समाधिपादः

अथ योगानुशासनम् ॥१॥

योगश्चित्तवृत्तिनिरोधः ॥२॥

तदा द्रष्टुः स्वरूपेऽवस्थानम् ॥३॥

वृत्तिसारूप्यमितरत्र ॥४॥

वृत्तयः पञ्चतय्यः क्लिष्टाक्लिष्टाः ॥५॥

प्रमाणविपर्ययविकल्पनिद्रास्मृतयः ॥६॥

प्रत्यक्षानुमानागमाः प्रमाणानि ॥७॥

विपर्ययो मिथ्याज्ञानमतद्रूपप्रतिष्ठम् ॥८॥

शब्दज्ञानानुपाती वस्तुशून्यो विकल्पः ॥९॥

अभावप्रत्ययालम्बना वत्तिर्निद्रा ॥१०॥

अनुभूतविषयासंप्रमोषः स्मृतिः ॥११॥

अभ्यासवैराग्याभ्यां तन्निरोधः ॥१२॥

तत्र स्थितौ यत्नोऽभ्यासः ॥१३॥

स तु दीर्घकालनैरन्तर्यसत्कारासवितो दृढभूमिः ॥१४॥

दृष्टानुश्रविकविषयवितृष्णस्य वशीकारसंज्ञा वैराग्यम् ॥१५॥

तत् परं पुरुषख्यातेर्गुणवैतृष्ण्यम् ॥१६॥

वितर्कविचारानन्दास्मितारूपानुगमात् संप्रज्ञातः ॥१७॥

विरामप्रत्ययाभ्यासपूर्वः संस्कारशेषोऽन्यः ॥१८॥

भवप्रत्ययो विदेहप्रकृतिलयानाम् ॥१९॥

श्रद्धावीर्यस्मृतिसमाधिप्रज्ञापूर्वक इतरेषाम् ॥२०॥

तीव्रसंवेगानामासन्नः ॥२१॥

Samādhi Pāda

1 Atha Yogānuśāsanam.

2 Yogaś citta vṛtti nirodhaḥ.

3 Tadā draṣṭuḥ svarūpe'vasthānam.

4 Vṛtti sārūpyam itaratra.

5 Vṛttayaḥ pañcatayyaḥ kliṣṭākliṣṭāḥ.

6 Pramāṇa viparyaya vikalpa nidrā smṛtayaḥ.

7 Pratyakṣānumānāgamāḥ pramāṇāni.

8 Viparyayo mithyājñānam atadrūpa pratiṣṭham.

9 Śabdajñānānupātī vastu śūnyo vikalpaḥ.

10 Abhāva pratyayālambanā vṛttir nidrā.

11 Anubhūta viṣayāsaṁpramoṣaḥ smṛtiḥ.

12 Abhyāsa vairāgyābhyāṁ tannirodhaḥ.

13 Tatra sthitau yatno'bhyāsaḥ.

14 Sa tu dīrgha kāla nairantarya satkārāsevito dṛḍhabhūmiḥ.

15 Dṛṣṭānuśravika viṣaya vitṛṣṇasya vaśīkāra saṁjñā vairāgyam.

16 Tat paraṁ Puruṣa khyāter guṇavaitṛṣṇyam.

17 Vitarka vicārānandāsmitārūpānugamāt saṁprajñātaḥ.

18 Virāma pratyayābhyāsa pūrvaḥ saṁskāraśeṣo'nyaḥ.

19 Bhavapratyayo videha prakṛtilayānām.

20 Śraddhāvīryasmṛtisamādhiprajñāpūrvaka itareṣām.

21 Tīvrasaṁvegānāmāsannaḥ.

मृदुमध्याधिमात्रत्वात् ततोऽपि विशेषः ॥२२॥

ईश्वरप्रणिधानाद्वा ॥१७॥

क्लेशकर्मविपाकाशयैरपरामृष्टः पुरुषविशेष ईश्वरः ॥२४॥

तत्र निरतिशयं सर्वज्ञबीजम् ॥२५॥

स पूर्वेषामपि गुरुः कालेनानवच्छेदात् ॥२६॥

तस्य वाचकः प्रणवः ॥२७॥

तज्जपस्तदर्थभावनम् ॥२८॥

ततः प्रत्यकचेतनाधिगमोऽप्यन्तरायाभावश्च ॥२९॥

व्याधिस्त्यानसंशयप्रमादालस्याविरति
भ्रान्तिदर्शनालब्धभूमिकत्वानवस्थितत्वानि
चित्तविक्षेपास्तेऽन्तरायाः ॥३०॥

दुःखदौर्मनस्याङ्गमेजयत्वश्वासप्रश्वासा
विक्षेपसहभुवः ॥३१॥

तत्प्रतिषेधार्थमेकतत्त्वाभ्यासः ॥३२॥

मैत्रीकरुणामुदितोपेक्षाणां सुखदुःखपुण्यापुण्य
विषयाणांभावनातश्चित्तप्रसादनम् ॥३३॥

प्रच्छर्दनविधारणाभ्यां वा प्राणस्य ॥३४॥

विषयवती वा प्रवृत्तिरुत्पन्ना मनसः स्थितिनिबन्धनी ॥३५॥

विशोका वा ज्योतिष्मती ॥३६॥

वीतरागविषयं वा चित्तम् ॥३७॥

स्वप्ननिद्राज्ञानालम्बनं वा ॥३८॥

यथाभिमतध्यानाद्वा ॥३९॥

परमाणुपरममहत्त्वान्तोऽस्य वशीकारः ॥४०॥

22 Mṛdu madhyādhimātratvāt tato'pi viśeṣaḥ.

23 Īśvarapraṇidhānādvā

24 Kleśa karma vipākāśayairaparāmṛṣṭaḥ Puruṣaviśeṣa Īśvaraḥ.

25 Tatra niratiśayaṁ sarvajñabījam.

26 Sa pūrveṣām api guruḥ kālenānavacchedāt.

27 Tasya vācakaḥ praṇavaḥ.

28 Tajjapas tadartha bhāvanam.

29 Tataḥ pratyak cetanādhigamo'pyantarāyābhāvaś ca.

30 Vyādhi styāna saṁśaya pramādālasyāvirati bhrāntidarśanālabdha-bhūmikatvānavasthitatvāni cittavikṣepāste'ntarāyāḥ.

31 Duḥkha daurmanasyāṅgamejayatva śvāsa praśvāsā vikṣepa sahabhuvaḥ.

32 Tat pratiṣedhārthamekatattvābhyāsaḥ.

33 Maitrī karuṇā muditopekṣāṇāṁ sukha duḥkha puṇyāpuṇya viṣayāṇaṁ bhāvanātaś citta prasādanam.

34 Pracchardanavidhāraṇābhyāṁ vā prāṇasya.

35 Viṣayavatī vā pravṛttirutpannā manasaḥ sthitinibandhanī.

36 Viśokā vā jyotiṣmatī.

37 Vītarāgaviṣayaṁ vā cittam.

38 Svapnanidrājñānālambanaṁ vā.

39 Yathābhimata dhyānād vā.

40 Paramāṇu paramamahattvānto'sya vaśīkāraḥ.

क्षीणवृत्तेरभिजातस्येव मणेर्ग्रहीतृग्रहणग्राह्येषु तत्स्थतदञ्जनता समापत्तिः ॥४१॥

तत्र शब्दार्थज्ञानविकल्पैः संकीर्णा सवितर्का समापत्तः ॥४२॥

स्मृतिपरिशुद्धौ स्वरूपशून्येवार्थमात्रनिर्भासा निर्वितर्का ॥४३॥

एतयैव सविचारा निर्विचारा च सूक्ष्मविषया व्याख्याता ॥४४॥

सूक्ष्मविषयत्वं चालिङ्गपर्यवसानम् ॥४१॥

ता एव सबीजः समाधिः ॥४६॥

निर्विचारवैशारद्येऽध्यात्मप्रसादः ॥४१॥

ऋतम्भरा तत्र प्रज्ञा ॥४८॥

श्रुतानुमानप्रज्ञाभ्यामन्यविषया विशेषार्थत्वात् ॥४९॥

तज्जः संस्कारोऽन्यसंस्कारप्रतिबन्धी ॥५०॥

तस्यपि निरोधे सर्वनिरोधान्निर्बीजःसमाधिः ॥५१॥

साधनपादः

तपः स्वाध्यायेश्वरप्रणिधानानि क्रियायोगः॥१॥

समाधिभावनार्थः क्लेशतनूकरणार्थश्च ॥२॥

अविद्यास्मितारागद्वेषाभिनिवेशाः ॥३॥

अविद्या क्षेत्रमुत्तरेषां प्रसुप्ततनु विच्छिन्नोदाराणाम्ः ॥४॥

अनित्याशुचिदुःखानात्मसु नित्यशुचिसुखात्मख्यातिरविद्या ॥५॥

दृग्दर्शनशक्त्योरेकात्मतेवास्मिता ॥६॥

41 Kṣīṇa vṛtter abhijātasyeva maṇer grahītṛ grahaṇa grāhyeṣu tatstha tadañjanatā samāpattiḥ.

42 Tatra śabdārtha jñāna vikalpaiḥ saṁkīrṇā savitarkā samāpattiḥ.

43 Smṛti pariśuddhau svarūpa śūnyevārtha mātra nirbhāsā nirvitarkā.

44 Etayaiva savicārā nirvicārā ca sūkṣmaviṣayā vyākhyātā.

45 Sūkṣma viṣayatvaṁ cāliṅga paryavasānam.

46 Tā eva sabījaḥ samādhiḥ.

47 Nirvicāra vaiśāradye'dhyātma prasādaḥ.

48 Ṛtambharā tatra prajñā.

49 Śrutānumāna prajñābhyām anya viṣayā viśeṣārthatvāt.

50 Tajjaḥ saṁskāro'nya saṁskāra pratibandhī.

51 Tasyāpi nirodhe sarva nirodhān nirbījaḥ samādhiḥ.

Sādhna Pāda

1 Tapaḥ svādhyāyeśvarapraṇidhānāni kriyā yogaḥ.

2 Samādhi bhāvanārthaḥ kleśa tanūkaraṇārthaś ca.

3 Avidyāsmitā rāga dveṣābhiniveśāḥ kleśāḥ.

4 Avidyā kṣetram uttareṣāṁ prasupta tanu vicchinnodārāṇām.

5 Anityāśuci duḥkhānātmasu nitya śuci sukhātmakhyātir avidyā.

6 Dṛg darśana śaktyor ekātmatevāsmitā.

सुखानुशयी रागः ॥७॥

दुःखानुशयी द्वेषः ॥८॥

स्वरसवाही विदुषोऽपि तथा रूढोऽभिनिवेशः ॥९॥

ते प्रतिप्रसवहेयाः सूक्ष्माः ॥१०॥

ध्यानहेयास्तद्वृत्तयः ॥११॥

क्लेशमूलः कर्माशयो दृष्टादृष्टजन्मवेदनीयः ॥१२॥

सति मूले तद्विपाकोजात्यायुर्भेगाः ॥१३॥

ते ह्लादपरितापफलाः पुण्यापुण्यहेतुत्वात् ॥१४॥

परिणामतापसंस्कारदुःखैर्गुणवृत्ति विरोधाच्च
दुःखमेव सर्वं विवेकिनः ॥१५॥

हेयं दुःखमनागतम् ॥१६॥

द्रष्टृ दृश्ययोः संयोगो हेयहेतुः ॥१६॥

प्रकाश क्रिया स्थितिशीलं भूतेन्द्रियात्मकं
भोगापवर्गार्थं दृश्यम् ॥१८॥

विशेषाविशेषलिङ्गमात्रालिङ्गनि गुणपर्वाणि ॥१९॥

द्रष्टा दृशिमात्रः शुद्धोऽपि प्रत्ययानुपश्यः ॥२०॥

तदर्थ एव दृश्यस्यात्मा ॥२१॥

कृतार्थं प्रति नष्टमप्यनष्टं तदन्यसाधारणत्वात् ॥२२॥

स्व स्वामि शक्त्योः स्वरूपोपलब्धिहेतुः संयोगः ॥२३॥

तस्य हेतुरविद्या ॥२४॥

तदभावात् संयोगाभावो हानं तद् धृशेः कैवल्यम् ॥२५॥

विवेकख्यातिरविप्लवा हानोपायः ॥२६॥

तस्य सप्तधा प्रान्तभूमिः प्रज्ञा ॥२७॥

7 Sukhānuśayī rāgaḥ.

8 Duḥkhānuśayī dveṣaḥ.

9 Svarasavāhī viduṣo'pi tathā rūḍho'bhiniveśaḥ.

10 Te pratiprasavaheyāḥ sūkṣmāḥ.

11 Dhyānaheyāstadvṛttayaḥ.

12 Kleśa mūlaḥ karmāśayodṛṣṭādṛṣṭa janma vedanīyaḥ.

13 Sati mūle tad vipākojātyāyur bhogāḥ.

14 Te hlāda paritāpa phalāḥ puṇyāpuṇya hetutvāt.

15 Pariṇāma tāpa saṁskāra duḥkhair guṇa vṛtti virodhāc ca duḥkham eva sarvaṁ vivekinaḥ.

16 Heyaṁ duḥkham anāgatam.

17 Draṣṭṛ dṛśyayoḥ saṁyogo heya hetuḥ.

18 Prakāśa kriyā sthitiśīlaṁ bhūtendriyātmakaṁ bhogāpavargārthaṁ dṛśyam.

19 Viśeṣāviśeṣa liṅgamātrāliṅgāni guṇa parvāṇi.

20 Draṣṭā dṛśimātraḥ śuddho'pi pratyayānupaśyaḥ.

21 Tadartha eva dṛśyasyātmā.

22 Kṛtārthaṁ prati naṣṭam apyanaṣṭaṁ tad anya sādhāraṇatvāt.

23 Sva Svāmi śaktyoḥ svarūpopalabdhihetuḥ saṁyogaḥ.

24 Tasya heturavidyā

25 Tad abhāvāt saṁyogābhāvohānaṁ tad dṛśeḥ kaivalyam.

26 Vivekakhyātiraviplavā hānopāyaḥ.

27 Tasya saptadhā prāntabhūmiḥ prajñā.

योगाङ्गानुष्ठानादशुद्धिक्षये ज्ञानदीप्तिरा
विवेकख्यातेः ॥२७॥

यमनियमासनप्राणयामप्रत्याहार
धारणाध्यानसमाधयोऽष्टावङ्गानि ॥२९॥

अहिंसासत्यास्तेयब्रह्मचर्यापरिग्रहा यमाः ॥३०॥

जातिदेशकालसमयानवच्छिन्नाः सार्वभौमा
महाव्रतम् ॥३१॥

शौचसंतोषतपःस्वाध्यायेश्वरप्रणिधानानि नियमाः ॥३२॥

वितर्कबाधने प्रतिपक्षभावनम् ॥३३॥

वितर्का हिंसादयः कृतकारितानुमोदिता लोभक्रोधमोहपूर्वका
मृदुमध्याधिमात्रा दुःखाज्ञानानन्तफला इति
प्रतिपक्षभावनम् ॥३४॥

अहिंसाप्रतिष्ठायां तत्संनिधौ वैरत्यागः ॥३५॥

सत्यप्रतिष्ठायां क्रियाफलाश्रयत्वम् ॥३६॥

अस्तेयप्रतिष्ठायां सर्वरत्नोपस्थानम् ॥३७॥

ब्रह्मचर्यप्रतिष्ठायां वीर्यलाभः ॥३८॥

अपरिग्रहस्थैर्ये जन्मकथंतासंबोधः ॥३९॥

शौचात् स्वाङ्गजुगुप्सा परैरसंसर्गः ॥४०॥

सत्त्वशुद्धिसौमनस्यैकाग्र्येन्द्रियजयात्मदर्शन
योग्यत्वानि च ॥४१॥

संतोषादनुत्तमः सुखलाभः ॥४२॥

कायेन्द्रियसिद्धिरशुद्धिक्षयात् तपसः ॥४३॥

स्वाधयायादिष्टदेवतासंप्रयोगः ॥४४॥

समाधिसिद्धिरीश्वरप्रणिधानात् ॥४५॥

28 Yogāṅgānuṣṭhānād aśuddhi kṣaye jñānadīptir ā vivekakhyāteḥ.

29 Yama niyamāsana prāṇāyāma pratyāhāra dhāraṇā dhyāna samādhayo'ṣṭāvaṅgāni.

30 Ahiṁsā satyāsteya brahmacaryāparigrahā yamāḥ.

31 Jāti deśa kāla samayānavacchinnāḥ sārvabhaumā mahāvratam.

32 Śauca saṁtoṣa tapaḥ svādhyāyeśvarapraṇidhānāni niyamāḥ.

33 Vitarka bādhane pratipakṣa bhāvanam.

34 Vitarkā hiṁsādayaḥ kṛta kāritānumoditā lobha krodha moha pūrvakā mṛdu madhyādhimātrā duḥkhājñānānanta phalā iti pratipakṣa bhāvanam.

35 Ahiṁsā pratiṣṭhāyāṁ tat saṁnidhau vaira tyāgaḥ.

36 Satya pratiṣṭhāyāṁ kriyāphalāśrayatvam.

37 Asteyapratiṣṭhāyāṁ sarvaratnopasthānam.

38 Brahmacarya pratiṣṭhāyāṁ vīryalābhaḥ.

39 Aparigraha sthairye janmakathaṁtā saṁbodhaḥ.

40 Śaucāt svāṅgajugupsā parairasaṁsargaḥ.

41 Sattvaśuddhi saumanasyaikāgryendriyajayātmadarśana yogyatvāni ca.

42 Saṁtoṣādanuttamaḥ sukhalābhaḥ.

43 Kāyendriya siddhiraśuddhikṣayāt tapasaḥ.

44 Svādhyāyādiṣṭadevatāsaṁprayogaḥ.

45 Samādhisiddhir īśvarapraṇidhānāt.

स्थिरसुखमासनम् ॥४६॥

प्रयत्नशैथिल्यानन्तसमापत्तिभ्याम् ॥४७॥

ततो द्वन्द्वानभिघातः ॥४८॥

तस्मिन् सति श्वासप्रश्वासयोर्गतिविच्छेदः प्राणायामः ॥४९॥

बाह्याभ्यन्तरस्तम्भवृत्तिर्देशकालसंख्याभिः
परिदृष्टो दीर्घसूक्ष्मः ॥५०॥

बाह्याभ्यन्तरविषयाक्षेपी चतुर्थः ॥५१॥

ततः क्षीयते प्रकाशावरणम् ॥५२॥

धारणासु च योग्यता मनसः ॥५३॥

स्वविषयासंप्रयोगे चित्तस्यस्वरूपानुकार
इवेन्द्रियाणां प्रत्याहारः ॥५४॥

ततः परमा वश्यतेन्द्रियाणाम् ॥५५॥

विभूतिपादः

देशबन्धश्चित्तस्य धारणा ॥१॥

तत्र प्रत्ययैकतानता ध्यानम् ॥२॥

तदेवार्थमात्रनिर्भासं स्वरूपशून्यमिव समाधिः ॥३॥

त्रयमेकत्र संयमः ॥४॥

तज्जयात् प्रज्ञालोकः ॥५॥

तस्य भूमिषविनियोगः ॥६॥

त्रयमन्तरङ्गं पूर्वेभ्यः ॥७॥

तदपि बहिरङ्गं निर्बीजस्य ॥८॥

46 Sthira sukhamāsanam.

47 Prayatna śaithilyānanta samāpattibhyām.

48 Tato dvandvānabhighātaḥ.

49 Tasmin sati śvāsapraśvāsayorgativicchedaḥ prāṇāyāmaḥ.

50 Bāhyābhyantara stambhavṛttirdeśakāla saṁkhyābhiḥ paridṛṣṭo dīrghasūkṣmaḥ.

51 Bāhyābhyantara viṣayākṣepī caturthaḥ.

52 Tataḥ kṣīyate prakāśāvaraṇam.

53 Dhāraṇāsu ca yogyatā manasaḥ.

54 Svaviṣayāsaṁprayoge cittasya svarūpānukāra ivendriyāṇāṁ pratyāhāraḥ.

55 Tataḥ paramā vaśyatendriyāṇām.

Vibhūti Pāda

1 Deśabandhaścittasya dhāraṇā.

2 Tatra pratyayaikatānatā dhyānam.

3 Tad evārthamātra nirbhāsaṁ svarūpa śūnyam iva samādhiḥ.

4 Trayam ekatra saṁyamaḥ.

5 Tajjayāt prajñālokaḥ.

6 Tasya bhūmiṣu viniyogaḥ.

7 Trayam antaraṅgaṁ pūrvebhyaḥ.

8 Tad api bahiraṇgaṁ nirbījasya.

व्युत्थाननिरोधसंस्कारयोरभिभवप्रादुर्भावौ
निरोधक्षणचित्तान्वयो निरोधपरिणामः ॥९॥

तस्य प्रशान्तवाहिता संस्कारात् ॥१०॥

सर्वार्थतैकाग्रतयोः क्षयोदयौ चित्तस्य समाधिपरिणामः ॥११॥

ततः पुनः शान्तोदितौ तुल्यप्रत्ययौ चित्तस्यौकाग्रता
परिणामः ॥१२॥

एतेन भूतन्द्रियेषु धर्मलक्षणावस्थापरिणामा
व्याख्याताः ॥१३॥

शान्तोदिताव्यपदेश्यधर्मानुपाती धर्मी ॥१४॥

क्रमान्यत्वं परिणामान्यत्वे हेतुः ॥१५॥

परिणामत्रयसंयमादतीतानागतज्ञानम् ॥१६॥

शब्दार्थप्रत्ययानामितरेतराध्यासात् संकरस्तत्प्र
विभाग संयमात् सर्वभूतरुतज्ञानम् ॥१७॥

संस्कारसाक्षात्करणात् पूर्वजातिज्ञानम् ॥१८॥

प्रत्ययस्य परचित्तज्ञानम् ॥१९॥

न च तत् सालम्बनं तस्याविषयीभूतत्वात् ॥२०॥

कायरूपसंयमात् तद्ग्राह्य शक्तिस्तम्भे
चक्षुःप्रकाशासंप्रयोगेऽन्तर्धानम् ॥२१॥

एतेन शब्दाद्यन्तर्धानमुक्तम् ॥२२॥

सोपक्रमं निरुपक्रमं च कर्म तत्संयमाद
परान्तज्ञानमरिष्टेभ्यो वा ॥२३॥

मैत्र्यादिषु बलानि ॥२४॥

बलेषु हस्तिबलादीनि ॥२५॥

प्रवृत्त्यालोकन्यासात् सूक्ष्मव्यवहित विप्रकृष्टज्ञानम् ॥२६॥

9 Vyutthāna nirodha saṁskārayor abhibhava prādurbhāvau nirodha kṣaṇa cittānvayo nirodha pariṇāmaḥ.

10 Tasya praśānta vāhitā saṁskārāt.

11 Sarvārthataikāgratayoḥ kṣayodayau cittasya samādhipariṇāmaḥ.

12 Tataḥ punaḥ śāntoditau tulyapratyayau cittasyaikāgratā pariṇāmaḥ.

13 Etena bhūtendriyeṣu dharma lakṣaṇāvasthā pariṇāmā vyākhyātāḥ.

14 Śāntoditāvyapadeśya dharmānupātī dharmī.

15 Kramānyatvaṁ pariṇāmānyatve hetuḥ.

16 Pariṇāma traya saṁyamād atītānāgata jñānam.

17 Śabdārtha pratyayānām itaretarādhyāsāt saṁkarastatpravibhāga saṁyamāt sarva bhūta ruta jñānam.

18 Saṁskārasākṣātkaraṇāt pūrvajātijñānam.

19 Pratyayasya paracitta jñānam.

20 Na ca tat sālambanaṁ tasyāviṣayī bhūtatvāt.

21 Kāyarūpa saṁyamāt tadgrāhya śakti stambhe cakṣuḥ prakāśāsaṁprayoge'ntardhānam.

22 Etena śabdādyantardhānam uktam.

23 Sopakramaṁ nirupakramaṁ ca karma tat saṁyamād aparānta jñānam ariṣṭebhyo vā.

24 Maitryādiṣu balāni.

25 Baleṣu hasti balādīni.

26 Pravṛttyāloka nyāsāt sūkṣma vyavahita viprakṛṣṭa jñānam.

भुवनज्ञानं सूर्ये संयमात् ॥२७॥

चन्द्रे ताराव्यूहज्ञानम् ॥२८॥

ध्रुवे तदतिज्ञानम् ॥२९॥

नाभिचक्रे कायव्यूहज्ञानम् ॥३०॥

कण्ठकूपे क्षुत्पिपासानिवृत्तिः ॥३१॥

कूर्मनाड्यां स्थैर्यम् ॥३२॥

मुर्धज्योतिषि सिद्धदर्शनम् ॥३३॥

प्रातिभाद्वा सर्वम् ॥३४॥

हृदये चित्तसंवित् ॥३५॥

सत्त्वपुरुषयोरत्यन्तासंकीर्णयोः प्रत्ययाविशेषो भोगः
परार्थत् स्वार्थसंयमात् पुरुषज्ञानम् ॥३६॥

ततः प्रातिभश्रावणवेदनादर्शास्वादवार्ता जायन्ते ॥३७॥

ते समाधावुपसर्गा व्युत्थानेसिद्धयः ॥३८॥

बन्धकारणशैथिल्यात् प्रचारसंवेदनाच्च चित्तस्य
परशरीरावेशः ॥३९॥

उदानजयाज्जलपङ्ककण्टकादिष्वसङ्ग उत्क्रान्तिश्च ॥४०॥

समानजयाज्ज्वलनम् ॥४१॥

श्रोत्राकाशयोः संबन्धसंयमाद्दिव्यं श्रोत्रम् ॥४२॥

कायाकाशयोः संबन्धसंयमाल्लघु
तुलसमापत्तेश्चाकाशगमनम् ॥४३॥

बहिरकल्पिता वत्तिर्महाविदेहा ततः प्रकाशावरणक्षयः ॥४४॥

स्थूलस्वरूपसूक्ष्मान्वयार्थवत्त्वसंयमाद्
भूतजयः ॥४५॥

27 Bhuvanajñānaṁ sūrye saṁyamāt.

28 Candre tārā vyūha jñānam.

29 Dhruve tadgati jñānam.

30 Nābhicakre kāyavyūha jñānam.

31 Kaṇṭha kūpe kṣut pipāsā nivṛttiḥ.

32 Kūrmanāḍyāṁ sthairyam.

33 Mūrdha jyotiṣi siddha darśanam.

34 Prātibhād vā sarvam.

35 Hṛdaye citta saṁvit.

36 Sattva puruṣayor atyantāsaṁkīrṇayoḥ pratyayāviśeṣo bhogaḥ parārthāt svārthasaṁyamāt puruṣajñānaṁ.

37 Tataḥ prātibha śrāvaṇa vedanādarśāsvāda vārtā jāyante.

38 Te samādhāvupasargā vyutthāne siddhayaḥ.

39 Bandhakāraṇa śaithilyāt pracāra saṁvedanāc ca cittasya paraśarīrāveśaḥ.

40 Udāna jayāj jala paṅka kaṇṭakādiṣvasaṅga utkrāntiś ca.

41 Samānajayāj jvalanam.

42 Śrotrākāśayoḥ saṁbandhasaṁyamād divyaṁ śrotram.

43 Kāyākāśayoḥ saṁbandha saṁyamāllaghu tūla samāpatteścākāśagamanam.

44 Bahirakalpitā vṛttirmahāvidehā tataḥ prakāśāvaraṇakṣayaḥ.

45 Sthūla svarūpa sūkṣmānvayārthavattva saṁyamād bhūta jayaḥ.

ततोऽणिमादिप्रादुर्भावः कायसंपत्
तद्धर्मानभिघातश्च ॥४६॥

रूप लावण्यबलवज्रसंहननत्वानि कायसंपत् ॥४७॥

ग्रहणस्वरूपास्मितान्वयार्थवत्त्व
संयमादिन्द्रियजयः ॥४८॥

ततो मनोजवित्वं विकरणभावः प्रधानजयश्च ॥४९॥

सत्त्वपुरुषान्यताख्यातिमात्रस्य
सर्वभावाधिष्ठातृत्वं सर्वज्ञातृत्वं च ॥५०॥

तद्वैराग्यादपि दोषबीजक्षये कैवल्यम् ॥५१॥

स्थान्युपनिमन्त्रणे सङ्गस्मयाकरणं
पुनरनिष्टप्रसङ्गात् ॥५२॥

क्षणतत्क्रमयोःसंयमाद्विवेकजं ज्ञानम् ॥५३॥

जातिलक्षणदेशैरन्यतानवच्छेदात् तुल्ययोस्ततः
प्रतिपत्तिः ॥५४॥

तायकं सर्वविषयं सर्वथाविषयमक्रमं चेति विवेकजं
ज्ञानम् ॥५५॥

सत्त्वपुरुषयोः शुद्धिसाम्ये कैवल्यम् ॥५६॥

कैवल्यपादः

जन्मौषधिमन्त्रतपःसमाधिजाः सिद्धयः ॥१॥

जात्यन्तरपरिणामः प्रकृत्यापूरात् ॥२॥

निमित्तमप्रयोजकं प्रकृतीनां वरणभेदस्तु
ततःक्षेत्रिकवत् ॥३॥

46 Tato'ṇimādi prādurbhāvaḥ kāyasaṁpat taddharmānabhighātaśca.

47 Rūpa lāvaṇyabalavajrasaṁhananatvāni kāyasaṁpat.

48 Grahaṇa svarūpāsmitānvayārthavattva saṁyamād indriya jayaḥ.

49 Tato manojavitvaṁ vikaraṇabhāvaḥ pradhānajayaśca.

50 Sattvapuruṣānyatākhyātimātrasya sarvabhāvādhiṣṭhātṛtvaṁ sarvajñātṛtvaṁ ca.

51 Tadvairāgyādapi doṣabījakṣaye kaivalyam.

52 Sthānyupanimantraṇe saṅgasmayākaraṇaṁ punaraniṣṭa prasaṅgāt.

53 Kṣaṇa tat kramayoḥ saṁyamād vivekajaṁ jñānam.

54 Jāti lakṣaṇa deśairanyatānavacchedāt tulyayostataḥ pratipattiḥ.

55 Tārakaṁ sarvaviṣayaṁ sarvathāviṣayamakramaṁ ceti vivekajaṁ jñānam.

56 Sattva puruṣayoḥ śuddhi sāmye kaivalyam.

Kaivalya Pāda

1 Janmauṣadhi mantra tapaḥ samādhijāḥ siddhayaḥ.

2 Jātyantarapariṇāmaḥ prakṛtyāpūrāt.

3 Nimittam aprayojakaṁ prakṛtīnāṁ varaṇabhedastu tataḥ kṣetrikavat.

निर्माणचित्तान्यस्मितामात्रात् ॥४॥

प्रवृत्तिभेदे प्रयोजकं चित्तमेकमनेकेषाम् ॥५॥

तत्र ध्यानजमनाशयम् ॥६॥

कर्माशुक्लाकृष्णं योगिनस्त्रिविधमितरेषाम् ॥७॥

ततस्तद्विपाकानुगुणानामेवाभिव्यक्तिर्वासनानाम् ॥८॥

जातिदेशकालव्यवहितानामप्यानन्तर्यं
स्मृतिसंस्कारयोरेकरूपत्वात् ॥९॥

तासामनादित्वं चाशिषो नित्यत्वात् ॥१०॥

हेतुफलाश्रयालम्बनैः संगृहीतत्वादेषामभावे तदभावः ॥११॥

अतीतानागतं स्वरूपतोऽस्त्यध्वभेदाद्धर्माणाम् ॥१२॥

ते व्यक्तसूक्ष्माः गुणात्मानः ॥१३॥

परिणामैकत्वाद्वस्तुतत्त्वम् ॥१४॥

वस्तुसाम्ये चित्तभेदात् तयोर्विभक्तः पन्थाः ॥१५॥

न चैकचित्ततन्त्रं वस्तु तदप्रमाणकं तदा
किं स्यात् ॥१६॥

तदुपरागापेक्षित्वाच्चित्तस्य वस्तु ज्ञाताज्ञातम् ॥१७॥

सदा ज्ञाताश्चित्तवृत्तयस्तत्प्रभोः पुरुषस्यापरिणामित्वात् ॥१८॥

न तत् स्वाभासं दृश्यत्वात् ॥१९॥

एकसमये चोभयानवधारणम् ॥२०॥

चित्तान्तरदृश्ये बुद्धिबुद्धेरतिप्रसङ्गः स्मृतिसंकरश्च ॥२१॥

चितेरप्रतिसंक्रमायास्तदाकारापत्तौ स्वबुद्धिसंवेदनम् ॥२२॥

द्रष्टृदृश्योपरक्तं चित्तं सर्वार्थम् ॥२३॥

4 Nirmāṇacittānyasmitāmātrāt.

5 Pravṛttibhede prayojakaṁ cittamekamanekeṣām.

6 Tatra dhyānajam anāśayam.

7 Karmāśuklākṛṣṇaṁ yoginastrividhamitareṣām.

8 Tatastadvipākānuguṇānāmevābhivyaktirvāsanānām.

9 Jāti deśa kāla vyavahitānām apyānantaryaṁ smṛti saṁskārayorekarūpatvāt.

10 Tāsāmanāditvaṁ cāśiṣo nityatvāt.

11 Hetu phalāśrayālambanaiḥ saṁgṛhītatvādeṣāmabhāve tadabhāvaḥ.

12 Atītānāgataṁ svarūpato'styadhvabhedāddharmāṇām.

13 Te vyaktasūkṣmāḥ guṇātmānaḥ.

14 Pariṇāmaikatvādvastutattvam.

15 Vastusāmye citta bhedāt tayorvibhaktaḥ panthāḥ.

16 Na caika citta tantraṁ vastu tad apramāṇakaṁ tadā kiṁ syāt.

17 Taduparāgāpekṣitvāccittasya vastu jñātājñātam.

18 Sadā jñātāścittavṛttayastatprabhoḥ puruṣasyāpariṇāmitvāt.

19 Na tat svābāsaṁ dṛśyatvāt.

20 Ekasamaye cobhayānavadhāraṇam.

21 Cittāntara dṛśye buddhibuddheratiprasaṅgaḥ smṛtisaṁkaraśca.

22 Citerapratisaṁkramāyāstadākārāpattau svabuddhisaṁvedanam.

23 Draṣṭṛ dṛśyoparaktaṁ cittaṁ sarvārtham.

तदसंख्येयवासनाभिश्चित्रमपि परार्थं
संहत्यकारित्वात् ॥२४॥

विशेषदर्शिन आत्मभावभावनानिवृत्तिः ॥२५॥

तदा हि विवेकनिम्नं कैवल्यप्राग्भारं चित्तम् ॥२६॥

तच्छिद्रेषु प्रत्ययान्तराणि संस्कारेभ्यः ॥२७॥

हानमेषां क्लेशवदुक्तम् ॥२८॥

प्रसंख्यानेऽप्यकुसीदस्य सर्वथा विवेकख्यातेर्धर्ममेघः
समाधिः ॥२९॥

ततः क्लेशकर्मनिवत्तिः ॥३०॥

तदा सर्वावरणमलापेतस्य ज्ञानस्यानन्त्याज्ज्ञेयमल्पम् ॥३१॥

ततः कृतार्थानां परिणामक्रमसमाप्तिर्गुणानाम् ॥३२॥

क्षणप्रतियोगी परिणामापरान्तनिर्ग्राह्यः क्रमः ॥३३॥

पुरुषार्थशून्यानां गुणानां प्रतिप्रसवः
कैवल्यं स्वरूपप्रतिष्ठा वा चितिशक्तेरिति ॥३४॥

24 Tad asaṁkhyeyavāsanābhiścitramapi parārthaṁ saṁhatyakāritvāt.

25 Viśeṣadarśina ātmabhāva bhāvanā vinivṛttiḥ.

26 Tadā hi vivekanimnaṁ kaivalya prāgbhāraṁ cittam.

27 Tacchidreṣu pratyayāntarāṇi saṁskārebhyaḥ.

28 Hānameṣāṁ kleśavaduktam.

29 Prasaṁkhyāne'pyakusīdasya sarvathā viveka khyāterdharmameghaḥ samādhiḥ.

30 Tataḥ kleśa karma nivṛttiḥ.

31 Tadā sarvāvaraṇamalāpetasya jñānasyānantyājjñeyamalpam.

32 Tataḥ kṛtārthānāṁ pariṇāmakramasamāptirguṇānām.

33 Kṣaṇapratiyogī pariṇāmāparāntanirgrāhyaḥ kramaḥ.

34 Puruṣārthaśūnyānāṁ guṇānāṁ pratiprasavaḥ kaivalyaṁ svarūpa pratiṣṭhā vā citiśakter iti.